技能型紧缺人才培养培训工程系列教材

中等职业教育课程改革新教材

现代物流基础

第2版

主　编　彭　麟

副主编　杨书兰

参　编　魏　颖　刘学颖

机械工业出版社

本书作为物流学科的专业基础教材，在丰富完善第 1 版内容基础上，第 2 版从紧扣现代物流业最基础的宏观整体框架出发，循序渐进、简明扼要、条理清晰地介绍了现代物流业最核心的框架内容，力求做到体系完整而又突出重点，强化教、学、做一体化的职业教育原则，使读者通过本书的学习，能够全面地、清晰地掌握现代物流业的基本内容，为后续课程的学习打下良好的专业知识基础。本书分别从现代物流概论、现代物流活动要素、企业物流与第三方物流、现代物流管理、现代物流技术和现代物流发展新趋势等方面进行描述，依次编写为 6 个单元。每单元开篇配有学习导引图，每部分都有清晰的学习目标要求。同时，在相关内容中分别配有综合训练、案例分析、小知识、学习评价、知识拓展等环节，以增加学习的趣味性，提高学习的主动性和学习效果。为方便教师使用，本书还配有电子教案。

本书力求浅显易懂、简明扼要，体现物流学的最新成果，是一本适用于各类职业院校与成人中、高等学校相关专业教学，以及各类物流从业人员普及物流基本知识和在职培训的良好教材。

图书在版编目（CIP）数据

现代物流基础/彭麟主编．—2 版．—北京：机械工业出版社，2010.5（2023.8 重印）
（技能型紧缺人才培养培训工程系列教材）
中等职业教育课程改革新教材
ISBN 978-7-111-30491-3

Ⅰ．①现… Ⅱ．①彭… Ⅲ．①物流—专业学校—教材
Ⅳ．①F252

中国版本图书馆 CIP 数据核字（2010）第 074389 号

机械工业出版社（北京市百万庄大街 22 号　邮政编码 100037）
策划编辑：聂志磊　徐永杰　　责任编辑：高　峰
封面设计：陈　沛　　　　　　　责任印制：李　昂
北京捷迅佳彩印刷有限公司印刷
2023 年 8 月第 2 版第 17 次印刷
184mm×260mm・13.25 印张・324 千字
标准书号：ISBN 978-7-111-30491-3
定价：39.50 元

电话服务　　　　　　　　网络服务
客服电话：010-88361066　机　工　官　网：www.cmpbook.com
　　　　　010-88379833　机　工　官　博：weibo.com/cmp1952
　　　　　010-68326294　金　书　网：www.golden-book.com
封底无防伪标均为盗版　　机工教育服务网：www.cmpedu.com

中等职业教育课程改革新教材编审委员会

主任委员： 李建成　张新颖

副主任委员： 李守斌　王妙娟　郑耀涛　朱为刚

委　　员： （排名不分先后）

赵　阳　刘　毅　范新辉　毛宁莉

张重晓　詹春燕　闫静雅　彭　麟

王淑荣　解云芝　李云松　刘雪梅

张永杰　陈小玲　杨穗萍　李秀华

周晓杰　兰　征　孟丽娇　曹前锋

葛光明　权月华　王东生　王文仲

序

为落实以就业为导向、以服务为宗旨的职业教育办学方针，树立工作过程导向的课程观、行动导向的教学观、多元智能的人才观及多元评价的质量观，实现以服务社会主义现代化建设为宗旨，培养适应经济社会发展需要的，具有良好的职业道德、职业素质以及在生产、服务第一线工作的熟练的职业技能和职业能力的技能型人才的培养目标，机械工业出版社联合多所中等职业学校组织修订了这套物流专业系列教材。

本套教材力求落实物流专业培养目标与人才规格，提出了"紧紧围绕培养物流管理操作型人才这一核心，以最先进的职教理论和课程理论为指导，占领中等职业教育的制高点，紧贴物流职业领域的实际，使教材的编写经得起时间的考验"的指导思想。

本套教材编写的基本思路是：①打破学科体系，以培养职业能力、提高职业素质为核心，构建以工作过程为导向、理论与实践一体化、专业教学标准与职业资格标准相融合的职业教育课程体系。②专业基础课程以综合课程为主，专业课程（实务）以行动导向课程为主。③综合课程与职业资格取证挂钩。④加强实践、实训课程建设。⑤既能适应学历教育的需要，又能满足职业培训的需要。

本套教材的主要特点为：①以现代职业教育课程理论为指导，体现"以全面素质为基础，以就业为导向，以能力为本位，以学生为主体"的职教课程改革指导思想。②反映物流行业现实的特点和发展的需求，从职业岗位需求出发，以职业能力和技能培养为核心，既反映物流业现实的需要，又具有超前性，体现新知识、新技术、新工艺、新方法的应用。③体现学生自主学习、探究学习、合作学习和教学方法、学习方法的改革。④体现对职业能力评价等评价方式的改革。⑤体现现代职业教育教学手段，编写形式新颖多样、图文并茂、生动活泼、简洁直观，有助于学生理解。

本套教材分为综合型课程教材和行动导向型课程教材。

综合型课程教材的编写力争实现以下要求：①课程目标既要明确知识点，更要突出能力点。②课程内容主要是"是什么"和"怎么样"。③教学方式采用案例教学、情境教学和实践教学等手段，使学生在学习过程中做到动脑、动口、动手。④在教学方法上，为探究式学习、合作式学习留出充分的时间。⑤评价方式多采用开卷考试、口试、实操考核、"课业"考核、阶段考核和过程考核等考核方式。

行动导向型课程教材是本套系列教材的特色，主要体现在：①以运输、仓储、配送、采购、物流营销、物流信息管理等物流结点的主要工作流程为线索。②以上述各个工作流程中的不同操作环节所需要的能力、技能以及相关知识为蓝本。③以能力培养为主线。④以创建行动学习环境，组织学生动手操作、主动探索为教学模式。⑤以培养学生物流业务能力和综合职业素质为目标。

物流专业行动导向型课程由若干项工作任务组成，每一项工作任务都包含了对某一个工作环节操作能力的培养。本套教材为每项工作任务设置了任务描述、任务目标、情景导入、知识储备、教师演示、学生动手、举一反三和学习评价八个栏目，对课程的教学给予了明确的指导。

对于物流专业行动导向型课程的教学，建议采用以下教学模式：

模式一：基础实训模式

1）教师指导学生明确教学目标和实训要求。

2）教师指导学生明确实训的任务、方法和步骤。

3）学生准备相关材料和必备的知识（教师辅导）。

4）学生按照实训内容进行操作训练（教师辅导）。

5）学习评价。

模式二：角色实训模式

1）教师提出问题，并向学生介绍和展示问题情景，指导学生明确教学目标和实训要求。

2）按某一类型的物流企业组织结构组织学生以小组为单位分别担任不同职务（扮演不同角色），并研究角色的职责和任务。

3）角色扮演者根据角色扮演设计方案分别进行课堂现场展示，还可进行角色互换。

4）学习评价。

模式三：项目实训模式

1）教师布置学习任务，指导学生明确学习目标和实训要求，帮助学生理解任务。

2）教师提供相关参考资料，各项目小组进行调查研究、查阅资料、获取信息，做必要的知识和技能准备。

3）各项目小组合作学习，制订工作计划。

4）根据项目小组制订的计划提出各种方案，经过讨论确立本项目的最佳实施方案。

5）组织项目实施，教师做示范，学生观看；学生根据计划完成任务，教师观看、指导。

6）学生在完成项目的过程中自己检查工作过程及结果，出现问题时随时请教师或同学帮助解决。

7）学生完成项目后对成果进行展示与自我评价，同时对其他同学项目完成情况提出问题，互相交流。教师对学生在整个学习过程中的表现予以评价，对出现的问题给予纠正。

根据物流企业的现实情况，建议将行动导向型课程的操作训练方式分为两种：①手工操作，如手工填制各种单证。②结合物流信息管理系统上机操作，如在仓储信息管理系统中完成各仓储管理岗位的操作。

行动导向型课程建设需要教学管理的改革与之配套，如在教学安排上，可以在传统的"两课时一个教学单元"和"一课时一个教学单元"的基础上，采用"一天一个教学单元"和"一周一个教学单元"两种形式；又如在学习评价上，采用过程评价、能力评价的评价方式，在等级评价上，主要采用优秀、合格和不合格的等级体系。

本套教材中的许多探索还只是初步的，肯定还有许多不完善的地方，敬请同仁们多提宝贵意见。

中等职业教育课程改革新教材编审委员会

第 2 版前言

本书自 2007 年 9 月出版至今，有幸得到各界的关爱。本书的使用者给编者和出版社提出了许多有益的反馈信息。借本书第 2 版即将推出之际，我们对此表示诚挚的感谢。同时，也希望本书的读者在今后给予我们一如既往的支持和帮助，以便使本书能够成为一本有益于读者、有益于社会的精神食粮。

在第 2 版中，我们主要对以下诸方面进行了相应的调整及修订：①每部分增加了"学习目标"，方便学生掌握相关重点；②每部分增加了"学习评价"，方便学生自我检查学习效果；③每单元增加了"知识拓展"，方便学生在掌握重点的前提下拓展相关知识；④修订了第 1 版中的部分内容，删除了一些非重点的内容，调整了部分文字、语句；⑤修改了部分案例分析、小知识等，充实了体现近年物流学前沿的内容和知识，如物联网、物流业调整与振兴规划等；⑥调整了部分"综合训练"内容，使其更具操作性和针对性。

本书由彭麟任主编，杨书兰任副主编，魏颖、刘学颖参与编写。具体分工如下：杨书兰编写第一单元、第三单元，魏颖编写第二单元、第四单元，彭麟编写第五单元，刘学颖编写第六单元。全书由彭麟总体策划、审核和统稿。上海物资学校李建成副校长担任本书主审。本书在编写过程中，我们还参阅了大量有关著作及文献资料，在此，我们对这些著作与文献资料的作者，以及所有支持和关心本书的人员表示衷心的感谢！

本书修订过程中难免存有某些不完备和不尽如人意之处，还望广大读者多提意见予以斧正。

编　者

第1版前言

经过近30年的改革开放，我国的国民经济得到了飞速发展，综合国力得到了极大提升，经济发展模式正由粗放型向集约型转变。就现阶段而言，现代物流业对我国经济发展模式的转变有着关键性的影响。尤其是从"九五"时期开始，我国政府对物流业的发展一直给予高度重视。2006年的全国人民代表大会上，温家宝总理在政府工作报告中再次明确提出将物流业作为我国今后大力发展的重点行业之一。

虽然现代物流业对我国未来经济发展的作用巨大，但由于我国现代物流业起步晚、底子薄，现阶段我国物流业的发展面临着各种各样的困难。最主要的困难就在于我国物流行业中缺乏大量合格的各级各类物流专业人才。其中，物流职业技能人才的需求缺口尤为突出。

为适应我国现代物流业的发展，满足职业技术院校开展物流专业教育和物流职业技能人才培养的需要，机械工业出版社联合多家职业院校共同编写了本书。为使本书能真正成为贴近职业教育需求的教材，作者在总结多年物流教学经验教训的基础上编纂了本书。本书的特点主要有：①在理论性与实用性的取舍上，力求做到理论够用为度，突出实用性。理论问题尽量深入浅出，而通过有针对性的案例与习题，使学生通过对本书的学习能对现代物流业有一个清晰的、整体的把握。②在教材中放入适量实物图与示意图，以增加教材的直观性、易学性。③每单元开头用图表将本章重点作了简明归纳，以便于学生用较少的时间就能对重点内容有所了解。④为方便教学，本书配备了相应的电子教案。

本书共分6个单元，主要内容包括：现代物流概论、现代物流活动要素、企业物流与第三方物流、现代物流管理、现代物流技术和现代物流发展的新趋势。

本书由彭麟任主编，杨书兰任副主编。具体分工如下：杨书兰编写第一、第三单元，魏颖编写第二、第四单元，彭麟编写第五单元，刘学颖编写第六单元。全书由彭麟拟定大纲，由彭麟和杨书兰审核并统稿。上海物资学校李建成副校长担任本书主审。在此对所有支持和关心本书编写的领导和同仁表示衷心的感谢！

为方便教学，本书配备助教课件。凡选用本书作为教材的教师均可登录机械工业出版社教材服务网（http://www.cmpedu.com）免费下载或通过联系策划编辑（联系电话：010-88379196）获取。

由于时间、资料、编者水平及其他条件限制，书中难免有不妥之处，敬请读者批评指正。

编　者

目 录

序
第2版前言
第1版前言

第一单元　现代物流概论 　1
综合知识模块一　现代物流概述 　2
综合知识模块二　物流发展的历程和现状 　12
综合知识模块三　现代物流系统 　18

第二单元　现代物流活动要素 　26
综合知识模块一　运输 　27
综合知识模块二　存储 　35
综合知识模块三　装卸搬运 　44
综合知识模块四　包装 　50
综合知识模块五　流通加工 　57
综合知识模块六　配送 　63
综合知识模块七　信息处理 　73
综合知识模块八　现代物流客户服务 　78

第三单元　企业物流与第三方物流 　85
综合知识模块一　企业物流概述 　86
综合知识模块二　供应物流 　90
综合知识模块三　生产物流 　95
综合知识模块四　销售物流 　102
综合知识模块五　回收物流与废弃物流 　110
综合知识模块六　第三方物流 　114

第四单元　现代物流管理 　122
综合知识模块一　现代物流管理概述 　122
综合知识模块二　现代物流财务成本管理 　126
综合知识模块三　现代物流质量管理 　130

第五单元　现代物流技术 　134
综合知识模块一　现代物流技术概述 　134

综合知识模块二　现代物流实物作业技术 *139*

　　综合知识模块三　现代物流信息技术 *149*

第六单元　现代物流发展新趋势 *159*

　　综合知识模块一　供应链管理 *160*

　　综合知识模块二　电子化物流 *168*

　　综合知识模块三　国际化物流 *175*

　　综合知识模块四　第四方物流 *180*

　　综合知识模块五　绿色物流 *184*

附录　物流业调整和振兴规划 *191*

参考文献 *201*

第一单元　现代物流概论

本单元学习导引图

现代物流概论
- 现代物流概述
  - 物流的产生与发展
  - 物流与现代物流的定义
  - 现代物流的特征
  - 物流的分类
  - 物流的作用
- 物流发展的历程和现状
  - 物流的发展过程
  - 国外物流的发展
  - 我国物流的发展现状
- 现代物流系统
  - 系统的概念及特征
  - 物流系统的概念及基本特征
  - 物流系统的模式
  - 物流系统的组成
  - 物流系统的增值服务
  - 现代物流系统化的目标
  - 现代物流系统分析实例——福田保税区

综合知识模块一

现代物流概述

模块目标
1. 熟悉物流的产生以及物流的分类。
2. 熟练掌握现代物流的定义。
3. 掌握现代物流的特征。
4. 了解物流的作用。

能力知识点 1　物流的产生与发展

20 世纪初，一些发达资本主义国家的生产力发展到较高水平，企业生产出来的产品无法有效地分销出去，人们不得不关心分销，希望通过抓住分销来打开市场、降低成本、提高经济效益。由此，人们逐渐关注分销物流，物流的概念开始萌芽。

物流一词最早出现于美国。1915 年，阿奇·萧在《市场流通中的若干问题》一书中提到"物资经过时间和空间的转移，会产生附加价值"。这里所谓的"物资经过时间和空间的转移"后来被称作实体分销（Physical Distribution，PD），是指销售过程中的物流。这就是最早的物流概念，其实质是"分销物流"。

在第二次世界大战中，美国及其盟军为了战争的需要，在军队人员调动及军需物品的补给调运中，创造性地运用了一系列的技术和方法，对战争的胜利起了重要作用。他们在总结经验的基础上，将这些技术和方法发展成为"后勤管理"（Logistics Management）学科。第二次世界大战以后，西方国家工业化进程加快，开始进入大量生产、大量销售时期。如何在这一过程中有效地降低成本、提高效益，成为摆在企业面前的重要问题。因此，后勤管理被引入经济部门，并赋予了新的含义，应用于流通领域及生产经营管理全过程中所有与物品获取、运送、存储和分销有关的活动，取得了很好的效果。20 世纪五六十年代，日本开始引进美国的物流概念，被译为"物的流通"。日本的物流之父——平原直最早用"物流"这一简洁的表达方式代替"物的流通"，随后被广泛应用。这时，物流已不单是简单地从生产者到消费者的"货物配送"问题，而且还要考虑从供应商到生产者自身产品制造过程中的运输、保管和信息等各方面的问题，目的是为了提高企业效率、改善企业效益。

"物流"概念从 20 世纪初的"Physical Distribution"经过 70 多年的发展才有了固定的名称——"Logistics"。它取代了"PD"，成为物流科学的代名词。"Logistics"不仅包括分销物流，而且包括购进物流、生产（制造）物流、回收物流、废弃物流和再生物流等。

能力知识点 2　物流与现代物流的定义

一、物流的定义

2001年8月1日起实施的《中华人民共和国国家标准物流术语》（以下简称《物流术语》）对物流的定义是：物流就是物品从供应地向接收地的实体流动过程。根据实际需要，将运输、存储、装卸、搬运、包装、流通加工、配送和信息处理等基本功能实施有机结合。

从这个定义中可以看出，物流是一切物质资料的实体流动过程，在流动过程中创造价值，以满足顾客及社会性需求，即物流的本质是服务。

要准确理解物流定义，必须把握以下几点内容。

1）物流是由"物"和"流"两个基本要素组成的。所谓"物"，是指一切可以进行物理性位置移动的物质资料；所谓"流"，是指"物"的物理性运动。物流既可用于流通领域，又可用于生产领域。

2）物流并不是"物"和"流"的简单组合，而是特指物质资料从供给者到需求者之间的物理性运动，也就是在需要的时间将所需要的物品送到需要场所的运动。这种运动，主要目的是创造时间价值和场所价值，有时也是为了创造一定的加工价值。

时间价值是指"物"从供给者到需求者之间有一段时间差，通过改变这一时间差所创造的价值。

时间价值包括以下两个方面：①缩短时间差创造价值。这是指加快物流速度、缩短物流时间、减少物的损失、降低物的消耗、增加物的周转，从而节约资金。②弥补时间差创造价值。在经济社会中，对商品需求和供给普遍存在着时间差。例如，季节性生产的粮食、水果等就有这一特点。用科学、系统的方法组织物流，可以弥补和改变这种时间差，实现"时间价值"。

供给者和需求者之间往往处于不同的场所，"物"从供给者到需求者之间有一段空间差。场所价值就是指改变这一场所差别创造的价值。

此外，物流也可以创造加工附加价值。加工并不是物流的本来职能，但现代物流业的一个重要特点就是根据自己的特点和优势从事一定的补充性加工活动，通过这些活动，完善、补充、增加原来的加工过程，以提升产品的附加价值。

3）物流是物品由供应地流向接收地的流动，是一种满足社会需求的活动，是一种经济活动。不属于经济活动的物质实体流动，不属于物流的范畴。

4）物流具有普遍性。社会经济中所有物品的物质实体，无论它处在运动状态（搬运、运输）、静止状态（存储、保管），还是处在静动状态（加工、装卸、包装、检验），都是处在物流状态。因为它们或者是使物品发生空间位置变动，或者是使物品发生时间位置变动，或者是使物品发生形状性质变动。可见，有物品，就必定会有物流。而物质是不灭的，因此物流也是普遍存在的。

5）物流的活动包括运输、保管、存储、装卸、搬运、包装、流通加工以及有关的信息活动等。

二、现代物流的定义

现代物流的定义众说纷纭，这里仅对具有代表性的美国物流定义作一介绍。1998年，美国物流管理协会重新修订了物流定义："物流是供应链过程的一部分，是以满足客户需求为目的的，为提高产品服务和相关信息从起始点到消费点的流动、存储效率和效益而对其进行计划、执行和控制的过程。"这一定义的特征是强调顾客的满意度、物流活动的效率性，以及将物流从销售物流的基础上扩展到了调达物流和企业内物流，如图1-1所示。

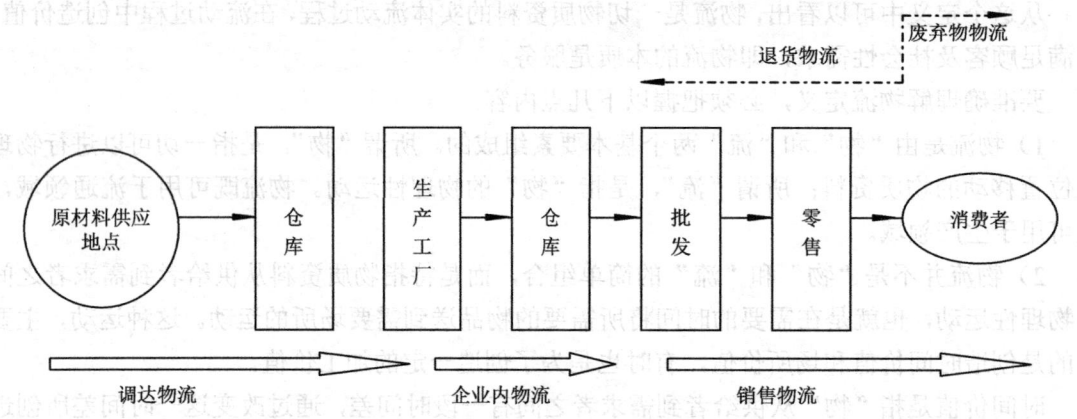

图1-1　广义的物流概念

我国《物流术语》对物流的定义与美国物流协会1998年新定义的主要内容是一致的。现在人们习惯将物流分为传统物流与现代物流。事实上，在物流学上并没有传统与现代之说，人们以往所谓的传统物流，诸如运输、仓储等，其实并不能完全称之为物流，它只是物流活动中的功能之一。但为了更容易与上述传统意义上的物流有所区分，"现代物流"的提法也未尝不可。

1986年，美国物流协会正式将物流的名称从"Physical Distribution"改为"Logistics"。为区别这两个概念的前后演变，人们通常将前者译为"传统物流"，将后者译为"现代物流"。简单地说，现代物流是指将信息、采购、运输、仓储、保管、装卸、搬运以及包装等物流活动综合起来的一种新型的集成式管理，其任务是尽可能地降低物流的总成本，为顾客提供最好的服务。

欧洲物流协会（European Logistics Association，ELA）于1994年发表的《物流术语》（Terminology in Logistics）中将物流定义为：物流是在一个系统内对人员或商品的运输、安排及与此相关的支持活动的计划、执行与控制，以达到特定的目的。

日本学者林周二在《现代"物"的流通》一书中对物流概念给了一个较为详细的定义："物流是指克服时间与空间间隔，连接供给主体和需求主体，包括废弃与还原在内的一切资材的物理性移动的经济活动。具体来说包括运输、保管、包装、装卸、搬运和流通加工等物资流通活动及与之有关的信息活动"。

能力知识点3 现代物流的特征

现代物流是指具有现代特征的物流，它与现代社会大生产紧密联系在一起，体现现代企业经营和社会经济发展的需要。在现代物流管理和运作中，广泛采用先进的管理技术、工程技术和信息技术等。随着时代的进步，物流管理和物流活动现代化水平在不断提高。因此，现代物流在不同时期也会赋予不同的内涵。现代物流的特征可概括为以下几个方面。

（1）信息化：信息在实现物流系统化、物流作业一体化方面发挥着重要作用。现代物流通过信息将各项物流活动功能有机地结合在一起，通过对信息的实时把握，控制物流系统按照预定的目标运行。准确把握信息，如库存信息、需求信息等，减少非效率、非增值的物流活动，提高物流效率和物流服务的可靠性。

（2）服务社会化：在现代物流时代，物流业已得到了充分的发展，企业物流需求通过社会化物流服务满足的比重在不断提高，第三方物流将成为现代物流的主体，物流产业在国民经济中的作用会越来越大。

（3）快速反应化：在现代物流信息系统、作业系统和物流网络的支持下，为满足用户多样化、个性化、小批量、高频次的需求，物流适应需求的反应速度在加快，可以实现"今日订货，明日交货；上午订货，下午交货"的理想物流。快速反应是当今物流的重要特征。同时，物流企业及时配送、快速补充订货、迅速调整库存结构的能力正在加强。

（4）手段现代化：在现代物流活动中，运输手段的大型化、高速化、专用化、装卸搬运机械的自动化、包装单元化、仓库立体化、自动化以及信息处理和传输计算机化、电子化、网络化等为开展现代物流提供了物质保证。

（5）标准化：在物流管理的发展过程中，从企业物流管理到社会物流管理都在不断地制定和采用新的标准。从物流的社会角度来看，物流标准可分为企业物流标准和社会物流标准；从物流技术角度来看，物流标准可分为物流产品标准、物流技术标准和物流管理标准等。

（6）自动化：自动化是指物流作业过程的设备、设施自动化，包括包装、装卸、分拣、运输、识别等作业过程。例如，自动识别系统、自动检测系统、自动分拣系统、自动存取系统和自动跟踪系统等。物流自动化可方便物流信息的实时采集与追踪，提高整个物流系统的管理和监控水平。

（7）电子化：现代信息技术、通信技术以及网络技术，已广泛应用于物流信息的处理和传输过程。物流各环节之间、物流部门与其他相关部门之间、不同企业之间的物流信息交换、传递和处理，可以突破空间和时间的限制，保持物流与信息流的高度统一和对信息的实时处理。

（8）智能化：随着科学技术的发展与应用，物流管理由手工作业到半自动化、自动化，直至智能化，这是一个渐进的发展过程。从这个意义上说，智能化是自动化的继续和提升，

因此，自动化过程中包含更多的机械化成分，而智能化中包含更多的电子化成分。

（9）集成化：现代物流从传统的仓储、运输延伸到采购、生产、分销等诸多环节，通过集成可以优化物流管理、降低运营成本、提高物品价值。另外，由于科学技术的发展和在物流领域的广泛运用，在提高物流管理水平的同时，采用了大量的高新技术，使企业面临着各种技术高度集成化的问题。

（10）网络化：随着生产和流通空间范围的扩大，为了保证产品高效率的分销和材料供应，现代物流需要有完善、健全的物流网络体系。网络上点与点之间的物流活动要保持系统性、一致性，这样就可以保证整个物流网络有最优的库存总水平及库存分布，将主干线上的运输与支线末端的配送有效结合起来，形成快速灵活的供应通道。

（11）可视化：随着现代物流技术，特别是电子信息技术和光电技术的发展和应用，无论是用户还是供应商，都不再为看不到货物而担心。用户可以在办公室看见货物的存储、运输情况，并以文字、数字、图形、图片、图像等信息形式，反映出货物的物流、商流、资金流和信息流的各种情况。物流管理不再是经济的"黑暗地带"，供应链管理也不再是看不见的黑手。例如，库存可视化可通过多重定位提供当前库存实时资料，用户可以获得信息来控制和管理库存。货运可视化可以提供网站访问，以便获取货运的具体情况，包括发货人、运货人、收货人、货物的详细信息以及基于事件的状态或区域更新的信息等。

（12）国际化：在国际经济技术合作过程中，产生了货物和商品的转移，从而带动了国际运输和国际物流的产生和发展。物流国际化主要表现为两个方面的内容：①其他领域的国际化产生了对国际物流的需求，即国际化物流；②物流本身的国际化，主要表现为国际物流贸易、国际物流合作、国际物流投资等。

总之，现代物流的优化包括物流物质资源的优化、客户资源的优化、作业流程的优化、操作规程的优化、供应链的优化、组织结构的优化、运输路线的优化以及物流总成本最小化等。

能力知识点4 物流的分类

在社会经济生活中，处处存在有物流活动。物流的基本要素虽然是相同的，但是由于物流对象、目的、范围等不同，形成了不同类型的物流。在物流的实践过程中，需要采取不同的运作方式和管理方法等。

一、按照物流活动地域范围划分

（1）地区物流：地区物流是指在一定的行政区域或地理位置发生的物流过程。例如，按行政区域可划分为西南地区、西北地区等；按所处地理位置可划分为长江三角洲地区、河套地区等。

地区物流所形成的物流系统，如大型物流中心，对于提高该地区企业活动的效率，降低物流成本，保障当地居民生活福利，稳定物价等具有很大作用。但由于供应点集中，货车往来频繁，也会产生废气、噪声、交通事故等问题。

（2）国内物流：国内物流是指在一个主权国家内发生的物流活动。其研究重点为：物流基础设施的规划，如铁路、公路、航空以及大型物资集散基地等；制定有关政策法规；物流技术装备、器具的标准化；物流新技术的开发、引进以及开展物流教育等。

（3）国际物流：国际物流是指国与国之间、洲与洲之间开展的物流活动，包括多国之间或多洲之间开展的物流活动。国际物流是伴随国际贸易和国际经济分工合作而产生的。由于跨国公司的发展使得企业经济活动范围遍布世界各国，经济全球化、市场国际化进程随之加快，国际物流的重要性更为突出。

二、按照物流的系统性质划分

（1）企业物流：企业物流是指企业内部的物品实体流动。例如，一个制造企业要购进原材料，经过若干道工序的加工、装配，形成产品销售出去。一个物流企业要按照顾客要求将货物输送到指定地点。

（2）行业物流：行业物流是指在一个行业内发生的物流活动。同一行业中的企业是市场上的竞争对手，但是在物流大领域中它们常常相互合作，共同促进行业物流系统的合理化。例如，日本的机械行业提出行业物流系统化的具体内容是：各种运输手段的有效利用；建设共同的零部件仓库，实行共同配送；建立新、旧物流设备及零部件共同流通中心；建立物流技术中心，共同培训物流操作人员和维修人员等。行业物流系统化能使参与的各物流企业都获得相应的经济利益，又为全社会节约人力、物力资源。

（3）社会物流：社会物流是指流通领域中所发生的物流，是全社会物流的整体，亦称之为宏观物流。也可以说，社会物流是超越一家一户的，是以一个社会范畴、面向全社会为目的的物流。社会物流流通网络是国民经济的命脉，而流通网络分布是否合理、渠道是否畅通是关键。因此，必须进行科学管理和有效控制，采用先进的物流技术手段，保证高效、节约、低成本运行，这样可给物流企业和国家带来巨大的经济效益和社会效益。

三、按照物流活动在企业中的地位划分

按照物流活动在企业中的地位划分，可分为供应物流、生产物流、销售物流、回收物流和废弃物物流。

四、按照物流作业执行者划分

按照物流作业执行者划分，可分为企业自营物流和第三方物流。

能力知识点 5　物流的作用

一、物流对企业的作用

1．物流是企业生产的前提保证

从企业角度来看，物流的作用有以下几个方面。

1）物流为企业创造经营的外部环境。一个企业的正常运转，必须有这样一个外部条件，即一方面要保证按企业生产计划和生产节奏提供和运送原材料、燃料、零部件等；另一方面，要将产品和制成品不断运离企业。这个最基本的外部环境要依靠物流及有关其他活动创造和提供保证。

2）物流是企业生产运行的保证。企业生产过程的连续性和协调性，需靠生产工艺中的物流活动保证。有时候生产过程本身和物流活动结合在一起，物流的支持保证作用是不可缺少的。

3）物流是发展企业的重要支撑力量。企业的发展要靠质量、产品和效益。物流作为全面质量的一环，是接近用户阶段的质量保证手段。更重要的是，物流通过降低成本，间接增加企业利润，通过改进物流直接取得效益，这些都会有效地促进企业的发展。

2．物流可以使企业降低成本、增加利润

发展物流业能有效地降低社会流通成本，从而降低企业供应及销售成本，起到改善企业外部环境的作用；企业生产过程的物流合理化，能够降低生产成本。故物流合理化运作能大幅度降低企业经营成本，间接提高企业利润。物流活动合理化，对专门从事物流经营活动的企业而言，通过有效经营，可以为企业直接创造利润。

3．物流能提高企业对用户的服务水平，从而创造价值

物流可以提供良好的服务保障，这种服务保障有利于企业参与市场竞争，树立企业和品牌的形象，有利于和服务对象结成长期的、稳定的、战略性的合作伙伴，这对企业长远的、战略性的发展有重要意义。

二、物流对国民经济的作用

1．物流是国民经济的基础之一

这是从物流对国民经济的动脉作用这一点而言的。物流通过不断输送各种物质产品，使生产者不断获得原材料、燃料以保证生产过程的正常运转，又不断将产品运送给不同的需求者，以使这些需求者的生产、生活得以正常进行。这些相互依赖的存在，是靠物流来维系的，国民经济因此才得以成为一个有内在联系的整体。物流是国民经济的基础，也是从物流对某一经济体制和实现这一经济体制的资源配置作用而言的。经济体制的核心问题是资源配置，资源配置不仅要解决生产关系问题，而且必须解决资源的实际运达问题。有时候，并不是某种体制不成功，而是物流不能保证资源配置的最终实现，这在我国尤为突出。物流还以本身的宏观效益支持国民经济的运行，改善国民经济的运行方式和结构，促使其优化。

2．物流在特定条件下是国民经济的支柱

物流对国民经济起着支柱作用。物流与其他生产活动一起起着支柱作用的国家，现在已有一定数量。这些国家处于特定的地理位置或特定的产业结构条件下，物流在国民经济和地区经济中能够发挥带动和支持整个国民经济的作用，能够成为国家或地区财政收入的主要来源，能成为主要就业领域，能成为科技进步的主要发源地和现代科技的应

用地域。例如，欧洲的荷兰、亚洲的新加坡、美洲的巴拿马等，特别是日本，以流通立国，物流的支柱作用显而易见。

3．物流产业可以有效改善我国的产业结构

由于我国国土面积大，经济发展和物流关系就显得更为密切。物流产业过去没有受到我国经济界应有的重视，发展迟缓，这个问题如果仍然得不到解决，对于我国未来的经济发展是极为不利的，尤其是现代通信技术和计算机技术支持的电子商务普遍运行之后，一个落后的物流产业的制约就会有强烈的表现。因此，重视建立新的物流产业，才可以使我国国民经济出现合理、协调的发展局面。

商物分离学说

商物分离是指流通中的两个组成部分——商业流通和实物流通分别按照自己的规律和渠道独立活动。它是物流科学能够独立存在的先决条件。

在经济全球化的趋势下，国际分工越来越深入，商业交易可以在全球范围内实现，甚至可以采用电子商务的形式进行虚拟的运作。在这种情况下，商业流通过程与实物流通过程的分离，更成为网络经济时代的一个趋势。

4．现代物流能改善我国的经济运行，实现质量提升

我国经济虽然取得了持续、快速、健康的发展，但是经济运行质量不高，"粗放式"的问题还很严重，尤其作为支撑国民经济运行的"物流平台"问题更加突出。各种物流方式分立、物流基础设施不足、物流技术落后等问题，如果能得到全面、系统的改善，就可以使我国国民经济运行水平得到一个很大的提高。

举一反三

一、填空题

1．物流一词最早是由_____提出的。
2．物流从活动地域范围的角度可分为_____、_____和_____；从系统性质的角度可分为_____、_____和_____；从物流作业执行者的角度可分为_____和_____。
3．物流是由_____和_____两个基本要素组成的。

二、简答题

1．什么是物流？如何正确把握物流的含义？
2．简述现代物流的特征。
3．物流对企业（国民经济）的作用有哪些？

三、案例分析

现代化物流基地——东京"和平岛"

日本东京的道路以市中心为圆心，呈同心圆的环状，并与贯穿区域的高速公路交织成网络。过去，城市里外星星点点地散布着各种产业的大量批发、经销商，商流与物流融成一体，成为造成交通混杂、车辆空驶率高、城市功能混乱的最大原因。

日本政府从1965年起，开始着手将流通机能从市中心分离出去。由政府统一规划、集资，在东京的东、南、西、北部分别建设了葛西、和平岛、板桥和足立4个现代化的流通基地。

和平岛流通基地占地50万 m^2，耗资572亿日元，建造了13.4万 m^2 的流通性综合仓库、14.8万t冷库、能同时停靠433辆货车装卸作业的22万 m^2 的公路货物集散中心，以及由7万 m^2 的商务交易馆和35万 m^2 的物流大楼组成的商业流通中心，商品年处理量达到700万t，对东京地区以及全日本的商品流通，起着举足轻重的作用。

1. 仓库团地

仓库团地有许多现代化的大型仓库，它们不是存储型仓库，而是流通型仓库。工厂生产的产品和批发商、商社的货物，存储和保管在仓库里，然后根据顾客的要求，分拣出仓，再送到零售商店。商品在仓库团地的年周转率超过12次。

在占地面积为7.3万 m^2 的基地上建造了13.4万 m^2 的5层钢筋混凝土楼层仓库，租借给各企业使用。楼层仓库库房柱网尺寸为8.4m×8.4m，每一单元面积为1500m^2，配两台叉车。整幢仓库共配备长、宽、高尺寸均为3.5m、载重量为3.5t的标准电梯54台。仓库底层呈高站台式，货车停靠在站台边，可直接装货；两侧均有悬吊式雨棚，宽8m，可全天候作业。两幢仓库间的道路宽40m，货车停靠、行驶及装卸作业均十分方便。

2. 商业流通中心

该中心占地面积为15万 m^2，总建筑面积为41.2万 m^2。其中，商务交易馆（办公、展示和生活用房）近7万 m^2，两幢物流大楼各占17.4万 m^2。流通中心商品年处理量200万t。

物流大楼是6层钢筋混凝土结构，长312m、宽90m、高33m，每层建筑面积达2.9万 m^2。底层层高5m、站台高1m、楼层层高均为4.6m。大楼南北两端各有货车上下楼坡道，出入分道，单向行驶。车道宽7.5m，坡度约为1:10，可通过5t以下货车；5t以上大型货车在底层装卸货物。大楼两侧有宽8m的外廊式车道，货车停靠装卸车位有520个。货车可以上楼，使大量车流分散在各层楼面，且方便楼层用户，大大减少了装卸环节。物流大楼的每个楼面划分成8个单元，每个单元使用面积2000m^2，有载重量为1.5t和3t的货梯各1台，供各租用单位使用。7楼附设食堂、文娱活动等生活设施。

3. 公路货物集散中心

和平岛公路货物集散中心是连接东京和日本全国的中转基地，被40多家运输企业所租用，有1516个中转点，遍及整个日本的各中、小城镇，形成了一个全国性的运输网络。它们利用长途运输货车来回双程运输，与市内短途运输、铁路、港口和空运衔接，形成了一个高效的运输体系。

集散中心基地面积为22.3万m^2,货运站台和配送中心面积为8.65万m^2,拥有433个供货车停靠装卸货物的车位,商品年处理量达200万t。为了方便运输驾驶员休息,该中心还建造了一幢1500m^2的管理宿舍楼,提供全方位服务。

货物集散中心具有以下功能:①将东京运往其他地区的货物集零为整,成批、成车地发运出去。②将其他地区进入东京的货物化整为零,分方向、地区运到市内各顾客手中。③将运输、集散、中转、存储、配送等功能结合起来,实现了物流的集约化。④开展国际集装箱海、陆、空综合运输及中转。⑤提供订货、存储、运输、销售的信息服务。⑥给到达、通过的货车提供维修、加油等服务。⑦提供配载、合装整车的服务,最大限度地提高运输里程利用率,降低车辆空驶率。

公路货物集散中心的建设,保证了"限制大型货车进入市区"措施的落实,大大缓解了东京交通混乱、道路拥挤的状况,改善了城市功能。

货车到收货点提货,并将货物运到集散中心,按去向集零为整,再由大型货车将同一方向的货物送到该地的货物集散点,在那里按各要货单位分拣,并用配送货车送到收货单位。

集散中心具备停车场、修理车间、加油站、配送中心、站台仓库以及综合管理楼内宿舍、浴室、司机休息室等服务设施和中央控制室。

除东京外,大阪也一样。这些规模巨大的流通基地和海港均由政府统一开发,分由私营企业投资经营。

(节选自:桂寿平.物流学基础理论.广州:华南理工大学出版社,2004.)

知识拓展 关于物流的几种主要学说

1. 黑暗大陆说

1962年,管理大师德鲁克在《财富》杂志上发表的一篇题为"经济的黑暗大陆"的文章中指出,消费者所支付的商品价格中,约50%是与商品流通活动有关的费用,物流是降低成本的最后领域,物流是"经济的黑暗大陆","一块未被开垦的处女地"。

2. 物流冰山说

物流冰山说是日本早稻田大学西泽修教授提出来的。他在专门研究物流成本时发现,现行的财务会计制度和会计核算方法都不可能掌握物流费用的实际情况,因而人们对物流费用的了解是一片空白,甚至有很大的虚假性,他把这种情况比作物流冰山。冰山的特点是大部分沉在水面之下,而露出水面的只是冰山的一角。物流成本便是一座冰山,沉在水面以下的是我们看不到的黑色区域,而我们看到的不过是物流成本的一部分。

3. 第三利润源说

此说法主要出自日本。最初,人类依靠科学进步、节约消耗、节约代用、综合利用、回收利用乃至大量人工合成资源而获得高额利润。人们习惯称之为第一利润源。其后人类依赖

于科技进步提高劳动生产率、降低人力消耗或采用机械化、自动化来降低劳动消耗从而降低成本，增加利润。人们习惯称之为第二利润源。在前两个利润源潜力越来越小的情况下，物流领域的创利潜力被人们所重视，按时间顺序被称为第三利润源。

学习评价

物流的定义学习评价表

被考评人					
考评地点					
考评内容	对物流定义的准确把握				
考评标准	内　　容	分值/分	自我评价/分	小组评议/分	实际得分/分
	组成要素	10			
	创造的价值	25			
	它是一种经济活动	25			
	普遍性	20			
	活动要素	20			
合　　计		100			

注：1. 实际得分＝自我评价 40%＋小组评议 60%。
　　2. 考评满分为 100 分，60~74 分为及格；75~84 分为良好；85 分以上为优秀（包括 85 分）。

综合知识模块二

物流发展的历程和现状

模块目标

1. 了解物流的发展过程以及国外物流的发展。
2. 熟悉我国物流的发展现状。

能力知识点 1　物流的发展过程

一、传统物流时期（20 世纪以前）

物流的历史和人类的历史一样久远，当人类还处于进化的朦胧中，物流这种形态就存在了。原始人类携带劳动工具外出寻找食物，又把食物运到他们认为安全的地方存放，或运送给同伴分享，这些劳动工具与食物的运送就是最初始状态的物流。由于生产力水平的低下，这个阶段的物流尚处于分散无组织状态，技术上只有运用人力和畜力。此时，物流活动虽然也有一定的组织、协调行为，体现了一定的计划与控制，但从总体来看，此时的物流活动还是相当古老与原始的。

随着社会的进步、物流活动的发展，产生了机动运力，如轮船、火车、汽车和飞机等运输工具，这些工具的广泛应用，出现了大容量的仓库。许多国家和地区都十分重视基础设施建设，形成了大量条件良好的交通网络与交通枢纽，为物流业的发展提供了良好的物质基础。这个阶段的物流基本上分别从属于各个不同的社会组织，如许多大、中型工商企业都设有自用的运输车队和仓储装卸机构，以方便本企业的需要。但是这也造成了重复投资、使用率低、资源浪费等问题，增加了企业的经营成本。

二、现代物流时期（20世纪初至今）

自进入20世纪以来，由于商品经济的快速发展，人们为实现最大限度的经济效益，进而追求越来越高的生产效率，促进了社会化生产的精细分工，使专门化生产程度越来越高。物流在国民经济中越来越多地表现为一个独立的、综合的业种——现代物流业。现代物流业是独立于生产劳动及商品流通行业以外，联合或囊括了交通运输业、储运配送业和承办经济行业等。因为它不同于原来的托运单位，也不同于单纯的运输单位，于是便有人称之为"第三方物流"。它实实在在地属于第三产业，业种性质具有明显的服务性。

现代物流业为用户承担从库存决策、订货采购、运输装卸、分装存储、配送发出、用后回收等一条龙服务，可以取代各单位原有的自备物流部门。因为它是专门化生产，更能提高效率、降低成本。例如，美国通用汽车公司在美国13个州中大约有400个供应商，它们负责把各自的产品送到30个装配工厂进行组装。原来是采用自行运送方式，但货车满载率低，使库存和配送成本急剧上升。后来通用公司委托专业物流企业P公司承接该配送业务。在调查和了解配送路线后，P公司安排了一个配送中心负责接货、组配、分送半成品，出动了60辆货车、72辆拖车，通过电子数据交换系统调度车辆，设计最优送货路线，并运用卫星定位技术，随时了解行驶中车辆的位置，及时组织半成品、待运品的共同配送，既降低了车辆投入数目，又降低了车辆空载率，从而大大减少了通用公司的流通费用。

现代物流业充分注重对高新技术，特别是电子信息及网络技术的应用。通过在高效率的综合网络上实现自动采集、处理、存储、传输和交换，最后达到物流信息资源的充分利用和普遍共享，以降低物流成本，提高物流效率。

能力知识点 2 国外物流的发展

美国密歇根州立大学的Donald J.Bowersox博士和Roger Calantone博士于1998年首次指出：按保守的测算，1996年占全球GDP29%的北美国家的物流支出约为9 150亿美元；占全球GDP 27%的欧盟15国的物流支出约为9 410亿美元；亚太地区的物流支出约为6 520亿美元；其他国家则约为9 160亿美元。从各国物流支出占当年名义GDP的比重来看，美国的物流运作效率最高，仅为10.5%，其次是英国为10.63%，再次是法国为11.14%。从地区物流发展水平来看，北美地区的物流支出平均为当年名义GDP的10.77%；欧盟15国平均为

11.79%；亚太地区国家平均为 11.64%；其余各国平均为 12.94%。

研究表明，从 1992～1996 年，全球物流支出占 GDP 的比重下降了 3.6%，这说明全球的物流运作效率提高了。

下面阐述美国、日本等发达资本主义国家的物流发展状况。

一、物流在美国的发展

20 世纪 80 年代中期以后，物流理论和实践开始向纵深发展。人们认识到物流不仅与生产密切相关，也与营销紧密相连，成为支撑企业竞争力的三大支柱之一。人们从理论和实践上开始认识到物流活动对于创造需求具有相当大的作用，原有的营销组合已不适应时代的发展要求，有必要强调营销与物流的再结合。

从物流实践来看，20 世纪 80 年代后期，由于电子计算机技术和物流软件的加快发展，推动了物流实践的进一步发展。一方面，由于电子数据交换（EDI）技术和专家（软件）系统的利用，不仅提高了信息传递的效率和准确性，也带来了交易方式的变革，为物流向纵深发展奠定了基础。另一方面，销售时点信息管理系统（POS）、条码技术、电子数据交换技术在物流中的广泛使用，保证了物流信息采集的标准化和准确性，从而提高了物流管理的整体效率和管理水平。

20 多年来，美国的物流成本在逐年下降。1980 年美国物流成本占当年 GDP 的 15.7%，1990 年占 11.4%，1999 年占 9.9%。与此同时，美国专业物流公司在快速发展，2000 年美国第三方物流市场占美国物流总支出的 5.6%。其中，专项合同运输比 1999 年增长 21%；国内货运管理比 1999 年增长 21%；增值的仓储或配送服务比 1999 年增长 2%；在美国本土的国际化运作比 1999 年增长 15%；第三方软件服务比 1999 年增长 17%。那个时代成就了许多典型的物流企业，如联合包裹、沃尔玛等。

二、物流在日本的发展

1997 年 4 月 4 日，日本政府制定了一个具有重要影响力的《综合物流施政》大纲，提出了日本物流发展的基本目标和具体保障措施。其中，特别强调物流系统的信息化、标准化及无纸化。于是，日本的许多公司引进了信息系统以改善其物流管理，并在物流管理信息系统的使用上取得了令人瞩目的进展。零售业是日本率先建立物流管理信息系统的行业之一。便利店作为一种新的零售业态迅速成长并遍及日本，它影响着其他零售商业形式。这种新的零售商业业态迫切需要利用新的物流信息技术，以保证各种商品供应和销售的顺畅。

> 连锁店典例——7-11

7-11 连锁店作为新兴零售商业形式，一开始就受到年轻一代人的欢迎，从而急速扩张到现在的 4 000 多家门店。它是具有全日本最先进物流信息管理系统的连锁便利店集团把各单位商店按 7-11 的统一模式进行管理的连锁店。自营的小型零售业，如小杂货店或小酒店，在经过 7-11 集团许可后，可按 7-11 的指导原则改建为 7-11 门店。7-11 集团随之提供独特的标准化销售技术给各门店，并决定每个门店的销售品类。7-11 集团的物流管理特点如下。

1. 频繁、小批量的进货

典型的7-11便利店平均面积仅100m² 左右，但提供的日常生活用品高达3 000多种。通常，便利店没有商品存储场地，为提高商品销量，要尽量扩大售卖场地。于是，便利用先进的物流信息管理系统，使连锁便利店得到发展。这样，小批量的频繁进货需求便通过7-11的配送中心得以及时补充。在7-11，Just In Time（JIT）体系不完全拘泥于缩短交货时间的问题，也包含着以快捷方式通过信息网络从各门店收到订货信息的技术，以及按照每张订单最有效地收集商品的技术。

2. 供应商管理的改进

过去许多供应商常常把自己定性为某特定制造商的专门代理，只经营一家制造商的产品。如果7-11经营多样化商品，就不得不和多家供应商合作。每个批发商都需要用货车向便利店送货，这样不但送货效率低，而且送货时间也不确定。于是，7-11集团在整合及重组供应渠道上下了大功夫。在新系统下，一个受委托的批发商被指定负责若干销售活动区域，授权经营来自不同制造商的产品。同时，批发商自筹资金建设配送中心，然后在7-11集团的指导下进行管理，为便利店的门店送货。通过这种协议，7-11集团无需承受沉重的投资负担，就能为其门店建立一个行之有效的物流系统。物流系统的先进性从为便利店送货的货车数量由原来的70辆下降到现在的12辆就可以充分体现出来。

能力知识点3　我国物流的发展现状

我国于20世纪70年代末从国外引进物流的概念，20世纪80年代开展物流启蒙和宣传普及，20世纪90年代物流起步，21世纪初物流热开始升温。从我国物流现状和目前蓬勃发展的趋势来看，可以说我国的物流已经进入了一个崭新的发展阶段。主要表现在以下几个方面：

1）政府对发展物流业高度重视，并在政策上给予大力支持。随着经济全球化和信息技术的迅速发展，社会生产、物资流通、商品交易及其管理方式正在发生着深刻的变革。与此相适应，被认为是企业在继降低物质消耗、提高劳动生产率以外的"第三利润源"的现代物流业正在世界范围内广泛兴起。现代物流的发展引起了中央领导的高度重视，曾在多次会议上强调要加快现代物流产业的发展。2001年初，原国家经贸委、铁道部、邮电部、信息产业部、民航总局联合印发了《关于加快我国物流发展的若干意见》，提出要将现代物流培育成为新世纪我国经济发展的重要产业和新的经济增长点。2006年，在全国人大会议上，温家宝总理在政府工作报告中明确提出将现代物流业作为我国今后大力发展的重点产业之一。2009年，为应对国际金融危机，促进物流业自身平稳较快发展和产业调整升级，国务院公布了《物流业调整与振兴规划》。物流业已成为国内政府部门和企业关注的焦点和投资热点。

2）物流理论研究成果。我国开展物流理论研究已有20余年，20世纪80年代出版的《物流手册》、《物流系统工程》等为我国的物流研究提供了重要的基础参考资料；20世纪90年代，《物流学概论》、《现代物流学》、《配送研究》等多部物流专著的出版发行，丰富了我国物流理论研究的宝库。进入21世纪以后，物流理论研究呈现高潮，"物流高峰会"、"物流论坛"和"物流机械展"等各种与物流有关的会议和展览繁花似锦；"中国物流与采购联合会"和"中国机械工程学会物流分会"等物流专业行业组织纷纷诞生；"中国物流联盟网"、"中国物流产品网"等物流网站已有160多个；报刊、电视等媒体也不断给物流"热"加温。我国的物流理论研究虽说还没有明显的突破，但有些理论观点也颇有见地，目前欠缺的是结合我国实际的物流理论创新。

3）物流技术和管理水平不断提高，物流基础设施初具规模。2000年末，我国公路里程超过了140万km，高速公路建设突飞猛进，里程已达1.9万km，跃居世界第三位。铁路营业里程6.8万km，民航航线1 120条，共151万km，管道运输2.5万km。电信网络干线30多万km，邮电与通信网已覆盖全国城镇。我国的物流技术也已达到一定水平，可以独立设计制造立体自动化仓库、搬运机器人等高技术水平的物流设备和产品；以光缆为主体、以数字微波和卫星通信为辅助手段的大容量数字干线传输网络已基本形成，EDI、ERP、MRP和GPS等围绕物流信息交换、管理和控制的现代通信技术也已在物流业中得到了应用。

举一反三

一、简述题

阐述物流的发展过程。

二、案例分析

物流业为大连"点石成金"

原本并非石材主要产地的大连，石材市场交易额却突飞猛进，2001年交易额超过了10个亿。究其原因有以下两点：①大连市有巨大的石材市场需求；②大连市高速发展的物流业为石材市场提供了快速发展的大舞台。大连市物流的发展，吸引了山东和福建两个石材大省的石材巨头亲临大连市考察市场，决定将大连市建成辐射东北和出口日、韩的石材基地。

不过是一块石头，却能引起业内人士如此关注。这一切都是因为大连市物流业为这块石头"施了法术"，做到了"点石成金"。大连市石材市场发生的巨大变化是随着物流业的兴起而产生的。大连市成立石材批发市场的时间不长，在此之前，大连人用石材需到山东等地去购买，同样的石材要多花20%的费用。自大连市成立石材批发市场以后，由于大连城市建设的需要以及大连市民对家庭装修档次的不断提升，引起对石材需求量的迅速增加。大连市石材批发市场依托大连良好的海、陆、空物流系统，仅用了3年时间便成为全国八大石材市场之一。2001年，在大连市石材批发市场进行的直接交易额接近1亿元人民币，而从大连港口直接进入用户和工地的石材量则更大，大连市石材年交易额可达十几亿元人民币，石头在大连市真的成了金子。据统计，2001年我国石材年交易额已达到1 000多亿元人民币，出口量居世界第一，出口额居第三位，成为典型的石材大国，而且由于石材属劳动密集型市场，还为我国提供了大量的就业岗位。山东和福建是我国石材生产的大省，全国八大石材市场之一的大连市石材市场上的石材，一半为山东和福建生产的，只有30%为进口的。鲁、闽两地的石材巨头能同时光顾一个城市考察，足以说明大连市场蕴藏的巨大潜力。这些石头业巨头更看中的是大连市的港口和新兴的物流业，因为大连市直接对应的是日、韩市场。据悉，日、韩石材需求量高达7~8亿美元，其实这也是大连市石材批发市场的目标。

大连市石材市场地处甘井子区。大连市甘井子区是大连市的商品流通集散地，甘井子区共有石材批发市场、木材批发市场、装饰材料批发市场、花卉市场、陶瓷批发市场和金三角粮油批发市场等6个大市场，组成了一个庞大的市场群。再加上甘井子区所处的特殊地理位置，最适合发展现代物流业。而现代物流业对批发市场来说最为有利，尤其是最为依赖运输的石材和木材批发市场。如果运用现代物流的管理方法，合理调配运输、仓储、流通加工等环节，利用现代化的管理手段和电子商务交易平台，减少不必要的中间周转环节，石材和木材市场将至少降低10%的成本，这应是全国石材巨头看好大连最主要的因素。

(节选自：翁心刚．物流管理基础．北京：中国物资出版社，2002．)

知识拓展

大多数的观点认为，我国开始引入现代物流大致从20世纪80年代开始，现代物流在中国从引入到全面发展大致经历了以下几个阶段：

1．20世纪80年代以前：空白期

在这个时期，我国尚未引入物流概念，没有现代物流的概念，只有流通业、运输业和邮政业等与物流密切相关的行业。

2．20世纪80年代初期到90年代初期：引入期

中国物流概念的引入主要通过两条途径：一条是在20世纪80年代初期随市场营销的引入而从欧美传入，即"Physical Distribution"。这两个单词译为中文是"实体分配"、"实物流通"等意思。另一条途径是"Physical Distribution"从欧美传入日本，日本人将其译为日文"物流"，20世纪80年代初我国从日本直接引入"物流"这一概念至今。

3．20世纪90年代中期到90年代末期：发展期

发达国家的跨国公司开始全面进入我国市场，制造业开始本地化，跨国公司传播了物流理念。与此同时，物流市场开始开放，一批"三资"物流企业产生，传统的储运企业开始向综合物流企业发展，也产生了一批新的民族物流企业。

4．20世纪末到21世纪初：全面发展期

由于政治、经济、技术和管理因素的综合影响，极大地促进了跨国物流事业的全面发展，我国物流真正进入了全面发展时期。

学习评价

不同时期物流的发展状况学习评价表

被考评人					
考评地点					
考评内容	不同时期物流的发展状况				
考评标准	内　容	分值/分	自我评价/分	小组评议/分	实际得分/分
	传统物流时期	40			
	现代物流时期	60			
	合　计	100			

注：1. 实际得分=自我评价40%+小组评议60%。
　　2. 考评满分为100分，60~74分为及格；75~84分为良好；85分以上为优秀（包括85分）。

综合知识模块三　　现代物流系统

模块目标

1. 熟练掌握系统的概念及特征、物流系统的概念及特征。
2. 熟悉物流系统的模式、组成。
3. 掌握物流系统的增值服务以及现代物流系统化的目标。

能力知识点1　系统的概念及特征

系统一词来源于人类长期的社会实践，存在于自然界、人类社会以及人类思维描述的各个领域，早已为人们所熟悉。它是指由两个或两个以上的，既相互作用又相互依赖的单元（或称部分）结合而成的，具有特定功能的有机整体。用数学函数式可表示为

$$S=f(A_1, A_2, A_3, \cdots, A_n)$$

式中　S——系统；
　　　A_n——单元元素（$n \geq 2$）。

每一个单元元素可以称为一个子系统。系统与系统的关系是相对的，一个系统可能是另一个更大系统的组成部分，而一个子系统也可以继续分成更小的系统。现实生活中一个学校、一个系、一个工厂、一个车间和一座城市等都可以看成一个系统。根据定义，系统应具备以下几个条件：

1）系统是由两个或两个以上的单元元素组成的。
2）单元元素之间相互影响、相互作用，使系统保持相对稳定。

3）系统具有一定的结构性和有序性，从而使系统具有特定功能。

一般来说，系统具有以下几个特点：

（1）目的性：系统的整体目的就是要创造价值和提供服务，以达到一定的经济效益与社会效益。

（2）层次性：系统作为一个相互作用的诸要素的总体，可以分解为一系列的子系统，并存在一定的层次结构。在不同的层次结构中存在着不同的运动形式，构成了系统的整体运动特性，为深入研究复杂系统的结构、功能和有效地进行控制与调节提供了条件。

（3）相关性：组成系统的要素是相互联系、相互作用的。相关性说明这些联系之间的特定关系和演变规律。

（4）控制性：有效的系统必须具有畅通的信息与反馈机制，使各项工作能够及时、有效地得到控制。

（5）开放性：任何一个系统，无论大小都是社会系统的一个组成部分。因此，它必须不断地与外部社会环境交换能量与信息。

（6）适应性：任何一个系统都存在于一定的物质环境中。因此，它必然要与外界产生物质、能量和信息交换，外界环境变化必然会引起系统内部各要素的变化。不能适应环境变化的系统是没有生命力的，只有能够经常与外界环境保持最优适应状态的系统，才是具有不断发展趋势的理想系统。

（7）整体性：系统运动的整体效果不一定是系统各要素活动的效果之和，有效系统各要素的总和能带来"整体大于部分之和"的效果。

能力知识点 2　物流系统的概念及基本特征

一、物流系统的概念

物流系统是由物流各要素组成的，各要素之间存在密切联系，且相互影响、相互作用的有机综合体。

二、物流系统的基本特征

1．物流系统是一个"人机系统"

物流系统是由人、形成劳动手段的设备和工具所组成的。它表现为物流劳动者运用运输设备、装卸和搬运机械、仓库、港口和车站等设施，作用于物资的一系列生产活动。在这一系列的物流活动中，人是系统中的主体。因此，在研究物流系统的各方面问题时，应把人和物有机地结合起来，作为不可分割的整体加以考察和分析，并始终把发挥人的主观能动作用放在首位。

2．物流系统的客观存在性

物流系统是客观存在的，但一直未被人们所认识，从而未能能动地利用系统的优势。物流系统的各个要素，在长期的社会发展历程中，都有了较高的水平。因而，一旦形成物流观念，按新观念建立物流系统，就会迅速发挥系统的总体优势。从这个意义上来讲，物流系统是现代科技及现代观念的产物。

3．物流系统的复杂性

物流系统要素本身十分复杂，如物流系统的运行对象——"物"，遍及所有社会物质资源，将全部国民经济产品的复杂性集于一身，不可能不引起物流系统的复杂性。此外，物流系统要素之间的关系也不如某些生产系统那样简单、明了，这就增加了系统的复杂性。

4．物流系统属于中间层次系统范畴

物流系统本身具有可分性，可以分解成若干个子系统。同时，物流系统在整个社会再生产中又主要处于流通环节中，因此它必然受更大的系统制约。

5．物流系统稳定性较差，而动态性较强

物流系统和生产系统的一个重大区别在于：生产系统按照固定产品、固定生产方式连续或不连续地生产，变化少，系统稳定时间较长。而一般物流系统，总是连接多个生产企业和用户，系统内要素及系统运行经常发生变化，难于长期稳定。稳定性差、动态性强带来的主要问题是要求系统有足够的灵活性与可变性，这自然会增加管理和运行的难度。

6．物流系统是一个大跨度的系统

这反映在两个方面：一是地域跨度大，二是时间跨度大。国际间物流的地域跨度之大自不待言，即使是企业之间的物流，在现代经济社会中，也在跨度较大的地域间发生。大跨度系统带来的主要问题是管理难度较大，对信息的依赖程度高。

7．物流系统结构要素间有非常强的背反现象

交替损益或效益背反现象会导致系统总体恶化。例如，减少库存量，能降低库存持有成本，但必然会增加运输次数，从而增加了运输成本；简化包装能节省包装费，但节省的包装方式将减低产品的防护效果，造成存储、装卸、运输功能要素的工作恶化和效益大减等。在物流系统的规划和决策中，存在着大量的效益背反现象。

能力知识点 3　物流系统的模式

物流系统的一般模式，如图 1-2 所示。

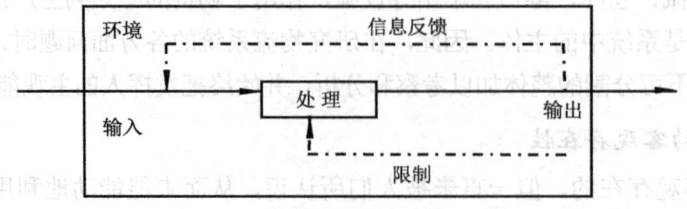

图 1-2　物流系统的一般模式

它与一般系统一样具有输入、输出、处理（转化）、限制（制约）和反馈等功能。其具体内容包括以下几个方面：

1．输入

各种原材料或产品、商品、生产或销售计划、需求或订货计划、资源、资金、劳动力、合同、信息等，即通过提供资源、能源、机具、劳动力、劳动手段等，对某一系统发生作用，这种作用称为外部环境对物流系统的输入。

2．输出

输出是指各种物品的场所转移、各种信息报表的传递、各种合同的履行和各种良好优质的服务。物流系统以其本身所具有的各种手段和功能，在外部环境一定的制约作用下，对环境的输入进行必要的处理（转化），使之成为有用（有价值）的成品，或其位置的转移及提供其他服务等，称之为物流系统的输出。

3．处理

处理（或转化）包括各种生产设备、设施（车间、机械、车辆、库房、货场等）的建设；各物流企业进行的物流业务活动（运输、存储、包装、装卸搬运等）；各种物流信息的数据处理；各项物流管理工作。物流系统本身的转化过程，即从输入到输出之间所进行的生产、供应、销售、服务等物流业务活动，称之为物流系统的处理（或转化）。

4．限制

资源条件、能源限制、资金力量、生产能力、价格影响、需求变化、市场调节、仓库容量、运输能力和政策性波动等都对物流系统有一定的限制（或制约）作用。由于外部环境造成的各种因素的变化，而对物流系统施加一定的约束，称之为外部环境对物流系统的限制（或干扰）。

5．反馈

各种物流活动分析包括：各种统计报表、数据、典型调查、工作总结、市场行情信息和国际物流动态等。物流系统在把输入转化为输出的过程中，由于受系统内、外环境的限制（干扰），不会完全按原来的计划实现，使系统输出未达到预期的目标。所以，需要把输出结果返回给输入环节，称之为信息反馈。

能力知识点 4　物流系统的组成

物流系统由物流作业系统和物流信息系统两大部分组成。

物流作业系统包括运输、保管、搬运、包装和流通加工等诸多活动。一些先进的科学技术成果正广泛运用于物流作业系统，如自动立体式仓库、机器人等。它们的应用大大提高了物流作业系统的运作效率。

物流信息系统包括对物流作业系统中的各种活动下达指令、实时控制和有效反馈协调等信息活动。在这一系统中，应用现代先进技术的有：计算机技术、网络技术、GPS（全球卫星定位系统）、GIS（地理信息系统）和 RF（射频技术）等。物流作业系统中的各个活动是相互牵制、相互制约的关系，任何一个环节处理不好，都将影响到整个物流作业的效率与效益。只有通过物流信息系统，在总体上对各项活动做好统筹安排、实时控制，并且根据反馈信息作出迅速调整，才能保证物流作业系统的高效、畅通和快捷。

物流作业系统和物流信息系统之间存在着一定的层次关系，表现为物流信息系统对物流作业系统下达指令，物流作业系统反馈信息给物流信息系统，物流信息系统处在物流作业系统的上层，起着调节、控制和管理的作用。它们之间密不可分、相互依赖、相互配合，从而实现整个物流系统的预定目标，如图 1-3 所示。

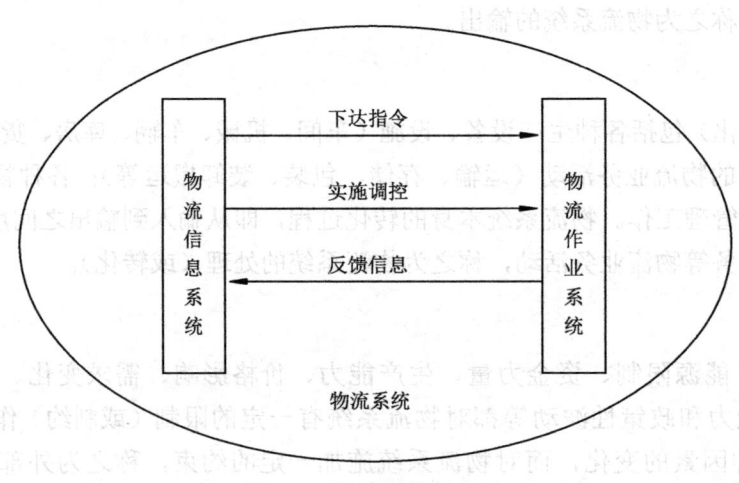

图 1-3　物流系统的组成

能力知识点 5　物流系统的增值服务

一、物流增值服务的概念及特征

物流增值服务是在物流基本服务的基础上延伸出来的相关服务。它是随着第三方物流的兴起而逐渐被人们注意的。

增值服务是指根据顾客的需要，为顾客提供超出常规服务范围的服务，或者是采用超出常规服务方法提供的服务。超出常规、创新、满足顾客需要是增值物流服务的本质特征。

常规的物流服务包括在物流的各种功能方面提供的服务，而超常规的创新性物流服务则没有明确的服务项目名称，只要顾客需要，只要服务提供方有能力提供或者有能力从市场获得资源来提供，并且这种服务是有利可图的，这种服务就是增值性的物流服务，就可以找到它的需求市场。增值性的物流服务需求可以由顾客提出来。不过实际情况是，顾客往往提不出来，这就需要领先的物流服务提供商有目的、有意识地分析和研究顾客的需求，事先设计出若干新型的服务项目和服务方式，然后提供给需求方，由其来挑选。

二、物流增值性服务的内容

增值性的物流服务包括以下几方面的含义：

1．加快反应速度，使流通过程变快的服务

快速反应（Quick Response）方式已经成为物流发展的动力之一。

2．增加便利性服务

增加便利性服务是指简化操作程序、简化交易手续和简化消费者付费环节等。简化是相对于消费者而言的，并不是说服务的内容简化了，而是指以前需要消费者自己做的一些事情，现在由商品或服务提供商以各种方式代替消费者执行了，从而使消费者获得的服务变得简单，而且更加好用，这自然就增加了商品或服务的价值。

3．使成本降低，发掘第三利润源的服务

成本与服务相比，成本的说服力更大。在保持用户需要的服务水平的前提下降低成本，是所有企业的共同需求。完善的物流系统的实质就是在为顾客降低成本的同时，物流企业也在降低生产成本，从而实现企业与顾客的双赢。

4．延伸服务，把供应链上的节点企业集成在一起的服务

通过物流供应链以及完善的信息系统，物流企业的服务范围可以根据需要进行延伸，而这种延伸服务就是增值性的物流服务。例如，向上可以延伸到市场调查与预测、采购及订单处理等服务；向下可以延伸到配送、物流方案的选择与规划、货款回收与结算等。

能力知识点 6 现代物流系统化的目标

一、物流系统化的总目标

物流系统作为国民经济的一个子系统，其目标的定位是对整个社会流通及全部国民经济的作用。物流系统本身虽庞大，但它不过是更大系统中的一部分，因此，必然寓于更大系统之中。其根本目的是给整个社会经济发展和国民经济运行创造顺畅的、有效的、低成本的物流条件，必须满足国民经济不断增长的需求和可持续发展的需要。

二、物流系统化的具体目标

（1）服务目标：在为用户提供服务方面要求做到无缺货、无货物损伤和丢失等现象，而且费用便宜。

（2）库存调节目标：库存过多则需要更多的保管场所，而且会产生库存资金积压，造成

浪费。因此，必须按照生产与流通的需求变化对库存进行控制。

（3）有效地利用面积和空间目标：虽然我国土地费用比较低，但土地资源有限，价格也在不断上涨。特别是对城市市区面积的有效利用必须加以充分考虑。应逐步发展立体化设施和有关物流机械，以求得空间的有效利用，节约使用物流企业的生产面积。

（4）快速、及时、准时目标：要求把货物按照顾客指定的地点和时间迅速送达。为此可以把物流设施建在供给地区附近，或者利用有效的运输工具和合理的配送计划等手段。

（5）规模适当（优化）目标：应当考虑物流设施集中与分散的问题是否适当，机械化与自动化程度如何合理利用，情报系统的集中化所要求的电子计算机等设备的利用等。

（6）绿色物流目标：物流活动对环境的影响越来越大。为了保护环境，节约资源，在物流活动中应采用先进的物流技术、物流设施，最大限度地降低对环境的污染，提高资源利用率。例如，包装材料尽量利用可回收材料制作，加强对废弃物物流的管理和提高废物回收利用率等。

能力知识点 7　现代物流系统分析实例——福田保税区

由于越来越多的跨国物流企业的入驻，深圳福田保税区已发展成为华南地区重要的跨国物流系统实验基地。很多在这一带投资建厂的跨国公司都借助于深圳福田保税区开展物料配送和产品分拨业务，其中世界 500 强企业就有 30 多家，包括 IBM、索尼、三星、松下、欧姆龙和美能达等。自 1993 年深圳深九国际物流有限公司在福田保税区设立首家以"物流"命名的企业以来，该保税区已引进仓储物流企业 80 多家，包括日本通运、美国伯灵顿等著名跨国物流企业，其中，2002 年上半年引进物流企业 15 家。在深圳福田保税区，物流不再是简单的仓储、运输概念，而是以系统化的形式出现，呈现出物流系统的整体优势。20 世纪 90 年代后期，IBM 把美国戴尔公司的现代物流概念"配送"引入深圳福田保税区。IBM 合资企业长城国际与福田保税区内的海福公司合作，开展工厂"零库存"配送业务，长城国际在深圳的两家工厂不再设备料仓库，其分布在东南亚和欧美的 70 多家供应商把 7 600 多种不同品种规格的电子料件集中到海福仓库。海福公司借助网络，根据生产厂当日流水线需求，实现配送中心与生产线的"门对门"服务。这种模式使长城国际节省物流成本达 12%，同时降低了大量库存带来的费用和风险。如今，深圳福田保税区的物流企业已成为华南地区产品生产和出口的重要环节。对于物流企业纷纷抢滩和日益红火的物流生意，专业人士分析认为，这得益于现代物流业是深圳市三大支柱产业之一，而保税区实行"境内关外"的保税政策，并拥有直通我国香港的专用通道，实行 EDI 电子报关，进出口实行备案制等优势。这些均有效地促进了区内跨境运输、仓储、转口贸易等物流业务的发展。日通公司负责人就曾对为何在深圳设立日通在中国最大的物流基地时这样说：首先，在深圳及珠江三角洲有许多日资企业，日通公司的客户都集中在此；其次，这一带经济发展前景十分广阔；第三，日通公司需要在珠江三角洲和我国香港之间找一个起连接、中转作用的地方，而深圳福田保税区恰好是建立综合物流中心的最佳宝地。

举一反三

一、填空题

1. 系统具有_____、_____、_____、_____、_____和_____等特征。
2. 物流系统一般具有_____、_____、_____、_____和_____等功能。
3. 物流增值服务的本质特征是_____、_____和_____。
4. 物流系统化的具体目标有_____、_____、_____、_____、_____和_____等。

二、简答题

1. 解释系统、物流系统及物流增值服务的概念。
2. 物流系统有哪些基本特征？

知识拓展　效益背反

效益背反指的是物流的若干功能要素之间存在着损益的矛盾，即某一个功能要素的优化和利益发生的同时，必然会存在另一个或另几个功能要素的利益损失；反之也如此。这是一种此涨彼消、此盈彼亏的现象，虽然在许多领域中这种现象都是存在的，但物流领域中，这个问题似乎尤其严重。

学习评价

对现代物流系统的全面理解学习评价表

被考评人					
考评地点					
考评内容		对现代物流系统的全面理解			
考评标准	内　容	分值/分	自我评价/分	小组评议/分	实际得分/分
	物流系统的特征	25			
	物流系统的模式	20			
	物流系统的组成	10			
	物流系统的增值服务	25			
	物流系统化的目标	20			
	合　　计	100			

注：1. 实际得分=自我评价40%+小组评议60%。
　　2. 考评满分为100分，60～74分为及格；75～84分为良好；85分以上为优秀（包括85分）。

第二单元 现代物流活动要素

本单元学习导引图

现代物流活动要素
- **运输**
  - 运输概述
  - 运输的主要方式及优缺点
  - 运输手段的选择
  - 运输的合理化
- **存储**
  - 存储的定义和功能
  - 存储的分类
  - 仓库的分类
  - 仓库管理
  - 存储的合理化
- **装卸搬运**
  - 装卸搬运的含义及作用
  - 装卸搬运的分类
  - 装卸搬运设备的选择
  - 装卸搬运的合理化
- **包装**
  - 包装的含义和作用
  - 包装的种类
  - 包装材料的种类
  - 包装器材的选择
  - 包装合理化
- **流通加工**
  - 流通加工的概念
  - 流通加工的地位和作用
  - 流通加工管理
  - 常见的流通加工形式
  - 流通加工的合理化
- **配送**
  - 配送的概念及特点
  - 配送的作用
  - 配送与配送中心的类型
  - 配送的基本环节
  - 配送的一般流程
- **信息处理**
  - 物流信息概述
  - 物流信息的内容
  - 物流信息管理的含义和作用
  - 物流信息系统
- **现代物流客户服务**
  - 物流客户服务的概念和作用
  - 物流客户服务的类型
  - 物流服务水平的衡量
  - 物流服务存在的问题及对策

综合知识模块一

运输

模块目标

1. 了解运输的概念、职能、原则以及运输的作用。
2. 熟悉运输的主要方式及优缺点。
3. 掌握如何选择运输手段以及保障运输合理化的措施。

能力知识点1 运输概述

社会产品的生产量和需求量之间，不可避免地存在着空间和时间上的差异。由于生产布局和各地区经济发展的不平衡，或由于有些产品生产或消费上存在着时间差异，都会导致产品此地有余而彼地不足的现象。这些就要靠流通过程加以调节，需要现代化的运输规划来做保证。产品的运输把空间上相隔的供应商和需求者联系起来，供应商通过运输以合理的价格在合理的时间里向顾客提供有质量保证的产品。

一、运输的概念

所谓运输是指通过设备或工具将物品从一地向另一地运送的物流活动。运输是物流的主要功能要素之一，它与搬运的区别在于：运输是在不同的地域范围内对物品进行空间位移，是较大空间范围的移动；搬运是在同一地域的活动，一般是指短距离、小批量的运输。

二、运输的职能

一般而言，运输实现了以下两种职能。

（1）产品移动：显而易见，运输首先实现了产品在空间上移动的职能。无论产品处于哪种形式，是材料、零部件、配件、在制品或成品，或是在流通中的商品，运输都是必不可少的。运输的主要职能就是将产品从原产地转移到目的地；运输的主要目的就是要以最少的时间和费用完成物品的运输任务。同时，产品转移所采用的方式必须能满足顾客的要求，产品的遗失和损坏必须减少到最低水平。

运输是一个增值的过程，通过运输，商品在适当的时间、适当的地点运送到顾客手中，运输成本构成了商品价格的一个重要部分。运输成本的降低可以达到以较低的成本提供优质顾客服务的效果，从而提高竞争力。

（2）短时产品库存：对产品进行临时存储也是运输的职能之一，即将运输车辆作为暂时的存储场所。如果转移中的产品需要存储，而短时间内产品又将重新转移的话，卸货和装货的成本也许会超过存储在运输工具中的费用，这时，将运输车辆作为暂时的存储场所是可行的。

三、运输的原则

运输管理有两条基本原则：规模经济和距离经济。

（1）规模经济：规模经济的特点是随着装运规模的增长，使每单位重量的运输成本下降。例如，整车装运（即车辆满载装运）的每磅成本低于零担装运（即利用部分车辆能力进行装运）。铁路或水路之类运输能力较大的运输工具，其每单位重量的费用要低于诸如汽车或飞机之类运输能力较小的运输工具。运输规模经济之所以存在，是因为有关的固定费用可以按整批的货物量分摊。有关的固定费用包括运输订单的行政管理费用、运输工具投资以及装卸费用、管理以及设备费用等。规模经济使得货物的批量运输显得合理。

（2）距离经济：距离经济的特点是每单位距离的运输成本随运输距离的增加而减少。距离经济的合理性类似于规模经济，尤其体现在运输装卸费用的分摊上。距离越长，可使固定费用分摊后的值越小，导致每单位距离支付的总费用很少。

四、运输的作用

1）运输是社会物质生产的必要条件，是国民经济的基础和先行产业。如果没有运输，生产过程就无法完成。通过运输将物品送到效用最高的地方，才能发挥物品的最大潜力，提高物品的使用价值，实现资源的优化配置。

2）运输具有扩大市场、稳定价格的作用，它对发展经济，提高国民生活水平有着十分巨大的影响。

（3）运输是"第三利润源"的主要源泉。运输承担着大跨度空间转移的任务，要靠大量的动力消耗才能实现。据分析计算，在整个社会的物流总成本中，运输费用占到近50%，所占比例最大。因而，合理组织运输活动、节约运输成本，是降低物流成本的重要内容。

能力知识点 2 运输的主要方式及优缺点

1．铁路运输

铁路运输的一个主要优势是以相对较低的运价，长距离运输大批量货物。因此，它在城市之间拥有巨大的运量和收入。尤其我国，铁路是货物运输的主要方式。现在世界上几乎所有大城市都通铁路，铁路在国际运输中也占有相当大的市场份额。

铁路的地区覆盖面广、适应性强、可全天候不停运营，具有较高的连续性、可靠性和安全性。但是因受到铁轨、站点等限制，铁路运输的灵活性不高。铁路一般是按照规定的时间表运营的，发货的频率要比公路运输低。

2．公路运输

公路运输的主要特点是机动、灵活、可实现"门到门"运输，较适合运输中、短途货物，并且公路运输有速度较快、可靠性较高和对产品损伤较小的特点。汽车承运人具有灵活性，他们能够在各种类型的公路上进行运输，不像铁路那样要受到铁轨和站点的限制，所以公路比其他运输方式的市场覆盖面要广。公路运输的特点使得它特别适合于配送短距离、高价值的产品。公路运输不仅可进行直达运输，而且是其他运输方式的接运工具，可减少运输过程中的中转环节及装卸次数。总的来说，公路运输在物流作业中起着骨干作用。

3．水路运输

水路运输是最古老的运输方式。远洋航运是国际货物运输的主要方式，其主要优点是能够运输数量巨大的货物，适合于进行长距离、低价值、高密度、便于机械设备搬运的货物运输，如谷物、钢铁、矿石、煤炭和石油等。水路运输的主要缺点是其运营范围和运输速度受到限制。另外，水路运输的可靠性与可接近性较差。除非其起始地和目的地都接近水道，否则必须以铁路和公路作为补充运输。水运的最大优势是低成本。因此，水路是大宗货物长距离运输的理想选择。

4．管道运输

与其他的运输方式相比，管道运输比较特别。管道运输受气候条件的影响很小，可以每天运营24h，便于长期稳定运输，可靠性较高。管道运输最明显的缺点是不灵活，运输商品的范围受到限制，只能运送气体、液体和浆状产品等，主要是原油、天然气、煤浆和流体的化学物品等，并且运输速度相当慢。

5．航空运输

航空运输的最大优点在于运输速度快，对于经济货物、易腐烂变质货物等是一种必要的运输方式。但货运的高成本使得空运并不适合于大众化的产品，通常航空用来运输高价值产品或时间要求比成本更为重要的产品。另外，航空运输由于受天气影响较大，使得可靠性降低。

集装箱运输的优点

1）可露天作业，露天存放，不怕风雨，节省仓库。

2）可节省商品包装材料，可保证货物质量和数量，减少货损货差。

3）车船装卸作业机械化，节省劳动力和减轻劳动强度。

4）装卸速度快，提高了车船的周转率，减少了港口拥挤程度，扩大了港口的吞吐量。

5）减少运输环节，可进行"门到门"的运输，从而加快了货运速度，缩短了货物的在途时间。

6）减少了运输开支，降低了运费。根据国际航运界报道，集装箱运费要比普通件杂货运费要低5%～6%。

能力知识点3 运输手段的选择

运输手段的选择是物流合理化的重要内容,因此,对于进出货物必须选择最适合的运输手段。这种选择不仅限于单一的运输手段,而是通过运输手段的合理组合实现物流的合理化。选择运输手段主要考虑的因素是:货物的性质、运输时间、交货时间的适应性、运输成本、批量的适应性、运输的机动性和便利性、运输的安全性和准确性等。对于货主来说,运输的安全性、准确性、运输费用的低廉性以及缩短运输总时间等因素是其关注的重点。对于批发商和零售商来说,要重视运输的安全性和准确性,以及运输总时间的缩短等运输服务方面的质量。

具体来说,在选择运输手段时应考虑以下一些问题。

(1)运输物品的种类:在运输物品种类方面,物品的形状、单件重量或容积、危险性和变质性等都成为选择运输手段的制约因素。

(2)运输量:在运输量方面,一次运输的批量不同,因而选择的运输手段也会不同。一般来说,原材料等大批量的货物运输适合于铁路运输或水路运输。

(3)运输距离:货物运输距离的长短将直接影响到运输手段的选择,一般来说,中短距离运输比较适合于公路运输。

(4)运输时间:货物运输时间长短与交货期有关,应该根据交货期来选择适合的运输手段。

(5)运输费用:物品价格的高低关系到承担运费的能力,也成为选择运输手段的重要考虑因素之一。

虽然货物运输费用的高低是选择运输手段时要重点考虑的内容之一,但在考虑运输费用时,不能仅从运输费用本身出发,而且必须从物流总成本的角度联系物流的其他费用再综合考虑。作为物流总成本,除了运输费用外,还有包装费用、保管费用、库存费用、装卸费用以及保险费用等。运输费用与物流其他费用之间存在着相互作用的效益背反关系。依此为原则,在选择最为适宜的运输手段的时候,在成本方面应该保证物流总成本最低。

当然,在具体选择运输手段的时候,必须根据运输货物的各种条件,通过综合判断来加以确定。各种运输方式比较及对物流的影响,见表2-1。

表2-1 各种运输方式比较及对物流的影响

运输方式	速 度	成 本	可 靠 性	服 务 水 平	库 存
水路运输	最慢	最低	最低	低	最高
铁路运输	快	高	高	高	低
公路运输	快	更高	更高	更高	更低
航空运输	最快	最高	最高	最高	最低

运输作业的关键因素

从物流系统的观点来看，成本、速度和一致性是运输作业的 3 个至关重要的因素。

（1）运输成本：是指为两个地理位置间的运输所支付的款项，以及管理和维持转移中的存货的有关费用。

（2）运输速度：是指为完成特定的运输作业所需花费的时间。

（3）运输的一致性：是指在若干次装运中履行某一特定的运输所需的时间，与原定时间或与前几次运输所需时间的一致性。

能力知识点 4　运输的合理化

物品从生产地到消费地的运输过程中，从全局利益出发，力求运输距离短、运输能力强、运输费用低、中间转运少、到达速度快、运输质量高，并充分有效地发挥各种运输工具的作用和运输能力，是运输活动要实现的目标。

一、合理运输的影响因素

（1）运输距离：在运输过程中，运输时间、货损、运费、车辆或船舶周转速度等运输的若干技术经济指标，都与运距有一定的比例关系。因此，运距长短是运输是否合理的一个最基本因素，缩短运距从宏观、微观来看都有极大的好处。

（2）运输环节：每增加一次运输，不但会增加起运的运费和总运费，而且必然要增加运输的附属活动，如装卸、包装等，各项技术经济指标也会因此下降。所以，减少运输环节，尤其是同类运输工具的环节，对合理运输有促进作用。

（3）运输工具：各种运输工具都有其使用的优势领域，对运输工具进行优化选择，最大限度地发挥所用运输工具的作用，是运输合理化的重要一环。

（4）运输时间：运输是物流过程中需要花费较多时间的环节，尤其是远程运输。在全部的物流时间中，运输时间占绝大部分，因而运输时间的缩短对整个流通时间的缩短有决定性的作用。此外，运输时间短，有利于运输工具的加速周转，充分发挥运力的作用；有利于货主资金的周转；有利于运输线路通过能力的提高，对运输合理化有很大贡献。

（5）运输费用：运费在全部物流成本中占很大比例，运费高低在很大程度上决定了整个物流系统的竞争能力。运费的降低，无论对货主企业还是对物流经营企业，都是运输合理化的一个重要目标。

二、运输合理化的措施

（1）提高运输工具实载率：实载率是反映车船吨位和里程利用情况的综合指标。提高实载率能充分利用运输工具的额定能力，减少车船空驶和不满载行驶的时间，减少浪费，从而实现运输的合理化。根据测定，汽车运输的实载率每下降1%，百吨货物公里的油耗约上升1%～2%。

当前，国内外开展的"配送"形式，优势之一就是将多家需要的货物或一家需要的多种货物实行配装，以达到容积和载重的充分利用，比起以往自家提货或一家送货车辆大部分空驶的状况，是运输合理化的一个进展。在铁路运输中，采用整车运输、整车拼装、整车分卸及整车零卸等措施，都是提高实载率的有效途径。

（2）改进运输，提高运输能力：在运输设施建设已定型和完成的情况下，通过改善运输组织可实现能源、设施的少投入，增加运输能力的目的。例如，在铁路运输中采取"满载超轴"法（"满载"是指充分利用货车容积和载货量，多载货、不空驶。"超轴"是指在机车能力允许的情况下，多加挂车皮）、在水路运输中对竹、木等物品采用拖排和拖带法、内河驳船采用的顶推法和汽车采用的挂车法等，都是在充分利用动力能力的基础上，增加运输能力。

（3）发展社会化运输体系：运输社会化的核心是打破一家一户自成运输体系的状况，发挥运输的大生产优势，实行专业化分工与合作，实现运输的规模效益。实现运输社会化可以统一安排运输工具，避免对流、倒流和空驶等多种不合理形式，不但可以追求组织效益，而且还可以追求规模效益，如广泛开展的联合运输，已经取得了很大的成绩。

（4）开展中短距离铁路公路分流：在公路运输经济里程范围内，尽量利用公路。通过公路分流，缓解铁路运输的紧张状况。充分发挥公路"门到门"运输的机动灵活，在中、短途运输中速度快的优势，实现铁路运输服务难以达到的服务水平。

（5）发展直达运输：直达运输通过减少中转过载、换载，从而提高运输速度，省去了装卸费用，降低了中转货损。直达的优势，尤其是在一次运输批量和用户一次需求量达到一整车时，表现最为突出。

几种常见的不合理运输

（1）单程运输：是指由于组货计划不周、车辆调度不当造成起程或返程是空车，无货载行驶，这将导致运力浪费。

（2）舍近求远：是指放弃距离较近的路线，而选择距离较远的运输路线。如迂回运输、重复运输等不必要的拉长运程；也包括调运物品的舍近求远：如倒流运输——把物品从销售地或中转地往产地或起运地回运；交错运输——把同一种双方都要的物品双向交叉运送等。

（3）无效运输：就是运输了不需要的物品，如需要运送物品附带的杂质、边角碎料、未进行干燥处理物品内含的水分等。如果在起运地进行必要的流通加工，把上述不必要的物质清除，就能避免运力的浪费。

举一反三

一、填空题

1. 运输实现了_____和_____两种职能。
2. 运输管理的基本原则是_____和_____。
3. 影响合理运输的因素有_____、_____、_____、_____和_____。

二、简答题

1. 如何选择运输手段？
2. 简述各种运输方式的优缺点。
3. 如何实现运输的合理化？

三、案例分析

日本大和运输的"宅急便"

日本的大和运输株式会社成立于1919年，是日本第二古老的货车运输公司。1973年，日本陷入第一次石油危机的大混乱中，企业委托的货物非常少，这对完全依赖于运送大宗货物的大和运输来说，无疑是一大打击。对此，当时大和运输的社长小仓提出了"小宗化"的经营方向，认为这是提高收益的关键。1976年2月，大和运输开办了"宅急便"业务。在日本，大和运输的"宅急便"早已是无人不知、无人不晓，在马路上到处可见"宅急便"在来回穿梭。

大和运输的象征商标是一个黑猫叼着小猫的图案。大和运输认为，图案中那种小心翼翼、不伤及小猫、轻轻衔住脖子运送的态度，仿佛是谨慎搬运顾客托运的货物，体现了"我做事，你放心"的宗旨。因此，人们又把大和运输称为"黑猫大队"。

"宅急便"类似目前的快递业务，但其服务的内容更广。在运送货物时，讲究3个"S"，即速度（Speed）、安全（Safety）和服务（Service）。大和在这三者之中，最优先考虑的是速度。因为有了速度，才能抢先顺应时代的需求，在激烈的竞争中取胜。而在速度中，"宅急便"又特别重视"发货"的速度。"宅急便"的配送，除去夜间配送以外，基本是一天两回，即两次循环。凡时间距离在15h以内的货物，保证在次日送达。1989年开始一部分的配送一日3次循环，做到时间距离在18h以内的货物，可以次日送达。1989年后，由于与7-11和罗森等大型便利店的合作，已调整为24h全天候受理货物。

"黑猫大队"有一个保证次日送达的输送系统。在受理店截止接受货物的时间之后，大和运输分区派出小型货车到区内各处将货物集中运往称为"集货中心"的营业所，并迅速转送到称为"基地"的地点，进行寄往全国各地的货物分拣工作。然后将经过分拣的货物，以发往的地区和货物种类为单元，装入统一的长为110cm、高为185cm的货箱内。一个货箱中大概可以放入70～80件货物。从基地之间货物移动时，是使用10t级的货车，可装载16个货箱；从集货中心往基地，或是从基地往集货中心移动时，常使用可装8个货箱的4t货车；

而专用来收集以及递送的 2t 货车，则可零装约一个货箱容量的货物。由于"宅急便"采用了统一规格的小型货箱和不同吨级的货车，从而大大提高了运送效率，降低了物流成本。利用夜间进行运输，是"宅急便"得以在速度上取得优势的重要措施，从而做到了当日下午进行集货，夜间进行异地运输，次日上午即可送货上门，保证在 15~18h 内完成整个服务过程。"宅急便"还采取了车辆分离的办法，采用拖车运输。牵引车把拖车甲运到 B 地点以后，把车放在 B 地点，再挂上 B 地点的拖车乙开向 A 地点。这样，车辆的周转率是最高的。此外，又采取了设立中转站的办法。这种中转方法不是货车和货物的中转，而是司机进行交换的开车方式。例如，从东京到大阪的长途运输，距离为 600km，需要司机 2 人，再从大阪返回时，司机容易疲劳，这样一来一往就需要 6 人。如果在中间设置一个中转站，东京和大阪同时发车，从东京来的，在中转站开上大阪的车返回就不要 2 人，只要 1 人就可以了，总共只需要 4 人，从而减少了 2 人的费用。"宅急便"还利用航空来运送货物，但由于在下午 3 点以前接受的货物若要翌日送达，飞机必须夜间飞行，困难较多，货运量不大，约占总运量的 1%。同时，"宅急便"对运距在 600km 以上的货物，采取铁路运输。"宅急便"每天有 54 班车（往返）就是通过东京到北海道函馆之间的直达车运送货物的。

现在大和运输与美国 UPS 合作，建立了国际快递网络。UPS 拥有世界上 175 个国家和地区的配送网。大和已将这些国家和地区全部列入自己的服务区域。

（节选自：韦红革. 物流管理概论. 北京：机械工业出版社，2005）

知识拓展　先进实用的运输技术方式

货运技术方式近年有很大的发展，特别是在公路运输方面，其他运输方式也产生了先进实用的配套设施。运输技术方式主要有以下几种。

1. 集装箱运输

集装箱是具有一定强度、刚度和统一规格，在货物运输中专供周转使用的大型容器。集装箱运输是把一定数量的单件物品货物装入集装箱内，以集装箱为单位进行运输，在更换运输工具时不用倒装。集装箱运输具有"高速、高效、安全、经济"的优点，由于集装箱运输不点件计收，交接凭箱口铅封，不易冒领，中转方便，目前被世界各国广泛使用。

2. 散装运输

散装运输是指采用特殊、密封、专用的车型对粮食、化肥、水泥等粉粒状物品货物不作包装进行运输。这样不但可以减少包装费用，还能减少货损货差，并且防止环境污染。

3. 冷藏运输

冷藏运输是指运用各项技术设备，通过冷藏、保温、防寒、通风等方法，对易腐、鲜活货物进行运输。这样无疑是提高了运输成本，但能更好满足消费者的需要，因此能提高运输收入，提高运输效益。

学习评价

对运输的全面掌握学习评价表

被考评人					
考评地点					
考评内容		对运输的全面掌握			
考评标准	内容	分值/分	自我评价/分	小组评议/分	实际得分/分
	对运输的理解	25			
	运输的主要方式	25			
	运输手段的选择	25			
	运输合理化的措施	25			
	合 计	100			

注：1. 实际得分=自我评价40%+小组评议60%。
　　2. 考评满分为100分，60～74分为及格；75～84分为良好；85分以上为优秀（包括85分）。

综合知识模块二　　　　　　　　　　　　　　　　　　　　　　　　　　　*存储*

模块目标

1. 了解存储的定义、功能以及分类。
2. 熟悉仓库的分类。
3. 掌握仓库管理。
4. 熟练掌握存储合理化的措施。

能力知识点1　存储的定义和功能

一、存储的定义

存储是保护、管理和贮藏物品。存储是包含商品库存和商品储备在内的一种广泛的经济现象，是一切社会形态中都存在的一种经济现象。在传统的商业中，存储的过程一直被认为是无关紧要的，因为它只会增加商品的成本，而不能产生利润。但是，随着现代物流学的发展，存储作为物流系统的重要组成部分，越来越被众多的学者与物流业者所重视，它在物流的整个过程中发挥着越来越重要的作用。

二、存储的功能

（1）通过存储可以调节商品的时间需求，进而消除商品的价格波动：一般来说，商品的生产和消费不可能是完全同步的。为了弥补这种不同步所带来的损失，就需要存储商品来消除这种时间性的需求波动。

例如，当顾客订货后要求收到货物的时间比企业从采购材料、生产加工到运送货物至顾客手中的时间要短的情况，为了填补这个时间差，就必须预先存储一定数量的该商品。假设某零售商直接向生产厂家订购一定数量的商品并要求第二天到货，而生产厂家生产该商品需要花 5 天时间，运送需要花 1 天时间。如果生产厂家预先生产一定数量的这种商品并存储在物流仓库的话，则可立即满足顾客的要求，避免发生缺货或延期交货的现象。

再者，由于有些商品是常年生产，消费具有季节性，如羽绒服、电风扇等；有些商品是常年消费，生产具有季节性，如大米、小麦等农产品，因此在由供应商、企业和顾客组成的物流供应链中，下一个环节对物品的需求与上一个环节对物品的供应在时间上往往是不同步的。这种需求和供给之间的时间差，需要存储来调节。例如，市场对大米（稻谷）的需求是连续的，而大米（稻谷）的产出往往集中在每年秋季，因此大米（稻谷）的供给是集中的。这样，为了使集中产出的大米（稻谷）能连续向市场供应，满足人们的日常需要，就要把秋季产出的大米（稻谷）存储起来，在需要的时候逐渐投放市场。而且通过这种有目的性的存储，可以防止商品供给和需求之间剧烈矛盾的产生，从而稳定商品物价。

（2）通过存储可以降低运输成本，提高运输效率：众所周知，商品的运输存在规模经济性。而对于企业来说，顾客的需求一般都是小批量的，如果单独为每一位顾客运送货物，那么将无法实现运输的规模经济，物流成本将是不可估计的。为了降低运输成本，可以通过商品的存储，将运往同一地点的小批量的商品聚集成为较大的批量，然后再进行运输，到达目的地后，再分成小批量送到顾客手中。虽然这样产生了存储的成本，但是可以更大限度地降低运输成本，提高运输效率。

（3）通过商品在消费地的存储，可以达到更好的客户满意度：对于企业来说，如果在商品生产出来之后，能够尽快地把商品运到目标消费区域的仓库中去，那么目标消费区域的消费者在对商品产生需求的时候，就能够尽快地得到这种商品，这样消费者的满意度就会提高，而且能够创造出更佳的企业形象，为企业今后的发展打下良好的基础。

（4）通过存储，可以更好地满足消费者个性化消费的需求：随着时代的发展，消费者的消费行为越来越向个性化的方向发展。为了更好地满足消费者的这种个性化消费的要求，可以利用商品的存储对商品进行二次加工，以满足消费者的需求。例如，在商品的存储过程中，可以对商品进行二次包装，或者对不同的商品进行整合，这样就能根据顾客的需求，生产出顾客需要的独一无二的产品。

能力知识点 2　存储的分类

（1）按照存储的性质可划分为：生产储备、消费储备、流通储备和国家储备。其中，生产储备又可以分为经常储备、保险储备和季节储备。

（2）按照存储的集中程度可划分为：集中存储、分散存储和零库存。

(3) 按照存储产品的种类可划分为：原材料存储、半成品存储和产成品存储。

(4) 按照仓储所有权可划分为：自有存储、公共存储和合同存储。自有存储是企业通过自己拥有的仓库进行的存储；公共存储与自有存储正好相反，是由公共仓库向顾客提供的存储，又称"第三方存储"；合同存储是指在一定时期内，按照一定的合同约束而进行的物品存储。合同存储是从公共存储中延伸出来的一个分支，是通过一种长期互惠协议而安排的物品的存储。

(5) 按照存储的目的可划分为：投机性存储、定期性或周期性存储、额外存储或安全存储。投机性存储是指企业持有某些库存的目的可能是为了投机，以便日后价格上涨，如对某些原材料的采购；定期性或周期性存储是指为了满足连续补货期间的平均需求而进行的存储；额外存储或安全存储是指为了防范需求和补货提前的变动而建立的存储，额外存储或安全存储的保有量取决于需求波动的幅度和企业现货的供应水平。

能力知识点 3　仓库的分类

仓库形式多样，规模各异，从仓库保管的产品种类来看，可以划分为原材料仓库、半成品仓库和产成品仓库；从仓库所有权的角度来看，可以划分为公共仓库、自有仓库和合同仓库。下面详细介绍自有仓库、公共仓库和合同仓库。

一、自有仓库

自有仓库是指由企业自己拥有并进行管理的仓库。企业使用自有仓库的优点是：①能按照自己的意愿存储产品，从而对仓库具有较强的控制能力。②从长期利益来看，自有仓库的运行成本相对较低，一般为物流总成本的 15%～25%，或者更低。③自有仓库可以充分利用企业的人力资源，当企业的工作人员在管理仓库时，可以对仓库的存储和维护更加细心，可以充分利用专业化带来的优势。使用自有仓库的缺点是：①由于自有仓库一般具有固定规模、固定位置和技术水平，使其缺乏一定的柔性。②由于建造仓库的成本比较高，对多数企业来讲，一般不一定具有足够的资金实力来建造或购买，而且建造仓库属于长期的、高风险的投资项目。③在大多数情况下，自有仓库与其他投资项目相比，投资回报率都很低。

二、公共仓库

公共仓库专门向顾客提供相对标准的仓库服务。例如，保管、搬运和运输等，因而又被称为"第三方仓库"。目前，公共仓库已经获得了很大的发展，它在企业的物流系统中扮演着极其重要的角色。企业使用公共仓库的优点是：可以节省资金的投入，减少企业财务方面的压力；对季节性敏感的企业，能缓解市场需求高峰期的存储压力。同时，在需求淡季，企业不用租赁公共仓库，可节省资金，从而带来明显的成本优势；减少仓库投资风险；短期的公共仓库合约使企业能够根据市场形势的变化，自由地作出公共仓库的租赁决策，因而具有较高的柔性。但是，公共仓库也有缺点：沟通较困难。对公共仓库而言，并不是所有的计算

机终端接口和网络管理系统都是标准化的,它与企业进行数据传输和信息沟通时不一定协调,这就给仓库的信息化管理带来一定的阻碍;缺少个性化服务,在公共仓库里,有时可能得不到个性化(如严格的冷藏要求)的服务。

三、合同仓库

合同仓库是指在一定的时期内,按照一定的合同约束,使用仓库内一定的设备、空间和获得服务。这种合同约束协定可以给仓库所有者与使用者以更多的稳定性和对未来计划投资的确定性。合同仓库将以上两种仓库的优势有机地结合在一起,仓库所有者与使用者存在长期的合同关系和共担风险的责任,使得使用合同仓库的成本低于租赁公共仓库的成本。同时,合同仓库的经营能够加强双方的沟通和协调,提供较大的灵活性并共享信息资料。

资料卡

保税区又称保税仓库区,是海关所设置的或经海关批准注册的,受海关监管的特定地区和仓库。外国商品存入保税区内,可以暂时不缴纳进口税;如再出口,也不缴纳出口税;如要运进所在国的国内市场,则需办理报关手续,缴纳进口税。运入区内的外国商品可进行存储、改装、分类、混合、展览、加工和制造等。此外,有的保税区还允许在区内经营金融、保险、房地产、展销和旅游业务。

按照职能的不同,保税区一般分为指定保税区、保税货棚、保税仓库、保税工厂和保税陈列场等。

能力知识点 4　仓库管理

仓库管理的作业过程,一般分为入库管理、在库管理和出库管理 3 个阶段。

一、入库管理

仓库作业过程的第一个步骤就是验货收货,物品入库。它是物品在整个物流供应链上的短暂停留,而准确的验货和及时的收货能够加强此环节的效率。一般来讲,在仓库的具体作业过程中,入库主要包括以下几个具体步骤。

(1)核对入库凭证:根据物品运输部门开出的入库单核对收货仓库的名称、印章是否有误;商品的名称、代号、规格和数量等是否一致,有无更改的痕迹等,只有经过仔细核对后才能确定是否收货。

(2)入库验收:物品的验收包括对物品规格、数量、质量和包装方面的验收。规格主要是指物品的品名、代号、花色等；数量主要是指对散装物品进行称量，对整件物品进行数目清点，对贵重物品进行仔细的查收等；质量方面主要包括物品是否符合仓库质量管理的要求，产品的质量是否达到规定的标准等；包装方面主要有核对物品的包装是否完好无损，包装标志是否达到规定的要求等。

（3）记账登录：如果物品的验收准确无误，则应该在入库单上签字，确定收货，安排物品存放的库位和编号，并登记仓库保管账目；如果发现物品有问题，则应另行做好记录，交付有关部门处理。

二、在库管理

仓库作业过程的第二个步骤是存货保管。物品进入仓库进行保管，需要安全地、经济地保持好物品原有的质量水平和使用价值，防止由于不合理的保管措施所引起的物品磨损、变质或者流失等现象。主要有以下几个具体步骤。

（1）堆码：物品堆码主要要遵循以下几个原则。

1）尽量利用库位空间，较多采取立体存储的方式。

2）仓库通道与堆码之间保持适当的宽度和距离，提高物品装卸的效率。

3）根据物品的不同收发批量、包装外形、性质和盘点方法的要求，利用不同的堆码工具，采取不同的堆码形式。其中，危险品和非危险品的堆码，性质相互抵触的物品应该区分开来，不得混淆。

4）不要轻易改变物品存储的位置，大多应按照先进先出的原则。

5）在库位不紧张的情况下，尽量避免物品堆码的覆盖和拥挤。

（2）养护：养护工作主要以预防为主。仓库管理员应当经常或定期对仓储物品进行检查和养护，尤其对于易变质或存储环境比较特殊的物品，更应当经常进行检查和养护，以尽早发现潜在的问题。在仓库管理过程中，应采取适当的温度、湿度和防护措施，预防破损、腐烂或失窃等，以达到存储物品的安全。

（3）盘点：对仓库中贵重的和易变质的物品，盘点的次数越多越好；其余物品应当定期进行盘点，并做好记录，与仓库账目核对。如果出现问题，应当尽快查出原因，及时处理。

三、出库管理

仓库作业的最后一个步骤是发货出库。其具体步骤主要有以下几个。

（1）核对出库凭证：仓库管理员根据提货单，核对无误后才能发货。除了保证出库物品的品名、规格和编号与提货单一致外，还必须在提货单上注明物品所处的货区和库位编号，以便能够比较轻松地找出所需的物品。

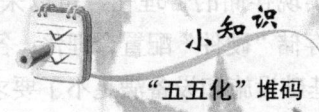

"五五化"堆码

"五五化"堆码：即储存物堆垛时，以"五"为基本计数单位，堆成总量为"五"的倍数的垛形，如梅花五、重叠五等，堆码后，有经验者可以过目成数，大大加快了人工点数的速度，减少差错。

（2）配货出库：在提货单上，凡是涉及较多的物品，仓库管理员应在认真复核后，再交与提货人。凡是需要发运的物品，仓库管理员应当在物品的包装上做好标记，而且可以对出库物品进行简易的包装，在填写有关的出库单据、办理好出库手续之后再予放行。

（3）结账清点：每次发货完毕之后，仓库管理员应该做好仓库发货的详细记录，并与仓库的盘点工作结合在一起，以便于以后的仓库管理工作。

能力知识点 5　存储的合理化

所谓存储合理化就是在保证存储功能实现的前提下，用各种办法实现存储的经济性。

一、存储合理化的标志

存储合理化的标志主要包括以下几个方面。

（1）质量标志：存储最重要的就是要保证在存储期间，商品的质量不会降低。只有这样，商品最终才能够销售出去。所以，在存储合理化的主要标志中，为首的应当是质量标志。

（2）时间标志：在保证商品质量的前提下，必须寻求一个合理的存储时间。存储商品的效益越大，销售商品的速度越慢，则存储的时间必然越长，反之亦然。因此，存储必须有一个合理的时间范围，不能过长，过长则意味着商品积压，造成商品成本的增加。

（3）结构标志：不同的被存储的商品之间总是存在一定的相互关系，特别是对于那些相关性很强的商品来说，它们之间必须保证一定的比例。如果比例不合理，如某一种商品缺货，那么与它相关的商品可能也卖不出去。照相机和胶卷就是这样的关系。因此，存储的合理性也可以用结构标志来衡量。

（4）分布标志：不同的市场区域对于商品的需求也是不同的。因此，不同的地区所存储的商品的数量也应该不同。各个区域的仓库只有根据商品的需求存储适量的产品，才能真正实现存储的经济性和合理性，不至于造成浪费。

（5）费用标志：根据仓储费、维护费、保管费、损失费及资金占用利息支出等财务指标，都能从实际费用上判断存储合理与否。

二、存储合理化的措施

为了实现存储的合理化，可以采取以下几个措施。

（1）存储"硬件"配置合理化：各种用于存储的基础设备和设施叫做存储"硬件"。实践证明，物流基础设施和设备满足不了要求，其技术水平不高，或者因为设备过剩、闲置，都会影响存储功能的有效发挥。如果设施和设备不足，技术落后，不但存储作业效率低，而且也不可能对存储物品进行有效的维护和保养；如果设施和设备配置重复，存储能力严重过剩，存储的整体效益也会因成本增加受到影响。因此，存储"硬件"的配置应以能够确实有效地实现存储职能、满足生产和消费需要为基准，做到对仓储设施和设备进行合理配置。

（2）进行存储物的 ABC 分类法，并在 ABC 分类的基础上实施重点管理：ABC 分类管理方法就是将库存物资按重要程度分为特别重要的库存（A 类）、一般重要的库存（B 类）和不重要的库存（C 类）3 个等级，然后针对不同等级分别进行管理和控制。ABC 分类管理法是实施存储合理化的基础,在此基础上可以进一步解决各类的结构关系、存储量、重点管理和技术措施等合理化问题。而且,通过在 ABC 分析的基础上实施重点管理,可以决定各种物资的合理库存储备数量及经济地保有合理储备的办法,乃至实施零库存。ABC 管理法的管理重点、订货方式见表 2-2。

表 2-2　ABC 管理法的管理重点、订货方式

分类结果	管理重点	订货方式
A 类	为了压缩库存,投入较大力量精心管理,将库存压到最低水平	计算每一种物品的订货量,采用定期订货方式
B 类	按经营方针来调节库存水平,如降低水平时,就减少订货量和库存	采用定量订货方式
C 类	集中大量地订货,不费太多力量,增加库存储备	双仓法存储,采用订货点法进行订货

(3) 加速总的周转,提高单位产出:存储现代化的重要课题是将静态存储变为动态存储,周转速度快会带来一系列的合理化好处:资金周转快、资本效益高、货损小、仓库吞吐能力增加及成本下降等。诸如采用单元集装存储,建立快速分拣系统都有利于实现快进快出和大进大出。

(4) 采用有效的"先进先出"方式:先进先出,也就是说,先入库的商品应该先发出,它可以防止库存商品因为保管时间过长而发生变质、损耗和老化等现象,特别是对于感光材料、食品等产品保质期较短的商品来说尤其重要。

(5) 提高存储密度,提高仓库利用率:这样做的主要目的就是要减少存储设施的投资,提高单位存储面积的利用率,以降低成本、减少土地占用。一般可以采用增加存储高度、减少库内通道数量和通道面积的方法来实现这个目的。

(6) 采用有效的存储定位系统:存储定位的含义是被储物位置的确定。如果定位系统有效,能大大节约寻找、存放和取出的时间,节约不少物化劳动及活劳动,而且能防止差错,便于清点及实行订货点等管理方式。存储定位系统可采取先进的计算机管理,也可采取一般人工管理。

(7) 采用有效的监测清点方式:对存储物资数量和质量的监测不但可以掌握基本情况,而且也是科学库存控制的需要。在实际工作中稍有差错,就会使账物不符,所以必须及时且准确地掌握实际存储情况,经常与账卡核对,无论是人工管理或是计算机管理都是必不可少的。此外,监测也是掌握被存物资质量状况的重要工作。

(8) 根据商品的特性,采用现代存储保养技术,保证存储商品质量:例如,为了防止湿气进入仓库,可以在库门上方安装鼓风设施,使之在门口形成一道气墙,防止外界的湿气进入。这样的技术还很多,在这里不一一列举。

(9) 采用集装箱、集装袋、托盘等储运装备一体化的方式:集装箱等集装设施的出现,给存储带来了新观念。采用集装箱后,集装箱本身便是一栋仓库,不需要再有传统意义的库房,这样在物流过程中也就省去了入库、验收、清点、堆垛、保管及出库等一系列存储作业,因而对改变传统存储作业很有意义,是存储合理化的一种有效方式。

举一反三

一、填空题

1. 存储是_____、_____和_____物品。
2. 仓库管理的作业过程，一般分为_____、_____和_____3个阶段。
3. 存储合理化的标志有_____、_____、_____、_____和_____。

二、简答题

1. 存储有哪些功能？
2. 比较自有仓库、公共仓库和合同仓库的优缺点。
3. 如何实现存储合理化？

三、案例分析

一汽大众的"零库存"管理

一汽大众认为，大量库存会带来种种弊端。现在，大众已基本实现零部件的"零库存"。大众公司目前仅捷达车就有七八十个品种、十七八种颜色，而每辆车都有2 000多种零部件需要外购。从1997～2000年末，公司捷达车销售量从4万多辆一路跃升至9万多辆，市场兑现率已高达95%～97%。但公司零部件却基本处于"零库存"状态，这主要是因为大众公司有一整套较为完善的物流控制系统的缘故。

一汽大众的零部件送货形式有3种：第1种是电子看板，即公司每月把生产用扫描的方式通过计算机网络传送给各供货厂，对方根据这一信息安排生产。然后公司按照生产情况发出供货信息，对方则马上用自备车辆将零部件送到公司各车间的入口处，再由入口处分配到车间的工位上。第2种是"准时化（Just In Time）"，即公司按过车顺序把配货单传送到供货厂，对方也按顺序装货直接把零部件送到工位上，从而取消了中间的仓库环节。第3种是批量进货，供货厂每月对于那些不影响大局，又没有变化的小零部件分批量地送1～2次。大众每天平均2h要一次零部件，零部件在仓库的时间一般不超过1天。订货、生产零件、运送、组装等全过程均处于小批量、多批次的有序列流动中。

在整车车间，生产线上每辆车的车身上都贴着一张生产指令表，该表的内容包括零部件的种类和装配顺序。计划部门按装车顺序通过计算机网络向各供货厂下达计划，供货厂按照顺序生产、装货，生产线上的工人按顺序组装，且保证工人一伸手就能拿到所需的零部件。整车车间的一条生产线过去只生产一种车型，其生产现场已拥挤不堪，而如今在一条生产线同时组装2～3种车型的混流生产方式下，不仅做到了及时、准确，而且生产现场比原先节约人员近10%。此外，零部件的存储减少了，公司每年因此节约的成本达六七亿元人民币。同时，供货厂也减少了30%～50%的在制品及成品储备，从而大大地降低了库存成本。

（节选自：韦红革．物流管理概论．北京：机械工业出版社，2005）

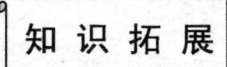

知识拓展　　几种现代储存保养技术

1．气幕隔潮

在潮湿地区或雨季，室外湿度高且持续时间长，仓库内如想保持较低的湿度，就必须防止室外空气的频繁交换。"气幕"就是在库门上方安装鼓风设施，使之在门口处形成一道气流，由于这道气流有较高压力和流速，在门口便形成一道气墙，可有效阻止库内外空气交换，防止湿气侵入，同时不会阻止人与设备出入。

2．气调储存

即通过调节和改变环境空气成分，从而抑制被储存物品的化学变化和生物变化，抑制害虫生存及微生物活动，达到保持被储存物品质量的目的。具体方法有：①可以在密封环境中更换配合好的气体；②可以充入某种成分的气体；③可以抽去或降低某种成分气体等。气调方法对于有新陈代谢作用的水果、蔬菜和粮食等物品的长期保质、保鲜储存很有效。例如，粮食可长期储存，苹果可储存三个月。气调储存对于防止生产资料在储存期的有害化学反应也有一定作用。

3．塑料薄膜封闭

塑料薄膜虽不完全隔绝气体，但是能隔水、隔潮，用塑料薄膜封垛、封袋、封箱，可有效地形成封闭小环境，阻隔内外空气交换，完全隔绝水分。用这个方法对水泥、化工产品和钢材等做防水封装可防变质和锈蚀。

学习评价

对存储的全面掌握学习评价表

被考评人					
考评地点					
考评内容		对存储的全面掌握			
考评标准	内　　容	分值/分	自我评价/分	小组评议/分	实际得分/分
	存储的定义和功能	25			
	存储的分类	25			
	仓库管理的作业过程	25			
	存储合理化的措施	25			
	合　　计	100			

注：1．实际得分=自我评价40%+小组评议60%。

　　2．考评满分为100分，60~74分为及格；75~84分为良好；85分以上为优秀（包括85分）。

综合知识模块三

装卸搬运

模块目标
1. 了解装卸搬运的含义及作用。
2. 熟悉装卸搬运的分类。
3. 掌握如何选择装卸搬运设备。
4. 熟练掌握装卸搬运合理化的主要措施。

能力知识点1　装卸搬运的含义及作用

一、装卸搬运的含义

装卸搬运是指在一定地域范围内进行的，以改变货物存放状态和空间位置为主要内容的物流活动。

装卸搬运是物流各环节（如运输、保管等）之间相互转换的桥梁。它不仅把物资运动的各个阶段连接成为连续的"流"，而且把各种运输方式连接起来，形成各种运输网络，极大地发挥其功能。因此，装卸搬运分布在物流活动的各个环节、各个方面，是物流的一个重要的功能要素。

二、装卸搬运的作用

装卸搬运在物流系统中的作用表现在以下几个方面。

（1）装卸搬运是衔接生产各阶段和流通各环节之间相互转换的桥梁：装卸搬运的合理化，对缩短生产周期、加快物流速度、降低物流费用等，都起着重要的作用。

（2）装卸搬运是保障生产和流通其他各环节得以顺利进行的条件：装卸搬运工作质量对生产和流通有着重要影响。如果装卸搬运工作不到位，会使生产过程不能正常进行，或者使流通过程不畅。因此，装卸搬运有保障和服务的功能和作用。

（3）装卸搬运是物流过程中的一个重要环节：它制约着物流过程中的其他各项活动，是提高物流速度的关键。物流过程的很多环节都是靠装卸搬运联系在一起的。在整个物流过程中装卸作业所占比重较大，具有"闸门"和"咽喉"的特点，制约着物流过程各环节的活动。此外，装卸搬运做不好会把物品弄脏或造成破损，从而影响物流服务质量。可见，改善装卸搬运作业，对加速车船周转，发挥港、站、库功能，加快物流速度，降低物流费用，提高物流服务质量，发挥物流系统整体功能，具有十分重要的意义。

能力知识点 2　装卸搬运的分类

一、按作业场所分类

（1）车间搬运：是指在车间内部工序间进行的各种装卸搬运活动。例如，原材料、在制品、半成品、零部件、产成品等的取放、分拣、包装、堆码和运送等作业。

（2）站台装卸搬运：是指在企业车间或仓库外的站台进行的各种装卸搬运活动。例如，装车、卸车、集装箱装箱与掏（出）箱、搬运等作业。

（3）仓库装卸搬运：是指在仓库、堆场、物流中心等处的装卸搬运活动。例如，堆码取拆、分拣配货作业和挪动移位作业等。

二、按操作特点分类

（1）堆码取拆作业：包括在车间内、仓库内、运输工具内的堆码和拆垛作业。

（2）分拣配货作业：是指按品种、用途、到站（港）、去向、货主等不同特征进行分拣货物的作业。

（3）挪动移位作业：是指单纯改变货物的水平空间位置的作业。

三、按作业方式分类

（1）吊装吊卸法（垂直装卸法）：主要是指使用各种起重机械来改变货物的沿垂直方向的位置为主要特征的方法。这种方法历史悠久、应用面最广。

（2）滚装滚卸法（水平装卸法）：是指以改变货物的水平方向的位置为主要特征的方法。例如，各种轮式、履带式车辆通过站台、渡板开上开下装卸货物，用叉车和平移机来装卸单件货物、集装箱或托盘等。

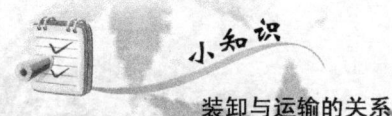

小知识

装卸与运输的关系

　　装卸是运输的影子，有运输活动发生就必然有装卸活动。一般一次运输伴随两次装卸活动，装卸质量将影响运输的质量，如装卸不好，在途中进行二次装卸将影响运输时间。装卸是各种运输方式的衔接手段。

四、按作业对象分类

（1）单件作业法：是指单件、逐件装卸搬运的方法。它是人力作业阶段的主要方法。目前对长、大、笨重的货物，或集装会增加危险的货物等，仍采取单件作业法。

（2）集装作业法：是指先将货物集零为整，再进行装卸搬运的方法。主要有集装箱作业法、托盘作业法、捆货作业法、滑板作业法、网装作业法以及挂车作业法等。

（3）散装作业法：是指对煤炭、矿石、粮食、化肥等块粒、粉状物品，采用重力法（通过筒仓、溜槽、隧洞等方法）、倾翻法（铁路的翻车机）、机械法（抓、舀等）、气力输送法（用风机在管道内形成气流、应用动能、压差来输送）等进行装卸的方法。

能力知识点 3　装卸搬运设备的选择

装卸搬运设备是指生产厂内、仓库、货物中转站、配送中心等物流现场用来从事货物装卸搬运的各种机械设备的总称。装卸搬运设备可以提高作业效率，但是系统的设备配置不是越先进越好，必须根据物流管理的基本目标，即以最小成本、最好的服务质量来配置。

一、常见的机械搬运设备

机械化系统中搬运设备种类繁多，设备选择必须根据系统搬运功能的特点配备。现将主要的搬运设备的性能特点作简单介绍。

（1）叉车：叉车具有一副水平伸出的叉臂，叉臂可作上下移动，因此叉车具有装载货物的功能，并能携带货物作水平和垂直方向的移动。由于叉车在堆码、卸货作业和搬运、移动作业两方面都十分灵活便利，这就使叉车成为目前使用最广泛的装卸机械。叉车的类型很多，应根据货物的特征、货价的高度、库区的通道宽度进行合理选取。叉车如图 2-1 所示。

图 2-1　叉车

（2）电瓶车：这类运输工具以蓄电池为动力源，装载重量很小，仅 1t 左右。其优点是起动快而稳、无废气无噪声、操作简单、驾驶灵活，很适宜在库区内作短途运输，在我国使用比较广泛。其缺点是运量小，在港口码头、货车月台等货物运输量大的场合，如果使用电瓶车，则运输效率会很低。

（3）牵引车：这种设备只有动力，没有装载能力。主要用于拖带货车或挂车，可作较长距离的运输，一台牵引车可拖很长一列挂车。

（4）挂车：这种设备自身没有动力，有一个载物平台，仅用于装载货物。载满货物的挂车连成一列后，由牵引车拖到目标库区。车列可长可短，可任意组合，十分灵活。缺点是需要大量人员参与，而且经常闲置，使用率低、不经济。比较适合于运输量大而稳定的场合，如码头、铁路的中心货站、大型企业的原料仓库等。挂车必须和牵引车配套使用。

（5）输送机：这种设备有多种分类和多种形式，它用于不同的场合。一般可按重力式、滚轴式、皮带式分类。动力都采用电力，经济方便。输送机被广泛用于短距离的出入库运输，它也是构成分拣系统的基本组成部分。这种运输设备可实现连续运输,效率非常高,只是在输送机两端有时需要人员看管,人力成本是很低的。

(6)回转货架:这种设备既是货架,可存储货物,又能作回转运动,起到运输的作用。回转货架主要为了方便货物分拣作业。它由一系列的储物箱组成,可以在一个封闭的轨道上移动,通过移动把储物箱传送给分拣操作人员。因此,该系统可以减少人员走动的时间。回转货架有水平回转和垂直回转两种。

二、装卸搬运设备的选择原则

装卸搬运机械选择要在考虑货物的特性、作业的特性、机械特性、作业环境以及经济性等方面的因素后作出综合判断,以便使机械发挥出最大的效益。

(1)货物的特性:货物的特性是指货物的种类,如散货、包装货物等,要在考虑货物特性的基础上选择最适宜的装卸机械。

(2)作业特性:作业特性是指作业的性质,如作业量、季节变动、流动性、理货的种类、搬运距离和范围、运输手段的种类、批量的大小、输配送的特性等。装卸搬运机械的选择应该与上述作业特性相适应。

(3)环境特性:作业环境特性是指设施属于专用还是公用,本企业设施还是借用设施,货物的流程、设施的配置、建筑物的构造、站台的高低、地坪的承受重等各种因素。

(4)装卸机械特性:装卸机械特性是指装卸机械的安全性、性能、机动性、耗能、噪声和公害等因素。

(5)经济性:在对以上因素分析后,最终还要从成本费用等角度加以分析,在多个适用方案中选择出最优方案。

能力知识点 4　装卸搬运的合理化

一、装卸搬运合理化的主要目标

装卸搬运合理化的主要目标是节省时间、节约劳动力和降低装卸成本。

二、实现装卸搬运合理化的主要措施

为了对装卸搬运进行有效的规划和控制,提高效率,使装卸搬运作业合理化,必须注意以下几个方面。

(1)消除无效搬运:因为装卸搬运不能增加货物的价值和使用价值,反而会增加货物破损的可能性与成本,因此要千方百计地消除无效搬运,以最少的搬运次数达到目的。例如,避免过度包装,减少无效负荷;提高装载效率,充分发挥搬运机器的效能;提倡有效套装搬运;减少倒搬次数等。

(2)实现最小搬运的移动距离:搬运距离的长短、搬运作业量大小和作业效率是联系在一起的。在货位布局、车辆停放位置、出入库作业程序等设计上，应充分考虑物品移动距离的长短，以物品移动距离最小化为设计原则。

（3）提高装卸搬运的灵活性：在整个物流过程中，物品要经过多次装卸和搬运，因此物品放置的状态要有利于下次搬运。例如，装于容器内且垫放的物品较散放于地面的物品易于下次搬运；在装上时要考虑便于卸下；在入库时要考虑便于出库。另外，还要创造易于搬运的环境和使用易于搬运的包装。

（4）尽可能利用重力装卸搬运：利用重力是指借助物品本身的重力实现物品的移动。在装卸搬运过程中应设法利用重力移动物品，尽量避免人力抬运或搬运物品。例如，使物品在倾斜的辊道运输机上，在重力作用下移动。

（5）实现集装单元化搬运：所谓集装单元化是指将零放物体归整为统一格式的集装单元进行装卸搬运。集装单元化是实现装卸合理化的重要手段。在物流作业中广泛使用托盘，通过叉车与托盘的结合提高装卸搬运作业的效率。通过集装单元化不仅可以提高作业效率，而且还可以防止物品损坏和丢失，数量的确认也变得更加容易。

（6）保持物流的均衡顺畅：为了提高搬运效率，应尽量将前后的相关作业进行有机地组合，各工序要紧密衔接，作业路径尽量为直线；要控制好节奏，必须综合各方面因素，妥善安排，使物流量尽量均衡，避免忙闲不均的现象。

（7）利用搬运设备：利用搬运设备，可以将工人从繁重的体力劳动中解放出来，大大提高作业效率及安全性。在诸如以下情况：超重物品，搬运量大、耗费人力，粉体或液体的物料搬运，速度太快或距离太长，装卸作业高度差太大，都要利用搬运设备。今后的趋势是，即使在人可以操作的场合，为了提高生产效率、安全性、服务性和作业的适应性等，也应将人力操作转由机械来实现，而人可以在更高级的工作中发挥作用。

装卸活性的概念

装卸活性是装卸搬运专用术语，是指货物的存放状态对装卸搬运作业的方便（或难易）程度，称为货物的"活性"，也称装卸活性。活性可用"活性指数"进行定量的衡量。例如，工厂的物料处于散放状态的活性指数为0，集装、支垫、装载和在传送设备上移动的物料，其活性指数分别为1、2、3、4。在货场装卸搬运过程中，下一步工序比上一步的活性指数高，因而下一步比上一步工序更便于作业时，称为"活化"。装卸搬运的工序、工步应设计得使货物的活性指数逐步提高，则称为"步步活化"。

举一反三

一、填空题

1. 装卸搬运是指＿＿＿＿进行的，以＿＿＿＿为主要内容的物流活动。

2. 装卸搬运按作业场所划分为_____、_____和_____。
3. 装卸搬运合理化的主要目标是_____、_____和_____。

二、简答题

1. 装卸搬运有何作用？
2. 如何选择装卸搬运设备？
3. 如何实现装卸搬运的合理化？

知识拓展　　装卸方法

1．单件作业法

单件作业法是逐件装卸搬运的人工方法，主要适宜用于以下情况：①装卸搬运场合不适宜采用机械装卸；②物品形状特殊等。

2．集成作业法

集成作业法是对物资先进行集中装置，如采用集装箱、托盘等，再进行装卸搬运。这样把散、小物件集成一定质量或体积的组合件，有利于机械装卸搬运。

3．重力倾翻作业法

重力倾翻作业法是将运载工具倾斜侧翻卸出货物。

4．流水连续作业法

流水连续作业法是采用链带式运输机械对货物连续实行装卸搬运等。

在实际装卸搬运操作之中，往往是多种方法综合运用。

学习评价

对装卸搬运的全面掌握学习评价表

被考评人				
考评地点				
考评内容	对装卸搬运的全面掌握			
考评标准	内　　容	分值/分	自我评价/分	小组评议/分	实际得分/分
	装卸搬运的含义及作用	25			
	装卸搬运的分类	25			
	装卸搬运设备的选择	25			
	装卸搬运合理化主要措施	25			
	合　　计	100			

注：1. 实际得分=自我评价40%+小组评议60%。
　　2. 考评满分为100分，60～74分为及格；75～84分为良好；85分以上为优秀（包括85分）。

综合知识模块四

包装

模块目标

1. 了解包装的含义、作用。
2. 熟悉包装的种类。
3. 掌握各种包装器材的优缺点。
4. 熟练掌握包装合理化的要求及途径。

能力知识点1　包装的含义和作用

一、包装的含义

所谓包装，是指在流通过程中，为保护商品、方便运输和促进销售，而按一定技术方法采用的容器、材料及辅助物等的总体名称，也指为了达到上述目的而采用容器、材料和辅助物的过程中施加一定技术方法等的操作活动。

二、包装的作用

包装的作用归纳起来有以下3个方面。

（1）保护货物：保护货物不受损伤，这是包装的主要作用。

1）防止货物的破损变形。包装可以使货物承受在装卸搬运、运输、堆码和仓库保管等过程中的各种冲击、振动、颠簸、碰撞和摩擦等外力的作用。

2）防止货物发生化学变化。包装可以防止货物发生受潮、发霉、变质和生锈等化学变化，以及阻隔水分、潮气、光线和空气中的有害气体。

3）防止有害生物对货物的影响。包装有助于防止鼠、虫和细菌等生物对货物的损坏。

4）防止异物混入、污染物品、丢失和散失。

（2）便于处理：通过包装而方便处理也是包装的作用之一。货物的形态是各种各样的，有固体、液体、气体之分，有大有小，有规则与不规则，有块状与粉末状，有硬与软等各种特性，而装卸、运输的工具式样要少得多。为了提高处理的效率，也必须对货物进行包装。处理的劳动生产率指标一般都用包装后所组成的货物单元来描述。例如，每小时装箱数量、每小时分拣了多少箱货物等。大多数货物都采用成组化或集装化的包装。

（3）促进销售：产品包装具有识别和促销的作用。显而易见，包装能起到广告宣传的效果。良好的包装，往往能为广大消费者或用户所瞩目，从而激发其购买欲望，成为产品推销的一种主要工具和有力的竞争手段。产品包装后，可与同类竞争产品相区别。

精美的包装，不易被仿制假冒、伪造，有利于保持企业的信誉。另外，通过改进包装，可以使一项旧产品给人带来一种新的印象。由此可见，包装能够有效地帮助产品上市行销，维持或扩大市场占有率。

能力知识点 2　包装的种类

包装的种类可以从形态、功能和目的等多个角度进行划分。具体来说，可以按形态、功能、包装方法、包装材料、包装商品种类、内容状态和流通阶段等多个标志进行分类。

一、按形态分类

按包装形态可以分为个装、内装和外装。个装是指物品按个进行包装，目的是为了提高商品的价值或保护物品；内装是指包装货物的内部包装，目的是防止水、湿气、光热和冲击碰撞对物品造成破坏；外装是指货物的外部包装，即将物品放入箱、袋和罐等容器中或直接捆扎，并作上标记、印记等。其目的是便于对物品的运输、装卸和保管，保护物品。例如，卷烟的条包装为内包装，大箱包装为外包装。运用包装手段，将单个的商品或零部件用盒、包、袋、箱或桶等方式集中成组化或集装化，这是物流包装中的一个重要研究课题。

二、按功能分类

从包装功能的角度对其分类的话，可以分为工业包装和商业包装。工业包装是指以方便装卸、存储、保管、运输物品为主要目的的包装，也称之为运输包装，相当于外装（包含内装），如图 2-2 所示；商业包装是以促进商品销售为主要目的的包装，其本身构成商品的一部分，也称作零售包装或消费包装，相当于个装。尽管工业包装和商业包装有明显的区别，但是，

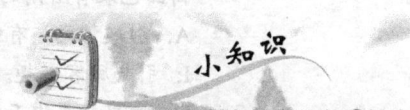

小知识

国际物流中的商品包装标志

通常应在包装上印刷或粘贴运输标志和指示性标志。对于危险品还应在外包装上加贴警告性标志。对于需要跨国配送的货物，还应在运输包装上加贴多维条码。

二者近来也有相互接近的倾向。为了实现物流的合理化，工业包装采用与商业包装同样的创意，工业包装同时具有商业包装的功能。例如，家电产品包装就呈现出这种趋势。

图 2-2　运输包装

三、按包装方法分类

按照包装的技术方法可以分为防湿包装、防锈包装、缓冲包装、收缩包装和真空包装等。

四、按包装材料分类

根据包装物所使用的材料可以划分为纸箱包装、木箱包装、纸袋包装、玻璃瓶包装和塑料袋包装（软包装）等。

五、按包装商品种类划分

不同的商品对于包装有不同的要求，按照商品的种类可以分为食品包装、药品包装、蔬菜包装、机械包装和危险品包装等。

六、按内容状态分类

根据物品的物流状态可以分为液体包装、粉末体包装和颗粒体包装等。

七、按流通阶段划分

按照商品所处的流通阶段可以划分生产者包装、集货地包装和店铺包装等。

包装的 AIDMA 五原则

商品包装有所谓的 AIDMA 五原则，它们是：
A：引起注意，有吸引力。
I：引起顾客兴趣。
D：由兴趣再进而引起购买的欲望。
M：是指商品特点、名称、标志、图案色彩等给人留下必要的印象和记忆，或者使用后还想再买。
A：购买行动。这就是包装所要达到的目的。

能力知识点 3　包装材料的种类

包装材料是指构成包装实体的主要物质。由于包装材料的物理性能和化学性能的千差万别，所以包装材料的选择对保护产品有着非常重要的作用。常用的包装材料有以下几种。

1．草制包装材料

各种天然生的草类植物经过梳理、编制成的草席、蒲包和草袋等包装材料，防水、防潮能力较差，强度很低，正在逐渐被淘汰。

2．木制包装材料

一般有木箱、木桶、木笼等，具有抗压、抗震等优点，但木材资源有限，因而前景不佳。

3．纸制包装材料

由各种纸和纸板做成的内衬、纸袋、纸箱和瓦楞纸箱等，具有价格低，质地细腻、均匀、耐摩擦、冲击，不受温度影响，无毒、无味，适合于包装生产的机械化等优点，因而应用最为广泛，但防潮、防湿性能较差。

4．金属包装材料

将金属或合金压制成薄片、薄板和型材，用于物资包装，通常有金属圆桶、白铁皮罐、饮料罐、食品罐、储气瓶、金属丝、网和箔等，具有坚固、防水、抗腐蚀、防污染、易进行机械加工等优点。其中，马口铁和金属箔的用量最大。

5．纤维包装材料

纤维包装材料是指用各种纤维制作的袋状容器。自然界天然生的纤维材料有黄麻、红麻、大麻、青麻、罗布麻和棉花等。经工业加工提供的纤维材料有合成树脂、玻璃纤维等。

6．陶瓷与玻璃包装材料

陶瓷与玻璃包装材料具有耐风化、不变形、耐热、耐酸、耐磨、容易洗刷、消毒、灭菌、能保持良好的清洁状态等优点，同时可以回收利用，有利于包装成本的降低。但其最大弱点是在一定的冲击力作用下容易破碎。

7．合成树脂包装材料

合成树脂包装材料是指用合成树脂制作的各种塑料容器、塑料瓶、塑料袋和塑料箱等，主要材料有聚乙烯、聚丙烯、聚氯乙烯、聚苯乙烯、酚醛树脂和氨基塑料等。这类材料的优点主要是透明，适当的强度，较好的防水、防潮、防霉性能，有耐药、耐油性能，耐热、耐寒性能较好，较好的防污染能力，密封性能好等，在现代包装中所处的地位越来越重要。

8．复合包装材料

复合包装材料是指将两种以上具有不同特性的材料复合在一起形成的新包装材料，它可以改进单一包装材料的性能，发挥多种包装材料的优点。常见的是薄膜复合材料，主要有塑料基复合材料、纸基复合材料和金属基复合材料等。

能力知识点4　包装器材的选择

选择包装器材应遵循的原则有以下几点。

1．包装器材与被包装物的特性相适应

根据被包装物的种类、物理化学性能、价格价值、形态形状和体积重量等，在实现包装功能的基础上，应以降低材料费、加工费和方便作业为目的选择包装器材。在运输包装中，贵重、易碎、易破损的物资，包装容器应相应坚实，用材上应予以保证；一般物资包装器材的选择,只要有一定防护功能,方便功能即可,但应注意防止过分包装的倾向。

2. 包装器材与包装类别相协调

运输包装、销售包装在包装器材的选择上不尽相同。运输包装器材的选择着重包装的防护性与储运的方便性,不太讲究美观和促销的问题;销售包装器材的选择着重商品信息的传递、开启的方便及促销功能,而不太注意防护功能。所以,在包装器材的选择上,销售包装常用纸袋、纸盒、纸箱、瓷瓶、玻璃瓶和易拉罐,而运输包装常用托盘、集装箱、木箱、大纸箱和铁皮等。

3. 包装器材应与流通条件相适应

包装器材必须保证被包装的商品在经过流通和销售的各个环节之后,最终能数量正确、质量完好地到达消费者手中。因此,要求包装器材的物理性能良好,在运输、堆码、装卸搬运中,包装器材的强度、阻热隔热性、吸湿性不因气候变化而变化;还要求包装器材的化学性能稳定,在日光、空气、温湿度和酸碱盐作用下,不发生化学变化,有抗老化、抗腐蚀的能力;包装器材选择还应有利于实施包装技法和实现包装作业。

4. 有效防止包装物被盗及促进销售

在选择包装器材时,应从包装器材的结构与强度上做防盗准备,应该结构牢固、封缄严密;同时,包装器材应能起到宣传商品、刺激购买欲、促进销售的作用。

能力知识点 5　包装合理化

包装是物流的起点,包装合理化是物流合理化的重要对象和基础。包装合理化,一方面,包括包装总体的合理化,用整体物流效益与微观包装效益的统一衡量;另一方面,包括包装材料、包装技术、包装方式的合理组合与运用。

一、包装合理化的要求

(1) 防止包装不足:包括包装物强度不足、包装材料水平不足、包装容量层次与容积不足。包装成本过低,不能保证有效的包装。

(2) 防止包装过剩:包括包装物强度设计过高、包装材料档次选择过高、包装技术过高、体积过大和包装成本过高等。

(3) 用科学的方法确定最优包装:包括确定包装形式、选择包装方法,都应与物流诸因素的变化相适应;必须考虑到装卸、保管、输送的要求,确定最优包装。

二、包装合理化的途径

(1) 包装尺寸标准化:包装尺寸与托盘、集装箱、车辆、搬运机械、货架等物流设备和机具关系密切。只有它们之间相互匹配,才能实现物流全过程的合理化、高效化。因此,要从系统的观点制定包装的尺寸标准,实现包装尺寸标准化。

（2）包装作业机械化：实现包装作业的机械化是提高包装作业效率，减轻人工包装作业强度，实现省力的基础。包装机械化应从逐个包装机械化开始，直到装箱、封口、挂提手等外包装作业完成。

（3）包装的轻薄化：由于包装只是起保护作用，对产品使用价值没有任何意义，因此在强度、寿命和成本相同的条件下，更轻、更薄、更短和更小的包装，可以提高装卸搬运的效率。而且轻薄短小的包装一般价格比较便宜，如果是一次性包装还可以减少废弃材料的数量。

（4）包装单位大型化：随着交易单位的大量化和物流过程中的装卸机械化，包装的大型化趋势也在增强，托盘包装、集合包装得到越来越多的应用。大型化包装有利于机械的使用，提高装卸搬运效率。

（5）包装成本低廉化：在包装设计上要防止过剩包装；要选择合适的包装材料，节约材料费开支；要提高包装作业效率。通过机械与人工的合理组合，提高包装作业效率，节约包装费开支。

（6）包装的绿色化：绿色包装是指无害、少污染、符合环保要求的各类包装物品，主要包括纸包装、可降解塑料包装、生物包装和可食性包装等，它们是包装的发展主流。

绿色包装

绿色包装是指不会造成环境污染或恶化的商品包装。当前世界各国的环保意识日渐增强，特别是一些经济发达国家出于对环保的重视将容易造成环境污染的包装也列入限制进口之列，而使其成为非关税壁垒的手段之一。例如，德国、意大利均禁止使用PVC做包装材料的商品进口。20世纪80年代工业国家提出了绿色包装的"3R"原则，即减量化（Reduce）、重复使用（Reuse）和再循环（Recycle）。20世纪90年代又提出了"1D"原则，即包装材料应"可降解"（Degradable）。根据上述原则，"绿色包装"应符合节省材料、资源和能源，废弃物可降解，不致污染环境，对人体健康无害等方面的要求。

 举一反三

一、填空题

1．包装的作用归纳起来有3个方面，即_____、_____和_____。

2．包装按形态可分为_____、_____和_____；按功能可分为_____和_____两种。

3．包装合理化的要求有_____、_____和_____。

二、简答题

1．比较各种包装材料的优缺点。

2．选择包装材料应遵循哪些原则？

3．如何实现包装合理化？

三、案例分析

法国的包装新技术绚丽多彩

近年来,法国包装专家在研究开发包装新技术上取得了一些新成果。

(1)去除瓶塞异味技术:法国的优质葡萄酒今后将稳稳当当地贮藏在酒瓶中,无须担心味道偏差。专门生产与带泡葡萄酒配套的软木瓶塞的 Barange 公司和 Orleans 公司,专门生产马布高涅酒或波尔多酒等"无泡"葡萄酒配套的软木瓶塞的 Preteux Bourgeois 公司,经历漫长而艰难的研究,终于获得了丰硕成果——添加硅的瓶塞不会因软木与酒的相互作用而产生"异味"。

"我们不会放弃使用软木瓶塞,"Barange 公司营运总监 Nicolas Lisabeaut 表示,"自古以来我们就使用这种软木材料,它能防止酒的老化,因此绝不能替换。"科学家很想知道瓶塞为什么会产生异味。他们想可能是天然软木塞里的某种神秘成分导致异味产生。由于不能除掉异味,他们就选择另一种方法,就是避免它在酒中挥发。于是便想到硅。硅嵌入物有一种特性:它可以防水,也可以杜绝异味,同时还具有透气性,塞进瓶塞下部大小合适的小洞,既可防止酒被污染,又可保证酒的正常"呼吸"。

Barange 和 Preteux Bourgeois 两家公司以子公司 Cortex 的名义,为"贮藏剂"申请专利。经过一年的市场推广,此技术已应用在 100 万个软木塞上。Cortex 公司已收到 700 多万份订单,其中包括来自澳大利亚的订单。"现在,我们的行家都把瓶塞寄给我们,"Nicolas Lisabeaut 解释,"我们负责打孔并加入贮藏剂。"今后,贮藏剂技术可能会在五大洲的瓶塞厂得以应用。

(2)温度控制技术:葡萄酒、食品、药品等物品在贮藏和运输过程中对温度变化非常敏感。位于里昂的 Emball ISO 公司成功地研制出带密封结构的聚苯乙烯泡沫,这是目前市场上绝缘性最好的产品之一,其热导率为 0.025W/mC。目前,这种聚苯乙烯泡沫在全世界都有出售,商标是"绝缘之星"。这家公司目前正在研究性能还要好 5 倍的材料,其热导率为 0.005W/mC,主要用于包装及建筑隔热隔音。

(3)用爆米花代替泡沫的包装材料技术:Lucde Moustiers 是汽车制造商雷诺公司的现任领导人,他以爆米花为基础发明了一种能代替保护运输途中易碎品的泡沫聚苯乙烯的新型包装材料。一粒玉米粒被制成爆米花体积会膨胀 25～30 倍。用作包装的爆米花制成后经过筛选,保留爆成球状且大小相同的爆米花。这些爆米花将用于塑胶菲林包装,形成席梦思垫,同时防止爆米花受潮和生虫。与泡沫聚苯乙烯相比,其优势在于:① 增加容量。② 收货者可以不花任何成本循环再用,或用作牲畜饲料,或用作有机堆肥。

(节选自:姚冠新,钱芝网.物流管理.北京:中国时代经济出版社,2005)

包装中的二律背反问题

包装材料与技术涉及包装成本与包装效应,这就是一个二律背反的问题。包装不足,是指包装材料强度低,技术简易,如层次少、包扎与装订力度较小,这样成本虽低但效果较差；反之包装过剩，效果很强但成本较高，这些都是在包装设计中要避免的问题。

学习评价

对包装的全面掌握学习评价表

被考评人					
考评地点					
考评内容		对包装的全面掌握			
考评标准	内容	分值/分	自我评价/分	小组评议/分	实际得分/分
	包装的含义和作用	25			
	包装的种类	25			
	包装器材的选择	25			
	包装合理化途径	25			
	合　　计	100			

注：1. 实际得分=自我评价40%+小组评议60%。

　　2. 考评满分为100分，60~74分为及格；75~84分为良好；85分以上为优秀（包括85分）。

综合知识模块五　　流通加工

模块目标

1. 了解流通加工的概念、作用。
2. 熟悉流通加工管理以及常见形式。
3. 掌握流通加工合理化的内容。

能力知识点1　流通加工的概念

　　流通加工是指物品在从生产领域到消费领域流动的过程中，为促进销售、维护商品质量和提高物流效率，对其施加包装、切割、剪裁、分拣、计量、刷标志、拴标签、组装等简单作业的总称。流通加工通过改变或完善流通物品的原有形态来实现"桥梁和纽带"的作用，因此，流通加工是流通中的一种特殊形式。

　　流通加工和一般的生产型加工在加工方法、加工组织、生产管理方面并无显著区别，但在加工对象、加工程度等方面差别较大。主要表现在以下几个方面。

　　1）流通加工的对象是进入流通过程的商品，而生产加工的对象不是最终产品，而是原材料、零配件和半成品。

　　2）流通加工大多是简单加工，而不是复杂加工。一般来讲，如果必须进行复杂加工才能形成人们所需的商品，那么这种复杂加工应专设生产加工过程，生产过程理应完成大部分加工活动，流通加工对生产加工则是一种辅助及补充。特别需要指出的是，流通加工绝不是生产加工的取消或代替。

3）从价值观点来看，生产加工的目的在于创造价值和使用价值，而流通加工的目的则在于完善其使用价值，并在不作大的改变的情况下提高价值。

4）从加工单位来看，流通加工由商业或物资流通企业完成，而生产加工则由生产企业完成。

5）商品生产是为交换、消费而进行的生产。流通加工的一个重要目的，是为了消费（或再生产）所进行的加工，这一点与商品生产有共同之处。但是流通加工有时候也是以自身流通为目的的，纯粹是为流通创造条件。这种为流通所进行的加工与直接为消费进行的加工从目的来讲是有所区别的，这又是流通加工不同于一般生产的特殊之处。

能力知识点 2　流通加工的地位和作用

一、流通加工在物流中的地位

（1）流通加工有效地完善了流通：流通加工在实现时间与场所这两个重要功能方面，确实不能与运输和存储相比，因而，流通加工不是物流的主要功能要素。另外，流通加工的普遍性也不能与运输和存储相比，流通加工不是对所有物流都是必需的。但这绝不是说流通加工不重要，实际上它也是不可轻视的。它具有补充、完善、提高与增强的作用，能起到运输、存储等其他功能要素无法起到的作用。所以，流通加工的地位可以描述为：提高物流水平，促进流通向现代化发展。

（2）流通加工是物流业的重要利润来源：流通加工是一种低投入、高产出的加工方式，往往以小加工解决大问题。在实践中，有的流通加工通过改变商品包装，使商品的档次升级而充分实现其价值；有的流通加工可将产品利用率大幅提高30%，甚至更多。这些都是采取一般方法以期提高生产率所难以做到的。实践证明，在流通企业中，由流通加工提供的利润并不亚于从运输和存储中挖掘的利润，因此说流通加工是物流业的重要利润来源。

（3）流通加工在国民经济中也是重要的产业形态：在整个国民经济的组织和运行方面，流通加工是其中一种重要的加工形态，对推动国民经济的发展、完善国民经济的产业结构和生产分工具有一定的意义。

二、流通加工的作用

（1）提高原材料利用率：利用流通加工环节进行集中下料，将生产企业直接运来的简单规格产品，按用户的要求进行下料。例如，将钢板进行剪板、切裁；木材加工成各种长度及大小的板等。集中下料可以优材优用、小材大用和合理套裁，有很好的技术经济效果。

（2）进行初级加工，方便用户：用量小或临时需要的用户，缺乏进行高效率初级加的能力，依靠流通加工可使用户省去进行初级加工的投资、设备及人力，方便了用户。目前，发展较快的初级加工有：将水泥加工成混凝土、将原木或板方材加工成门窗、钢板预处理等。

（3）提高加工效率及设备利用率：由于建立集中加工点，可以采用效率高、技术先进、加工量大的专门机具和设备。

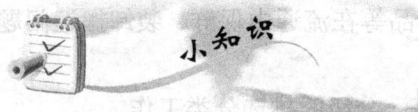

日本的"宅急便"

"宅急便"是日语，可直译为"门到门的快递运输"。日本"宅急便"产业是经济服务化催生的一种新兴物流产业。日本的"宅急便"诞生于1976年，之后，其增长速度直线上升，并持续20多年，其业务量大大超过传统邮政包裹与铁路包裹的总和，已成长为一个令企业与最终消费者高度依赖的物流产业，甚至成为日本社会的一种经济文化。日本"宅急便"公司很多，比较著名的有：佐川"宅急便"、黑猫"宅急便"、和平鸽"宅急便"等。

能力知识点3　流通加工管理

由于流通加工也是一种生产，因此离不开生产管理与质量管理。

一、流通加工的生产管理

流通加工的生产管理是指对流通加工生产全过程的计划、组织、指挥、协调与控制，具体内容包括：生产计划的制定，生产任务的下达，人力、物力的组织与协调，生产进度的控制等。在流通加工生产管理中特别要加强生产的计划管理，提高生产的均衡性和连续性，充分发挥生产能力，提高生产效率。要制定科学的生产工艺流程和加工操作规章，实现加工过程的程序化和规范化。

二、流通加工的质量管理

流通加工的质量管理是对加工产品的质量控制。加工后的产品，其外观质量和内在质量都应符合有关标准。如果没有国家和部颁标准，其质量的掌握，主要是满足用户的要求。但是，各用户的要求不一，质量宽严程度也就不同，所以要求流通加工必须能进行灵活的柔性生产，以满足不同的用户对质量的不同要求。

能力知识点4　常见的流通加工形式

我国常见的流通加工主要形式有以下几种。

（1）剪板加工：剪板加工是在固定地点设置剪板机或各种剪切、切削设备将大规格的金属板料裁切为小尺寸的板料或毛坯。

（2）集中开木下料：集中开木下料是将原木锯裁成各种木板、木方，同时把木头碎屑集中加工成各种规格的夹板板材，甚至还进行打眼、凿孔等初级加工。

（3）燃料掺配加工：燃料掺配加工是将各种煤或其他一些发热物资，按不同的配方进行掺配，形成各种能产生不同热量的燃料。

（4）冷冻加工：冷冻加工是为解决鲜活商品、药品等在流通中保鲜、装卸搬运问题，采取低温冷冻的加工。

（5）分选加工：分选加工是对农副产品进行分等、分级的挑选分类工作。

（6）精制加工：精制加工是对农牧副鱼产品去除无用部分，甚至进行切分、洗净、分装的工作。

（7）分装加工：分装加工是对商品按零售要求进行新的包装，大包装改小、散装改小包装、适合运输的包装改适合销售的包装等。

（8）组装加工：组装加工是对出厂配件、半成品进行组合安装，随即销售。

（9）定造加工：特别为使用者加工制造适合个性的非标准用品，这些往往不能由大企业生产出来，只好由流通加工企业为其"量身定做"。

能力知识点 5　流通加工的合理化

流通加工合理化是指尽量实现流通加工的最优配置，就是对是否设置流通加工环节、在什么地方设置、选择什么类型的加工、采用什么样的技术设备等问题作出正确选择。目前，国内在进行合理化的考虑中已积累了一些经验，取得了一些成果。

实现流通加工合理化主要考虑以下几个方面。

一、加工和配送结合

加工和配送结合就是将流通加工设置在配送点中，一方面按配送的需要进行加工；另一方面加工又是配送业务流程中分货、拣货、配货的环节之一；加工后的产品直接投入配货作业，这就无需单独设置一个加工的中间环节，而使流通加工与中转流通巧妙地结合在一起。同时，由于配送之前有必要的加工，可使配送服务水平大大提高。这是当前对流通加工做合理选择的重要形式，在煤炭、水泥等产品的流通中已表现出较大的优势。

这里所提到"流通加工地点设置"的问题是流通加工合理化的重要因素。既然考虑与配送的结合，那么流通加工地点应设置在需求地区，还应选择在运输线路的交接点、交通枢纽等地区。如果选址不当，会使物流费用大大提高。

二、加工与配套相结合

"配套"是指对使用上有联系的用品集合成套地供应给用户使用。例如，方便食品的配套，包括食品生产企业的产品——各种即食或速熟食品，还有餐具生产企业的产品——各种一次性餐具。当然，配套的主体来自各个生产企业，如上例所说，其中的"方便面"就由其生产企业配套生产，但是，有的配套不能由某个生产企业全部完成，方便食品中的"盘菜"、"汤料"等，而在物流企业经过流通加工，可以有效地促成配套，大大提高流通作为供需桥梁与纽带的能力。

三、避免盲目设置流通加工

流通加工不是对生产加工的代替，而是一种补充和完善。所以，一般而言，如果工艺复杂，技术装备要求高，可以由生产过程延续或轻易解决的，都不宜再设置流通加工，否则会增大物流企业的非本专业技术压力，使其承担力不能及的工作，这是不合算的。

流通加工业务是现代物流企业提供的增值服务，既会提高流通商品的附加价值，从而实现物流企业的经济效益，也给供需双方带来方便与效率，所以它有强劲的发展前途。

举一反三

一、填空题

1. 流通加工的对象是_____，而生产加工的对象是_____、_____和_____。
2. 流通加工的生产管理是指对流通加工生产全过程的_____、_____、_____、_____与_____。
3. 我国常见的流通加工主要形式有_____、_____、_____、_____、_____、_____、_____和_____。

二、简答题

1. 什么是流通加工？
2. 流通加工在物流中有哪些作用？
3. 如何实现流通加工的合理化？

三、案例分析

时装 RSD 服务

RSD 服务是时装的接收、分类和配送服务。RSD 是 TNT 澳大利亚公司下属的一家分公司开展的物流服务业务。它可以为顾客提供任何地方来、到任何地方去的时装流通加工、运输和分送的需要。

时装 RSD 运输服务是建立在时装仓库的基础上的。时装仓库最大的特点是：具有悬挂时装的多层仓库导轨系统。一般有 2～3 层导轨悬挂的时装，可以一直传输到运送时装的集装箱中，形成时装取货、分类、库存、分送的仓储、流通加工以及配送等的集成系统。在这个基础上，无论是平装还是悬挂的时装，都可以最优越的时装运输条件，进行门到门的运输服务。在先进的时装运输服务基础上，公司开展 RSD 服务项目，其实质是一种流通加工业务。RSD 服务满足了时装制造厂家、进口商、代理商或零售商的需要，依据顾客及市场的情

况对时装的取货、分类、分送（供销）全部过程负责。

时装 RSD 服务可以完成制衣过程的质量检验等工作，并在时装仓库中完成进入市场前的一切准备工作。

（1）取货：直接到制衣厂上门取时装。

（2）分类：根据时装颜色、式样进行分类。

（3）检查：时装是否存在颜色、脱线等质量问题。

（4）装袋：贴标签后装袋、装箱。

（5）配送：按销售计划，直接送达经销商或用户。

（6）信息服务与管理：提供相应的时装信息服务和计算机化管理。

许多属于生产过程的工作程序和作业，可以在仓储过程中完成，这是运输业务的前向和后向延伸，是社会化分工与协作的又一具体体现。这样，服装生产厂家，可以用最小的空间（生产场地）、最少的时间、最低的成本来实现自己的销售计划，物流企业也有了相对稳定的业务量。

（节选自：韦红革．物流管理概论．北京：机械工业出版社，2005）

知识拓展 流通加工和一般生产型加工的主要区别

1. 流通加工的对象是商品。
2. 流通加工大多是简单加工。
3. 从价值观点看，生产加工目的在于创造价值和使用价值，而流通加工则在于完善其使用价值并在不做大改变的情况下提高价值。
4. 流通加工的组织者是从事流通工作的人，能密切结合流通的需要进行这种加工活动，从加工单位来看，流通加工由商业或物资流通企业完成，而生产加工则由生产企业完成。

学习评价

对流通加工的全面掌握学习评价表

被考评人					
考评地点					
考评内容		对流通加工的全面掌握			
考评标准	内　容	分值/分	自我评价/分	小组评议/分	实际得分/分
	流通加工的概念	25			
	流通加工的地位和作用	25			
	流通加工常见形式	25			
	流通加工的合理化	25			
合　计		100			

注：1. 实际得分=自我评价40%+小组评议60%。

　　2. 考评满分为 100 分，60～74 分为及格；75～84 分为良好；85 分以上为优秀（包括85 分）。

综合知识模块六

配送

模块目标
1. 了解配送的概念、特点、作用。
2. 熟悉配送与配送中心的类型。
3. 掌握配送的基本环节以及一般流程。

能力知识点1 配送的概念及特点

一、配送的概念

配送（Distribution）是有千年历史的送货形式在现代经济社会中的发展、延伸和创新，特别需要指出的是，不能用传统的送货来理解现代的配送，虽然两者之间有历史的渊源关系，但是两者之间不能等同。如果一定要将两者挂钩，那么，可以将配送理解为现代送货形式。

配送是现代社会的产物，在买方市场的前提下，"送货"是买方的要求，卖方只有通过送货才能提高服务水平，取得竞争优势，因此可以说送货这种方式是在竞争环境下发展的产物，受利润、占领市场和企业战略发展动力的驱使，企业想方设法提高送货的服务水平，降低送货的成本，这就必须要使送货行为优化，实践中又出现了货物的合理配备、车辆的合理调配、路线的合理规划这些新的内涵，这些新内涵和送货有机结合在一起，便形成了现代社会中的配送。

按照国家质量技术监督局发布的中华人民共和国国家标准《物流术语》，其中关于配送的解释是这样的：在经济合理区域内，根据顾客的要求，对物品进行拣选、加工、包装、分割、组配等作业，并按时送达指定地点的物流活动。一般来说，配送一定是根据顾客的要求，在物流据点内进行分拣、配货等工作。它将商流和物流紧密结合起来，既包含了商流活动，也包含了物流活动中若干功能要素。

关于配送，应当掌握以下几个要点。

（1）配送的资源配置作用：配送是"最终配置"，因而是接近顾客的配置。

对于现代企业而言，"接近顾客"是至关重要的。美国兰得公司对"幸福"杂志所列的500家大公司进行一项调查表明"经营战略和接近顾客至关重要"，所以，接近顾客的配送，自然取得了它在现代经济中的地位。

(2) 配送的实质是送货：配送的主要经济活动，尤其是接近顾客的经济活动是送货。

(3) 配送是现代送货：现代两个字表述了和旧式送货的区别。其区别主要在于：

1) 一般送货可以是一种偶然的行为，而配送却是一种体制行为，是市场经济的一种体制形式。

2) 一般送货是完全被动的服务行为，而配送则是有一定组织形式的计划行为。

3) 配送依靠现代生产力，依靠科技进步作为技术支撑。

(4) 配送是"配"和"送"有机结合的形式：配送利用有效的分拣、配货等理货工作，使送货达到一定的规模，以利用规模优势取得较低的送货成本。如果不进行分拣、配货，有一件运一件，需要一点送一点，这就会大大增加活劳动和物化劳动的消耗，使送货并不优于取货。所以，追求整个配送的优势，分拣、配货等项工作是必不可少的。

(5) 配送是市场经济形式：配送是在市场经济条件下，在"供大于求"的买方市场环境中所派生的一种形式。

在买方市场环境下，顾客具有选择权，而卖方需要通过有效的服务来销售自己的产品，争夺一块份额，这就形成了有提供者、需求者的理想市场环境，使配送得以发展。

(6) 配送以顾客要求为出发点：在定义中强调"根据用户要求"明确了顾客的主导地位。配送是从顾客利益出发、按顾客要求进行的一种活动。因此，在观念上必须明确"用户第一"、"质量第一"。配送企业的地位是服务地位而不是主导地位，因此不能从本企业利益出发而应从用户利益出发，在满足用户利益基础上取得本企业的利益。更重要的是，不能利用配送损伤或控制用户，不能利用配送作为部门分割、行业分割、割据市场的手段。

(7) 配送是按时送达指定地点的物流活动：过分强调"按用户要求"是不妥的，受顾客本身的局限，要求有时候存在不合理性，在这种情况下会损失自我或双方的利益。对于配送而言，在满足顾客要求、按时送达指定地点的同时，应当在时间、速度、服务水平、成本、数量等多方面寻求最优，实现双方共同受益，即"双赢"的原则。

二、配送的特点

配送需要依靠信息网络技术来实现，它具有以下几个特点。

(1) 配送不仅仅是送货：配送业务中，除了送货，在活动内容中还有"拣选"、"分货"、"包装"、"分割"、"组配"和"配货"等工作，这些工作难度很大，必须具有发达的商品经济和现代的经营水平才能做好。在商品经济不发达的国家及历史阶段，很难按顾客要求实现配货，要实现广泛的高效率的配货就更加困难。因此，一般意义的送货和配送存在着时代的差别。

(2) 配送是送货、分货、配货等活动的有机结合体：配送是许多业务活动有机结合的整体，同时还与订货系统紧密联系。要实现这一点，就必须依靠现代情报信息，建立和完善整个大系统，使其成为一种现代化的作业系统。这也是以往的送货形式无法比拟的。

(3) 配送的全过程有现代化技术和装备的保证：由于现代化技术和装备的采用，使配送在规模、水平、效率、速度与质量等方面远远超过以往的送货形式。在活动中，由于大量采用各种传输设备及识码、拣选等机电装备,使得整个配送作业像工业生产中广泛应用的流水线,实现了流通工作的一部分工厂化。因此,可以说,配送也是科学技术进步的一个产物。

(4)配送是一种专业化的分工方式:以往的送货形式只是作为推销的一种手段,目的仅仅在于多销售一些商品,而配送则是一种专业化的分工方式,是大生产、专业化分工在流通领域的体现。因此,如果说一般的送货是一种服务方式的话,配送则可以说是一种体制形式。

能力知识点 2　配送的作用

一、完善了输送及整个物流系统

配送环节处于支线运输,灵活性、适应性、服务性都较强,能将支线运输与小搬运统一起来,使运输过程得以优化和完善。

二、提高了末端物流的经济效益

采取配送方式,通过增大经济批量来达到经济地进货。它采取将各种商品配齐集中起来向用户发货和将多个用户小批量商品集中在一起进行发货等方式,从而提高了末端物流经济效益。

三、通过集中库存,可使企业实现低库存或零库存

实现了高水平配送之后,尤其是采取准时制配送方式之后,生产企业可以完全依靠配送中心的准时配送而不需要保持自己的库存。或者,生产企业只需保持少量保险储备而不必留有经常储备,这就可以实现生产企业多年追求的"零库存",将企业从库存的包袱中解脱出来,同时解放出大量储备资金,从而改善企业的财务状况。实行集中库存后,集中库存的总量远低于不实行集中库存时各企业分散库存之总量,同时增加了调节能力,也提高了社会经济效益。此外,采用集中库存可利用规模经济的优势,使单位存货成本下降。

四、简化手续,方便顾客

采取配送方式,顾客只需要向配送中心一处订购,就能达到向多处采购的目的,只需要组织对一个配送单位的接货便可代替现有的高频率接货,因而大大减轻了用户工作量和负担,也节省了订货、接货等一系列费用开支。

五、提高了供应保证程度

生产企业自己保持库存,维持生产,供应保证程度很难提高(受库存费用的制约)。采取配送方式,配送中心可以比任何企业的储备量更大,因而对每个企业而言,中断供应、影响生产的风险便相对缩小,使用户免去短缺之忧。

能力知识点3　配送与配送中心的类型

一、配送的类型

1. 按配送组织者不同分类

（1）配送中心配送：配送组织者为配送中心，通常有完善的配送设施、设备，配送专业性强，和用户一般有固定的配送关系。它具有配送能力强、配送品种多、数量大的特点，它是配送的主要形式。

（2）仓库配送：它以仓库为据点进行配送，一般是在保持仓库存储保管功能的前提下，增加一部分配送职能。

（3）商店配送：配送组织者为商业或物资部门的门市网点。这种配送形式除自身日常的零售业务外，还要按用户的要求配齐商品（包括本店经营商品和代客订货商品）后送达用户，从某种意义上讲，它是一种销售配送形式。

2. 按配送时间和数量的多少进行分类

（1）定时配送：这种配送是按规定的时间间隔进行配送。例如，数天或数小时等；每次配送的品种、数量可按计划执行，也可以在配送之前以商定的联络方式通知配送的品种和数量。它可以区分为日配送和准时——看板方式配送。

由于这种配送方式时间固定，对于组织者来说，易于安排工作计划、易于计划使用车辆；对于用户来说，易于安排接货的力量（如人员、设备等）。但是，由于配送物品种类变化较大，配货、装货难度较大，因此如果要求配送数量变化较大时，也会使安排配送运力出现困难。

（2）定量配送：它是指按规定的批量，在一个指定的时间范围内进行配送。这种配送方式由于配送数量固定，备货较为简单，可以通过与用户的协商，按托盘、集装箱及车辆的装载能力确定配送数量，从而提高配送效率。由于时间不严格限定，因此可以将不同用户所需要的物品凑成整车后配送，运力利用较好。对于用户来讲，每次接货都处理同等数量的货物，有利于人力、物力的准备工作。

（3）定时定量配送：这种方式是按照所规定的配送时间和配送数量进行配送，兼有定时配送和定量配送的特点，但是其特殊性强，计划难度大，对配送管理水平要求较高。因此适合采用的对象不多，不是一种普遍的方式。

（4）定时定路线配送：它是在规定的运行路线上，制定到达时间表，按运行时间表进行配送，用户可按规定路线、站点和规定时间接货，或提出其他配送要求。

采用这种方式有利于计划安排车辆及驾驶人员。对于顾客来讲，既可以在一定路线、一定时间上进行选择，又可以有计划安排接货力量。但这种方式的应用领域也是有限的。

（5）即时配送：这种配送是完全按顾客提出的配送时间和数量随即进行配送，它是一种灵活性很高的应急配送方式。采用这种方式，用户可以实现保险储备为零的零库存，即以即时配送代替了保险储备。

3．按配送企业专业化程度进行分类

（1）综合配送：这种配送的特点是配送的商品种类较多，且来源渠道不同，但在一个配送据点中组织对用户的配送，因此综合性强。

（2）专业配送：它是按产品性质和状态划分专业领域的配送方式。这种配送方式由于自身的特点，可以优化配送设施，合理配备配送机械、车辆，并能制定适用合理的工艺流程，以提高配送效率。诸如中、小件杂货配送，金属材料配送，燃料煤、木材、平板玻璃、化工产品、生鲜食品等的配送，都属于专业配送。

二、配送中心的类型

为了深化及细化认识配送中心，就要对配送中心作出适当的划分。从理论上和配送中心的作用上来划分，可以把配送中心分成许多种类。下面仅就已在实际中运转的配送中心类别概述如下。

1．按配送中心承担的流通职能分类

（1）供应配送中心：供应配送中心是专门为某个或某些用户（如联营商店、联合公司）组织供应的配应中心。例如，为大型连锁超级市场组织供应的配送中心；代替零件加工厂送货的零件配送中心，使零件加工厂对装配厂的供应合理化；我国上海地区6家造船厂的配送钢板中心，也属于供应型配送中心。

（2）销售配送中心：销售配送中心是以销售经营为目的，以配送为手段的配送中心。建立销售配送中心大体有3种类型：①生产企业本身产品直接销售给消费者的配送中心，在国外，这种类型的配送中心很多。②流通企业作为本身经营的一种方式，建立配送中心以扩大销售，我国目前拟建的配送中心大多属于这种类型，国外的例证也很多。③流通企业和生产企业联合的协作性配送中心。比较起来看，国外和我国的发展趋向，都向以销售配送中心为主的方向发展。

2．按配送领域的广泛程度分类

（1）城市配送中心：城市配送中心是以城市范围为配送范围的配送中心。由于城市范围一般处于汽车运输的经济里程内，这种配送中心可直接配送到最终用户，且采用汽车进行配送，所以，这种配送中心往往和零售经营相结合。由于运距短、反应能力强，因而从事多品种、少批量、多用户的配送较有优势。"北京食品配送中心"就属于这种类型。

（2）区域配送中心：区域配送中心是以较强的辐射能力和库存准备，向省际、全国乃至国际范围的用户配送的配送中心。这种配送中心配送规模较大，一般而言，用户规模也较大，配送批量也较大，而且，往往是既配送给下一级的城市配送中心，也配送给营业所、商店、批发商和企业用户，虽然也从事零星的配送，但不是主体形式。这种类

型的配送中心在国外十分普遍，美国马特公司的配送中心、蒙克斯帕配送中心等就属于这种类型。

3．按配送中心的内部特性分类

（1）存储型配送中心：存储型配送中心是有很强存储功能的配送中心。一般来讲，在买方市场，企业成品销售需要有较大库存支持，其配送中心可能有较强存储功能；在卖方市场，企业原材料、零部件供应需要有较大库存支持，这种供应配送中心也有较强的存储功能。大范围配送的配送中心，需要有较大库存，也可能是存储型配送中心。我国目前已建的配送中心，都采用集中库存形式，库存量较大，多为存储型。瑞士GIBA-GEIGY公司的配送中心拥有世界上规模居于前列的存储库，可存储4万个托盘；美国赫马克配送中心拥有一个有163 000个货位的存储区，可见存储能力之大。

（2）流通型配送中心：流通型配送中心基本上没有长期存储功能，仅以暂存或随进随出方式进行配货、送货的配送中心。这种配送中心的典型方式是，大量货物整进并按一定批量零出，采用大型分货机，进货时直接进入分货机传送带，分送到各用户货位或直接分送到配送汽车上。货物在配送中心仅做少许停滞。例如，阪神配送中心，中心内只有暂存货物，大量存储则依靠一个大型补给仓库。

（3）加工型配送中心：加工型配送中心以加工产品为主，因此在其配送作业流程中，存储作业和加工作业居主导地位。

由于流通加工多为单品种、大批量产品的加工作业，并且是按照用户的要求安排的，因此，对于加工型的配送中心，虽然进货量比较大，但是分类、分拣工作量并不太大。此外，因为加工的产品品种较少（指在某一个加工中心内加工的产品品种），一般都不单独设立拣选、配货等环节。通常，加工好的产品（特别是生产资料产品）可直接运到按用户户头划定的货位区内，并且要进行包装、配货。

4．按照配送中心的专业化情况分类

（1）专业配送中心：专业配送中心大体上有两个含义：①配送对象、配送技术属于某一专业范畴，在某一专业范畴有一定的综合性，综合这一专业的多种物资进行配送。例如，多数制造业的销售配送中心，我国目前在石家庄、上海等地建的配送中心大多采用这一形式。②以配送为专业化职能，基本不从事经营的服务型配送中心，如"蒙克斯帕配送中心"。

（2）柔性配送中心：在某种程度上讲，柔性配送中心是与专业配送中心相辅相成的配送中心，这种配送中心不向固定化、专业化方向发展，而向能随时变化、对用户要求有很强的适应性、不固定供需关系、不断发展配送用户并向改变配送用户的方向发展。

（3）特殊的配送中心：特殊的配送中心是指某类配送中心进行配送作业时所经过的程序是特殊的，包括不设存储库（或存储工序）的配送工艺流程和分货型配送中心。

小知识

配送与运输的关系

运输是将货物大批量、长距离地从生产工厂直接送达客户或配送中心；配送是将货物再从配送中心就近发送到地区内各客户手中。从整个物流环节来看，配送处于"干线末端运输"的位置。

1）不设存储库的配送中心。在流通实践中，主要从事配货和送货活动（或者说专职于配货和送货），其本身不设存储库和存货场地，而是利用设立在其他地方的"公共仓库"来补充货物的配送中心，称作不设存储库的配送中心。一般配送生鲜食品的配送中心通常属于此类。

2）分货型配送中心。这种配送中心是以中转货物为主要职能的配送中心。在一般情况下，这类配送中心在配送货物之前都先要按照要求把单品种、大批量的货物（如不需要加工的煤炭、水泥等物资）分堆，然后再将分好的货物分别配送到用户指定的接货点。

能力知识点4　配送的基本环节

配送是由集货、分拣、配货、配装、配送运输、送达服务以及配送加工等作业环节组成。

一、集货

集货是指将分散的或小批量货物集中起来，以便进行运输、配送作业。集货是配送的重要环节，为了满足特定顾客的配送要求，有时需要把从几家甚至数十家供应商处预订的货物集中，并将要求的货物分配到指定容器或场所。集货是配送的准备工作或基础工作，配送的优势之一，就是可以集中顾客的需求进行一定规模的集货。

二、分拣

分拣是指将货物按品种、出入库先后顺序进行分门别类堆放的作业。分拣是配送不同于其他物流形式的功能要素，也是配送成功的一项重要的支持性工作。它是完善送货、支持送货的准备性工作，是不同配送企业在送货时进行竞争和提高自身经济效益的必然延伸。所以，分拣是送货向高级形式发展的必然要求。有了分拣，就会大大提高送货服务水平。

三、配货

配货是指使用各种拣选设备和传输装备，将存放的货物按客户要求分拣出来，配备齐全，送入指定发货地点。

四、配装

在单个顾客配送数量不能达到车辆的有效载运负荷时，存在如何集中不同顾客的配送货物，进行搭配装载以充分利用运能、运力的问题，这就需要配装。与一般送货不同之处在于，通过配装送货可以大大提高送货水平及降低送货成本，所以配装也是配送系统中有现代特点的功能要素，是现代配送不同于以往送货的重要区别之一。

五、配送运输

配送运输和一般运输形态的主要区别在于：配送运输是距离较短、规模较小、频度较高的运输形式，一般使用汽车作为运输工具。与干线运输的区别是，配送运输的路线选择问题是一般干线运输所没有的，干线运输往往是固定的运输线，而配送运输由于顾客多，一般城市交通路线又较复杂，如何组合成最佳路线，如何使配装和路线有效搭配等，是配送运输难度较大的一项工作。

六、送达服务

将配好的货物送到顾客还不算配送工作的结束，这是因为送达货物和客户接货往往还会出现不协调，从而使配送前功尽弃。因此，要圆满地实现运到物品的移交，有效、方便地处理相关手续并完成结算，还应讲究卸货地点、卸货方式等。送达服务也是配送独具的特殊性之一。

七、配送加工

配送是指按照配送顾客的要求所进行的流通加工。在配送中，配送加工这一功能要素不具有普遍性，但往往是具有重要作用的功能要素。这是因为通过配送加工，可以大大提高客户满意度。配送加工是流通加工的一种，但配送加工有它不同于一般流通加工的特点，即配送加工一般只取决于顾客要求，其加工的目的较为单一。

能力知识点 5　配送的一般流程

配送的一般流程基本上是这样的一种运动过程：进货→存储→分拣→配货→送货。每个流程的作业内容包括以下几个方面。

一、进货

进货亦即组织货源。其方式主要有以下两种。
1）订货或购货（表现为配送主体向生产商订购货物，由后者供货）。
2）集货或接货（表现为配送主体收集货物，或者接收用户所订购的货物）。前者的货物所有权（物权）属于配送主体，后者的货物所有权属于用户。

二、存储

存储即按照顾客提供的要求，并依据配送计划将购到或收集到的各种货物进行检验，然后分门别类地存储在相应的设施或场地中，以备拣选和配货。存储作业一般都包括：运输→卸货→验收→入库→保管→出库。存储作业依产品性质、形状不同而形式各异。有的是利用仓库进行存储，有的是利用露天场地存储，特殊商品（如液体、气体）则需存储在特制的设备中。为了提高存储的作业效率及使存储环节合理化，目前，许多国普遍采用了先进的存储技术和存储设备。例如，采用"先进先出"的存储方式进行作业，利用贯通式货架、重力式货架和计算机存储系统等存储货物。

三、分拣、配货

分拣和配货是同一个工艺流程中的两项有着紧密关系的经济活动。有时，这两项活动是同时进行和同时完成的(如散装物的分拣和配货)。在进行分拣、配货作业时,少数场合是以手工方式进行操作的,更多的场合是采用机械化或半机械化方式去操作的。如今,随着一些高新技术的相继开发和广泛应用,自动化的分拣、配货系统已在很多国家配送中心建立起来,并且发挥了重要作用。

四、送货

送货流程包括:搬运、配装、运输和交货。其作业程序为:配装→运输→交货。送货是配送的终结,故在送货流程中除了要圆满地完成货物的移交任务外,还必须及时进行货款(或费用)结算。在送货流程中,运输是一项主要的经济活动。据此,在进行送货作业时,选择合理的运输方式和使用先进的运输工具,对于提高送货质量至关重要。就前者而言,应选择直线运输、"配载运输"(即充分利用运输工具的载重量和容积,合理安排装载的货物和载运方法的一种运输方式)等方式进行作业。

举一反三

一、填空题

1. 配送按时间和数量的多少可以划分为_____、_____、_____、_____和_____五种类型。
2. 配送中心按承担的流通职能可以划分为_____和_____两种。
3. 配送是由_____、_____、_____、_____、_____以及_____等作业环节组成。

二、简答题

1. 什么是配送?
2. 配送有什么特点?
3. 配送在物流系统中有什么作用?

三、案例分析

沃尔玛成功的利器——物流配送

沃尔玛公司作为世界上最大的商业零售企业,1999年全球销售总额达到1 650亿美元,在世界500强中排名第二,仅次于美国通用汽车公司。2000年销售总额达1 913亿美元,超过了通用汽车公司。

一家属于传统产业的零售企业,如何能在销售收入上超过"制造业之王"的汽车工业,超过世界所有的银行、保险公司等金融机构,超过引领"新经济"的信息企业,已成为各方关注的焦点。

沃尔玛前任总裁大卫·格拉斯这样总结:"配送设施是沃尔玛成功的关键之一,如果说我们有什么比别人干得好的话,那就是配送中心"。

沃尔玛公司于1962年建立第一个连锁商店，随着连锁店铺数量的增加和销售额的增长，物流配送逐渐成为企业发展的瓶颈。于是，1970年沃尔玛在公司总部所在地建立起第一间配送中心，集中处理公司所销商品的40%。随着公司的不断发展壮大，配送中心的数量也不断增加。到现在该公司已建立62个配送中心，为全球4 000多个店铺提供配送服务。整个公司销售商品85%由这些配送中心供应，而其竞争对手只有约一半的商品集中配送。

沃尔玛配送中心的基本流程是：供应商将商品送到配送中心后，经过核对采购计划、进行商品检验等程序，分别送到货架的不同位置存放。提出要货计划后，计算机系统将所需商品的存放位置查出，并打印有商店代号的标签。整包装的商品直接由货架上送往传送带，零散的商品由工作台人员取出后也送到传送带上。一般情况下，商店要货的当天就可以将商品送出。

沃尔玛公司共有以下6种形式的配送中心。

(1)"干货"配送中心：主要用于生鲜食品以外的日用商品进货、分装、存储和配送，目前该公司这种形式的配送中心数量很多。

(2)食品中心：包括不易变质的饮料等食品，以及易变质的生鲜食品等，需要有专门的冷藏仓储和运输设施，直接送货到店。

(3)山姆会员店配送中心：这种配送批零结合，有1/3的会员是小零售商，配送商品的内容和方式同其他配送不同，使用独立的配送中心。由于这种商店1983年才开始建立，数量不多，有些商店使用第三方配送中心的服务。考虑到第三方配送中心的服务费用较高，沃尔玛公司已决定在合同期满后，用自行建立的山姆会员店配送中心取代。

(4)服装配送中心：不直接送货到店，而是分送到其他配送中心。

(5)进口商品配送中心：为整个公司服务，主要作用是大量进口以降低进价，再根据要货情况送往其他配送中心。

(6)退货配送中心：接收店铺因各种原因退回的商品，其中一部分退给供应商，一部分送往折扣商店，一部分就地处理，其收益主要来自出售包装箱的收入和供应商支付的手续费。

如今，沃尔玛在美国拥有100%的物流系统，配送中心已是其中一小部分，沃尔玛完整的物流系统不仅包括配送中心，还有更为复杂的资料输入采购系统、自动补货系统等。

(节选自：牛鱼龙.世界物流经典案例.北京：海天出版社，2003)

知识拓展　共同配送

共同配送是为了提高物流效益，对许多用户一起配送，以追求配送合理化为目的的一种配送形式。

共同配送可分为以下几种形式。

1. 由一个配送企业综合各用户的要求，在配送时间、数量、次数、路线等方面进行安排，在用户可以接受的前提下，做出全面规划和合理计划，以便实现配送的优化。这样有利于配送企业采用集中进货、集中库存、优化配货、优化运输方式和运输路线、合理安排送达数量和时间，使配送具有很强的科学性和计划性。

2. 由一辆配送车辆混载多货主货物的配送，是一种较为简单易行的共同配送方式。

3. 在用户集中的地区，由于交通拥挤，各用户单独配置货场或处置场所有困难，而设置的多用户联合配送的接收点或处置点。

4. 在同一城市或同一地区中有数个不同的配送企业，各配送企业可以共同利用配送中心、配送机械装备或设施，对不同配送企业的用户共同实施配送。

学习评价

对配送的全面理解学习评价表

被考评人					
考评地点					
考评内容		对配送的全面理解			
考评标准	内容	分值/分	自我评价/分	小组评议/分	实际得分/分
	配送的概念及特点	25			
	配送的作用	25			
	配送的基本环节	25			
	配送的一般流程	25			
	合计	100			

注：1. 实际得分=自我评价40%+小组评议60%。
　　2. 考评满分为100分，60～74分为及格；75～84分为良好；85分以上为优秀（包括85分）。

综合知识模块七　　信息处理

能力知识点1　物流信息概述

模块目标

1. 了解物流信息的概念、特点。
2. 熟悉物流信息的内容。
3. 掌握物流信息管理的含义和作用。

一、信息的概念

所谓信息是指能够反映事物内涵的知识、资料、情报、图像、数据、文件、语言和声音等。信息是事物的内容、形式及其发展变化的反映。

二、物流信息的概念

物流信息是反映物流各种活动内容的知识、资料、图像、数据和文件的总称。物流信息是物流活动中各个环节生成的信息,一般是随着从生产到消费的物流活动的产生而产生的信息流,与物流过程中的运输、存储、装卸、包装各种功能有机结合在一起,是整个物流活动顺利进行所不可缺少的物流资源。

三、物流信息的特点

物流信息与其他信息相比具有以下特征。

(1) 信息量大:物流信息随着物流活动以及商品交易活动展开而大量发生,多品种、少批量生产和多频度、小数量配送使库存、运输等物流活动的信息大量增加。

(2) 更新快:多品种、少量生产;多频度、小数量配送;利用 POS 系统的即时销售使得各种作业活动频繁发生,从而要求物流信息不断更新,而且更新的速度越来越快。

(3) 来源多样化:物流信息不仅包括企业内部的物流信息(如生产信息、库存信息等),而且包括企业间的物流信息和与物流活动有关的基础设施的信息。

能力知识点 2 物流信息的内容

一、物流系统内信息

物流系统内信息是指与物流活动(如运输、存储、包装、装卸、配送和流通加工等)有关的信息,是伴随物流活动而发生的。在物流活动的管理与决策中,如运输工具的选择、运输线路的确定、在途货物的追踪、仓库的有效利用及订单管理等,都需要详细、准确的物流信息。物流信息对运输管理、库存管理和订单管理等物流活动具有支持保证的功能。

二、物流系统外信息

物流系统外信息是指在物流活动以外发生的,但提供给物流使用的信息,包括供货人信息、顾客信息、订货合同信息、交通运输信息、市场信息和政策信息,还有来自企业内生产、财务等部门的与物流有关的信息。

国际物流系统对信息的要求

国际物流系统对信息的质量有很高的要求,主要表现在以下 3 个方面。

(1) 信息充足:有效的国际物流系统需要充足的信息,提供的信息是否充足、是否能满足物流管理的需要至关重要。

(2) 信息准确:只有准确的信息才能为物流系统提供帮助。许多企业的可用信息非常少,并且模棱两可,因而容易导致国际物流决策不当。

(3) 通信顺畅:管理需要及时准确的信息,这就要求企业通信顺畅。

能力知识点 3 物流信息管理的含义和作用

一、物流信息管理的含义

物流信息管理（数据管理）就是管理物流信息资源，包括：制定信息政策，定义信息需求，进行数据规划，编制数据字典，维护数据质量标准，统一规划、组织、控制信息处理活动（收集、加工、传输、存储和检索）提供的一整套特别的组织功能。

（1）信息政策：是指有关信息分享、传递、需要、标准、分类和存储等规则。

（2）信息需求：是指明确企业各级管理人员在进行物流管理决策和开展日常管理活动过程中时间、地点以及需要哪些信息。

（3）数据规划：是指从企业的战略高度，对数据资源的管理、开发、利用进行长远发展的计划，用以指导数据库和数据仓库的设计。

（4）数据字典：是指对企业数据流程图中的所有数据元素进行规范定义的一份详细清单。

（5）数据质量标准：是指为满足信息需求而应达到的时间、精度、格式与可靠性方面的具体要求。

（6）信息处理：是指识别使用者的信息需要，对数据进行收集、存储和检索，将数据转换成信息，对信息的传输加以计划，并将这些信息提供给使用者。

二、物流信息管理的作用

一般来说，物流信息系统能够解决的问题包括以下几点。

1）缩短从接受订货到发货的时间。
2）库存适量化。
3）提高搬运作业效率。
4）提高运输效率。
5）使接受订货和发出订货更为省力。
6）提高订单处理的精度。
7）防止发货、配送出现差错。
8）调整需求和供给。
9）回答信息咨询。

这些问题的解决能够大大提高物流的效率，从而提升企业的竞争力。

能力知识点 4 物流信息系统

一、物流信息系统的含义

在物流范畴内，建立的信息收集、整理、加工、存储、服务工作的系统称为物流信息系

统。物流信息系统是企业管理信息系统的一个重要的子系统，是通过对与企业物流相关的信息进行加工处理来实现对物流的有效控制和管理，并为物流管理人员及其他企业管理人员提供战略及运作决策支持的人机系统。

二、物流信息系统的基本功能

（1）掌握物流系统运行现状：通过计算机网络或其他传递方法即时或定时掌握各物流中心、仓库及销售网点的库存量、库存能力、配送能力、在途数量、客户地址、客户接货、发货能力和结算账号等。

（2）接受订货：通过中心销售部门或各网点接受订货或购买要求，由信息中心进行处理，制定供货计划。

（3）指示发货及补货：信息中心接受订货后，根据用户信息及网点状况，确定发货网点或仓库，通过计算机网络发出发货指示书。

（4）反馈及结算：将发货及配送信息及时反馈给信息中心，并以此为依据通知部门进行核算。

（5）与系统外衔接：及时掌握系统外的生产情况、近期产量，向生产厂发出订货通知，对系统外物流业发出运输、存储要求并进行信息交换。

举一反三

一、填空题

1．物流信息具有_____、_____和_____3个突出特点。

2．物流信息包括_____信息和_____信息两部分。

3．在物流范畴内，建立的信息_____、_____、_____、_____和_____的系统称为物流信息系统。

二、简答题

1．什么是物流信息？
2．什么是物流信息管理？
3．物流信息系统有什么功能？

三、案例分析

神龙汽车集成化的信息管理

神龙汽车有限公司由东风汽车集团、法国雪铁龙汽车集团、法国国民银行和法国兴业银行共同出资，于1992年初成立的（中方投资占70%）。神龙公司经历了多年的发展历程，拥有零件加工、装配、包装、运输、销售等一整套设备、设施、人员及组织机构。

随着国内轿车市场竞争越来越激烈,该公司感到原有管理方法已严重阻碍了企业发展,尤其是在与合作企业的信息沟通上存在着较大的问题。

神龙公司的信息管理存在一些影响供应链运作效率的问题。生产计划中所需的关键数据(如制造明细、订货信息、库存状态、缺货报警、运输安排和在途物资等)只有部分地集成和共享,决策者在进行生产计划安排时无法快速获取有效数据。公司内部各部门信息系统在联网、系统接口、共享以及与公司外部联系等方面存在较大难度,缺乏统一性和协调性。现行的新车销售系统侧重于资金流的管理和售后服务的跟踪,对于公司外部信息,主要是用户数据的搜集、分析和处理等功能不够完善,缺少快速有效的顾客信息反馈机制,因此,供应、生产和需求缺乏必要的沟通,公司难以真正按市场需求安排生产。另外,神龙公司与其他合作企业之间的信息交流尚未建立规范体系,无共同遵守的工作准则。例如,神龙公司与雪铁龙公司的业务往来是通过 EDI(电子数据交换)进行的,1992 年 2 月,雪铁龙公司更改了发货合同的格式,未提前与神龙公司做好技术上的准备,由于传输的格式不同,导致神龙公司的翻译软件无法工作,无法获取数据。

为此,神龙公司改变原有的企业信息系统模式,建立供应链管理的企业信息系统。将供应商、分销商、用户等关系组建一个链网结构,建立战略伙伴关系,保证了供应链与生产计划同步化和实现企业之间的信息共享,从而极大地提高了公司的竞争力,取得了预期的经济效益。

随着网络技术的发展,神龙公司采用基于局域网和 Internet/EDI 技术的企业信息组织方式,达到资源共享,缩短数据传输时间,减少数据传输中的差错,有效地保障了工作质量。例如,在神龙和雪铁龙的国际贸易中采用 EDI 技术,大大减少了纸质单据的传递,使订单、发货通知、发票等大量的数据、文件信息传递变得可靠和通畅,减少了低效工作和非增值活动,并使双方快速获得信息,更方便地进行交流和联系,提高了相互的服务水平。

从这一案例中,可以看到以神龙公司为核心企业,与供应商、分销商和用户形成网链状供应链,实行基于供应链的集成化信息管理,有重要的实用价值。仅从缩短提前期、降低库存,加快资金流转、提高响应市场及应变能力等方面来看,就已发挥了巨大的作用。

(节选自:韦红革. 物流管理概论. 北京:机械工业出版社,2005)

知识拓展 条码

条码(Barcode)就是用黑白相间、粗细不同的、满足一定光学对比度的平行线条排列组成的特殊符号,用来代表不同的数字和字母。"条"是指对光线反射率较低的部分,"空"是指对光线反射率较高的部分。这些"条"和"空"组成的标记表达物品的各种信息。

学习评价

对物流信息处理的全面理解学习评价表

被考评人					
考评地点					
考评内容	对物流信息处理的全面理解				
考评标准	内　　容	分值/分	自我评价/分	小组评议/分	实际得分/分
	物流信息的概念	25			
	物流信息的内容	25			
	物流信息管理的作用	25			
	物流信息系统基本功能	25			
	合　　计	100			

注：1. 实际得分=自我评价40%+小组评议60%。
　　2. 考评满分为100分，60～74分为及格；75～84分为良好；85分以上为优秀（包括85分）。

综合知识模块八　现代物流客户服务

 模块目标

1. 了解物流客户服务的概念、作用。
2. 熟悉物流客户服务的类型。
3. 掌握物流服务水平的衡量方法以及物流服务存在的问题及对策。

能力知识点1　物流客户服务的概念和作用

一、物流客户服务的概念

物流客户服务是指物流企业为促进其产品或服务的销售，发生在顾客与物流企业之间的相互活动。研究表明，现代物流管理的实质就是在顾客满意的基础上，向物流需求方高效、迅速地提供产品。也就是说，现代物流管理是以顾客满意为第一目标，在企业经营战略中首先应确立为客户服务的目标，然后再通过客户服务来实现差别化的战略。

二、物流客户服务的作用

随着物流概念的成熟，人们越来越认识到客户服务已经成为物流系统，甚至整个企业成功运作的关键，是增强企业产品的差异性，提高产品和服务竞争优势的重要因素。

（1）细分化市场营销：在细分化市场营销时期，客户服务已成为企业进行市场竞争的手段之一。长期以来，物流并没有得到人们的高度重视，在大众营销阶段，由于消费呈现出单一、大众化的特征，经营是建立在规模经济基础上的大量生产、大量销售。因而，物流功能只是停留在商品传递和保管等一般性业务活动上，物流从属于生产和消费，从而成为企业经营活动中的附属职能。但是，进入细分化市场营销阶段后，市场需求出现多样化和分散化，而且发展变化十分迅速。在这种状况下，企业经营比以前任何时期都要艰巨，即只有不断符合各种不同类型、不同层次的市场需求，并且迅速、有效地满足其欲望，才能使企业在激烈的竞争和市场变化中求得生存和发展。而差别化策略中的一个主要内容是客户服务上的差异，所以作为客户服务重要组成部分的客户差别化服务也相应具有了战略上的意义。也就是说，客户服务是差别化营销的重要方式和途径。

（2）物流客户服务水准对物流经营的影响：物流客户服务水准的确立对物流经营绩效具有重大影响。决定客户服务水准是构筑物流体系的前提条件，在物流开始作为企业经营战略重要一环的过程中，客户服务越来越具有经济性的特征，即客户服务有随市场机制和价格机制变化而变化的倾向。或者说，市场机制和价格机制的变动，通过供求关系既决定了客户服务的价值，又决定了一定服务水准的成本。所以，客户服务的供给不是无限制的，否则，过高的客户服务势必损害企业效益，不利于企业收益的稳定。因而，制定合理或企业预期的客户服务水准是企业决策活动的重要内容之一。

（3）物流客户服务方式的选择对降低物流成本的作用：物流客户服务方式的选择对降低物流成本具有较大作用。低成本历来是企业追求的目标之一，而低成本的实现往往涉及商品生产、流通的全过程。除了原材料、零部件、人力成本等各种有形影响因素外，客户服务方式的选择对降低成本具有很大的作用。在市场竞争日趋激烈的今天，由于消费者在购买产品时有低价格倾向，因此，一些大型零售业为降低商品购入和调低物流成本，改变原来的物流体系，转而实行由零售主导的共同配送、直送、工厂配送等新型客户服务。这从一个侧面证明了合理的客户服务可以降低企业物流成本。

（4）物流客户服务是连接商家的手段：物流客户服务是有效连接供应商、厂商、批发商和零售商的重要手段。物流客户服务作为一种特有的服务方式，一方面以商品为媒介，打破了供应商、厂商、批发商和零售商之间的隔阂，有效地推动了商品从生产到消费全过程的顺利流动。另一方面，物流客户服务通过自身特有的系统设施不断将商品销售、在库等重要信息反馈给流通中的所有企业，并通过知识、诀窍等经营资源的积累，使整个流通过程不断协调地适应市场变化，进而创造出一种超越单个企业的价值效益。

（5）用提高客户满意程度来留住顾客：过去，许多企业把重点过于放在赢得新顾客而很少放在留住现有顾客上，但是，最近研究表明留住顾客的战略越来越重要。保留顾客和公司利润率之间有着非常高的相关性，这是因为保留住顾客可以保留业务；为老顾客服务成本较少；满意的顾客会提供业务中介；不少满意的顾客愿意支付议价。企业需要记住的最重要的问题是：一个对服务提供者感到不满的顾客将被竞争对手获得。留住顾客已成为企业的战略问题，物流领域的高水平的顾客服务能够吸引顾客，并留住顾客。因为对于顾客来说，频繁地改变供应来源会增加其物流成本及风险性。

能力知识点 2　物流客户服务的类型

随着物流的不断发展，人们对物流的认识不断加深，物流服务的各项功能越来越多地被人们开发出来，逐渐得到了企业和社会的关注，也成为顾客选择服务时的参考因素。基本物流服务主要包括以下几个方面。

一、运输服务

运输是物流服务的基本服务内容之一。物流的主要目的就是要满足顾客在时间和地点两个条件下对一定货物的要求，时间的变换和地点的转移是实现物流价值的基本因素。企业既可以通过拥有自己车辆的方式自己设计运输系统，也可将这项物流业务外包给第三方专业物流公司。专业的物流公司一般自己拥有或掌握有一定规模的运输工具，具有竞争优势的第三方物流经营者的物流设施不仅仅只在一个点上，而是一个覆盖全国或一个大的区域的网络。因此，第三方物流服务公司首先可能要为顾客设计最合适的物流系统，选择满足顾客需要的运输方式，然后具体组织网络内部的运输作业，在规定的时间内将顾客的商品运抵目的地，除了在指定交货点的交货需要顾客配合外，整个运输过程，包括最后的市内配送都可由第三方物流经营者完成。

二、保管服务

保管是物流服务的第二大职能，它实现了物流的时间价值。对于企业来说，保管功能是通过一定的库存来实现的。与运输一样，企业既可以构建自己的仓库，或租用仓库，来对产品进行管理，也可以交给第三方物流来完成这项服务。

三、配送服务

配送是物流服务的第三大职能。配送是将货物送交收货人的一种活动，目的是要做到收发货经济，运输过程更为完善，保持合理库存，为顾客提供方便，可以降低缺货的危险，减少订发货费用。

四、装卸服务

这是为了加快商品的流通速度必须具备的功能，无论是传统的商务活动还是电子商务活动，都必须配备一定的装卸搬运能力，第三方物流公司应该提供更加专业化的装载、卸载、提升、运送和码垛等装卸搬运机械，以提高装卸搬运作业效率、降低订货周期和减少作业对商品造成的破损。

五、包装服务

物流的包装作业目的不是要改变商品的销售包装，而在于通过对销售包装进行组合、拼配、加固，形成适于物流和配送的组合包装单元。

六、流通加工服务

流通加工的主要目的是方便生产或销售，专业化的物流中心常常与固定的制造商或分销商进行长期合作，为制造商或分销商完成一定的加工作业。例如，贴标签、制作并粘贴条码等。

七、信息处理服务

由于现代物流系统的运作已经离不开计算机，因此可以将物流各个环节及各种物流作业的信息进行实时采集、分析、传递，并向货主提供各种作业明细信息及咨询信息，这是相当重要的。

能力知识点 3　物流服务水平的衡量

基本的物流服务水平可以从以下 3 个方面来衡量。

一、存货可得性

存货可得性是指当顾客下订单时所拥有的库存能力。目前，存货储备计划通常是建立在需求预测的基础上的，而对特定产品的储备还要考虑其是否畅销、该产品对整个产品线的重要性、收益率以及商品本身的价值因素等。存货可以分为基本库存和安全库存。可得性的一个重要方面就是厂商的安全库存策略，安全库存的存在是为了应付预测误差和需求等各方面的不稳定性。

许多厂商开发了各种物流安排方案，以提高其满足顾客需求的能力。一家厂商可以经营两家仓库，其中一个指定为主要仓库，而另一个作为后备的供给来源。主要仓库是厂商用于输出其绝大多数产品的地点，以便利用自动化设施、效率及其所处地点的优势。一旦主要仓库发生缺货时，就可以利用后援仓库来保证一定的顾客服务水平。

高水准的存货可得性需要进行大量的精心策划，而不仅仅是在销售量预测的基础上给各个仓库分配存货。在库存管理中，有 ABC 库存策略，其思想就是根据各种存货的重要性不同而保持不同的库存水平。在满足顾客订单、对顾客进行管理时，也可以引入这种思想。因为不同的顾客对于企业的重要性是不同的。其关键是要对首选顾客或核心顾客实现高水准的存货可得性，同时实现库存量和仓库设施的投资的最小化。可得性可从以下两个指标来衡量。

（1）缺货率：缺货率是指缺货发生的概率。当需求超过产品可得性时就会发生缺货。缺货率就是用于衡量一种特定的产品需求超过其可得性的次数与订货次数的比率。将全部产品所发生的缺货次数汇总起来，就可以反映一个厂商实现其基本服务承诺的状况。

（2）供应比率：供应比率（Fill Rate）衡量需求满足的程度。有时不仅要了解需求获得满足的次数，而且要了解有多少需求量得到了满足，而供应比率就是衡量需求量满足的概率。例如，一个顾客订货 50 单位的货物，而只能得到 47 个单位，那么订货的供应比率为 94%。要能有效地衡量供应比率，一般在评估程序中还要包括在一段特定时间内对多个顾客订货的完成情况进行衡量。

二、物流任务的完成

物流任务的完成可以通过以下几个方面来衡量。

（1）速度：完成周期的速度是指从订货起到货物装运，再至实际抵达时的这段时间。根据物流系统的设计不同，完成周期所需的时间会有很大的不同。即使在今天高水平的通信和运输技术条件下，订货周期可以短至几个小时，也可以长达几个星期。但总的来说，随着物流效率的提高，完成周期的速度正在不断地加快。

（2）一致性：虽然服务速度至关重要，但大多数物流经理更强调一致性。一致性是指厂商面对众多的完成周期而能按时递送的能力，是履行递送承诺的能力。一致性是物流作业最基本的问题。厂商履行订单的速度如果缺乏一致性，并经常发生波动的话，那就会使得顾客在制订计划时发生困难。

（3）灵活性：作业灵活性是指处理异常顾客服务需求的能力。厂商的物流能力直接关系到处理意外事件的能力。

（4）故障与修复：故障与修复能力是指厂商有能力预测服务过程中可能会发生的故障或服务中断，并有适当的应急计划来完成恢复任务。因为在物流作业中发生故障是在所难免的，因此，故障的修复也很重要。

三、服务可靠性

物流质量与物流服务可靠性密切相关。物流活动中最基本的质量问题就是如何实现已计划的可得性及作业完成能力。实现物流质量的关键是如何对物流活动进行评价。

能力知识点4　物流服务存在的问题及对策

目前企业的物流尚存在一些问题，这必将影响企业的竞争优势。企业在管理物流时，应该注意以下几个方面。

1）有些企业对物流不够重视，只是把物流服务看作是一种销售手段而不作出明确的规定。在很多企业中，并没有专门的物流部门，物流只是在安排生产或销售计划时才会考虑。并且由于各个部门之间存在这样那样的矛盾，使得企业无法从一个系统和全局的高度来看待本企业的物流系统。随着批发商和零售商要求的升级，这种对待物流的态度将使企业无法应对他们的要求。目前，许多企业或是由于销售情况不稳定，或由于没有存放货物的地方，或为了避免货物过时，都在努力削减库存。库存削减必然导致多批次、小批量配送，或多批次补充库存，所以说过度削减可能会使物流成本上升而不是下降。因此，企业必须建立新的物流服务机制，提出物流服务决策。

2）许多企业还在用同一物流服务水平对待所有的顾客或商品。这样对甲乙丙不进行区分的企业将失去很多来自重要客户的机会。正确的做法应该是把物流服务当做有限的经营资源，在决定分配时，要调查顾客的需求，根据对公司销售贡献的大小，将顾客分成不同的层次，按顾客的不同层次，决定不同的服务方式和服务水平。

3）物流部门应及时对物流服务进行评估。评估应该是贯穿物流活动始终的一项工作；要随时检查销售部门或顾客有没有索赔，有没有误配、晚配、事故或破损等。可以通过征求顾客意见的方法，来检查物流是否达到了既定的标准，成本的合理化程度如何，以及是否有更好的方法。

4）物流服务水平应该根据市场形式、竞争对手状况、商品季节性等作及时的调整。物流部门应尽量掌握较多的信息，使整个物流系统在与外界的互动中不断获得调整，而非闭门造车。

5）企业应该从盈亏的角度看待和设计物流系统，而非从单个销售部门的角度来考虑物流系统。因为销售部门容易把物流看做是服务于销售而必须满足其需要的部分。

6）整体的物流服务水平在不断变化，顾客对物流的要求也越来越高。今后，为顾客提供各种物流过程中的信息也是至关重要的。

7）现在的物流应把企业物流放在社会大物流的环境中去，企业应该认真考虑环保、节能、废物回收等社会问题。

8）物流服务作业是社会系统的重要的一环，越来越受到人们的重视，物流服务是顾客服务的重要因素，是与顾客进行谈判的条件之一。因此，物流服务水平的确定应作为企业的重要决策。

举一反三

一、填空题

1. 物流客户服务是指物流企业为_____，发生在客户与物流企业之间的相互活动。
2. 基本物流服务主要包括_____、_____、_____、_____、_____、_____和_____7个方面。
3. 基本的物流服务水平可以从_____、_____和_____3个方面来衡量。

二、简答题

1. 物流客户服务有什么作用？
2. 企业在管理物流时，应该注意哪些问题？

三、案例分析

e国一小时

e国网站（http://www.eguo.com）近期推出的"e国一小时"服务就是基于这样的考虑建立的，这种考虑的根本点在于对顾客的服务，只有先保证了对顾客的服务，用户才能更好地建立信心，电子商务市场才能迅速扩大，企业才有机会得到发展，才会产生良性的循环。

"e国一小时"对顾客的承诺是订单完成后1h内给顾客送货上门，首先推出的范围是北京市四环内及中关村和亚运村地区，这种承诺用第三方物流显然是无法实现的。

"e国一小时"的送货完全是免费的，对于商家来说，送货成本非常容易计算；对顾客来说，一种商品的标价只有一个，没有其他额外的费用，很容易接受。"e国一小时"的服务是全天候的，没有日夜之分，也没有节假日，可以充分体现服务的优势。

从开通以来的反馈来看，顾客满意度极高，而且回头客的比率极大，很明显，只有主动地把客户服务放在首位才能达到这种效果。

（节选自：韦红革. 物流管理概论. 北京：机械工业出版社，2005）

知识拓展　物流服务的内容

物流服务的内容是满足货主需求，保障供给，且要保证质量，让货主满意。在量上满足货主的需求主要表现在适量性、多批次、广泛性；在质上满足货主的需求主要表现在安全、准确、迅速、经济等。

学习评价

对物流客户服务的全面理解学习评价表

被考评人					
考评地点					
考评内容	对物流客户服务的全面理解				
考评标准	内　容	分值/分	自我评价/分	小组评议/分	实际得分/分
	物流客户服务的概念	25			
	物流客户服务的类型	25			
	物流服务水平的衡量	25			
	物流服务存在的问题及对策	25			
	合　计	100			

注：1. 实际得分=自我评价40%+小组评议60%。
　　2. 考评满分为100分，60～74分为及格；75～84分为良好；85分以上为优秀（包括85分）。

第三单元　企业物流与第三方物流

本单元学习导引图

企业物流与第三方物流
- **企业物流概述**
  - 企业物流的含义
  - 企业物流的种类
  - 企业物流合理化的意义
  - 企业物流合理化的途径
- **供应物流**
  - 供应物流与采购物流的区分
  - 供应物流的概念
  - MRP——物料需求计划
  - 物料供应计划
- **生产物流**
  - 生产物流的概念及其作用
  - 生产物流过程的设计原则
  - 生产物流的合理组织
  - 生产物流的类型及组织形式
  - 生产物流的计划与控制原理
- **销售物流**
  - 销售物流及销售物流渠道的含义
  - 发展销售物流渠道的原因
  - 销售物流渠道的形式及策略
  - 影响销售物流渠道选择的因素
  - 分销需求计划
  - 销售物流的合理化
- **回收物流与废弃物物流**
  - 回收物流与废弃物物流的定义
  - 回收物流与废弃物物流的产生
  - 合理组织回收物流与废弃物物流的作用
  - 回收物流与废弃物物流的技术
- **第三方物流**
  - 第三方物流的概念
  - 第三方物流企业的合作经营类型
  - 第三方物流的基本特征及利益来源
  - 第三方物流合作成功或失败的原因

综合知识模块一　企业物流概述

 模块目标

1. 熟练掌握企业物流的含义。
2. 掌握企业物流的种类、企业物流合理化的途径。
3. 熟悉企业物流合理化的意义。

 能力知识点 1　企业物流的含义

企业物流（Internal Logistics）是指企业内部的物品实体流动。企业物流可理解为围绕企业经营的物流活动，是具体的、微观物流活动的典型领域。

企业在生产经营过程中，从原材料供应、生产加工到产成品销售，以及伴随生产消费过程中所产生的废弃物的回收及再利用的完整循环活动过程，均属于企业物流。企业物流是企业生产经营活动的重要组成部分。生产是商品流通之本，生产的正常进行需要各类物流活动的支持。生产的全过程从原材料的采购开始，便要求有相应的供应物流活动，将所采购的材料运送到位，按生产顺利进行。在生产的各工艺流程之间，也需要原材料、半成品的物流过程，即所谓的生产物流，以实现生产的流动性。部分余料可重复利用的物资回收，需要回收物流。废弃物的处理则需要废弃物物流。可见，整个生产过程实际上就是系列化的物流活动。企业物流循环过程如图 3-1 所示。

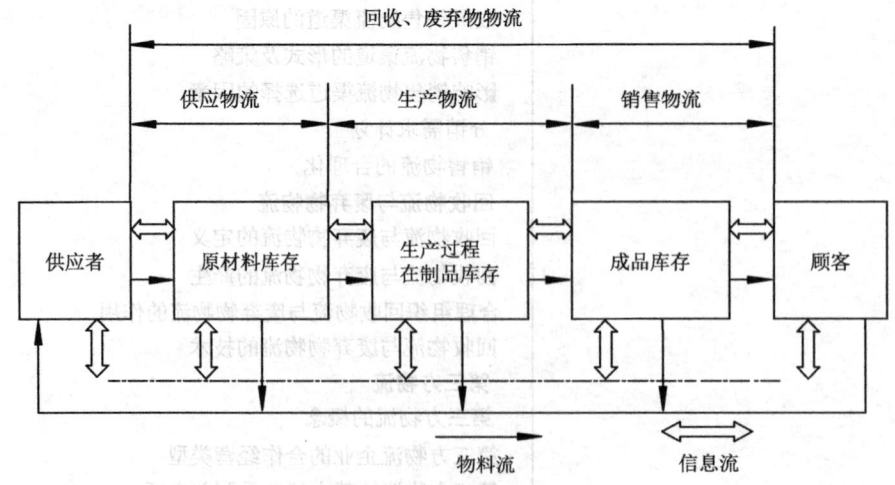

图 3-1　企业物流的循环过程

能力知识点 2　企业物流的种类

如果把企业物流圈定为一个综合的、独立的物流系统，这个大系统可以划分出若干物流子系统。按照企业经营活动的环节，企业物流可以分为供应物流、生产物流、销售物流、回收物流和废弃物物流。虽然这些都是由物流中的各种活动构成的，但是，这些物流活动所需要的物流平台条件、物流管理方法及物流组织等方面都是有区别的。尤其是在物流管理方面，区别更为明显。主要原因是这些物流子系统的具体系统目标是不相同的，为实现不同的系统目标，需要不同的组织方法和管理手段。

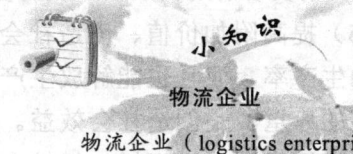

物流企业

物流企业（logistics enterprise）：是指专门从事物流活动的经济组织。

能力知识点 3　企业物流合理化的意义

任何产品都不可能不经过搬运、装卸、包装、运输和保管等过程就立即消费，充其量可以节省物流七大环节中的一个或两个。所以说，既然物流是一个不可省略或者说不可跨越的过程，而且随着这个过程的发生，就会产生费用、时间、距离以及人力、资源、能源、环境等一系列问题。人们只有客观地认识这些问题，正确地对待、科学地解决好这些问题，才是唯一的正确态度和选择。一般来说，物流合理化的作用主要表现在以下几个方面。

（1）节约：搞好物流，能够节约自然资源、人力资源和能源，同时也能够节约费用。例如，集装箱化运输，可以简化商品包装，节省大量包装用纸和木材；实现机械化装卸作业，仓库保管自动化，能节省大量作业人员，大幅度降低人员开支。被称为"中国物流管理觉醒第一人"的海尔企业集团通过加强物流管理，建设现代化的国际自动化物流中心，一年时间将库存占压资金和采购资金，从 15 亿元降低到 7 亿元，节省了 8 亿元开支。

（2）保值：产品从生产出来到最终消费，必须经过一段时间、一段距离，在这段时间和距离中，都要经过运输、保管、包装、装卸搬运等多环节、多次数的物流活动。在这个过程中，产品可能会淋雨、受潮、水浸、生锈、破损和丢失等。通过开展合理的物流活动，可以防止上述现象的发生，保证产品从生产者到消费者移动过程中的质量和数量，起到产品保值作用。

（3）缩短距离：物流可以克服时间间隔、距离间隔和人的间隔。我国城市里的居民不知不觉地享受到物流进步的成果：南方产的香蕉全国各大城市一年四季都能买到；东北大米、宁夏的白兰瓜等都不分季节地供应市场；邮政部门改善了物流，使信件大大缩短了时间距离；日本的配送中心可以做到上午 10 点前订货、当天送到。这种物流速度，把人们之间的地理距离和时间距离一下子拉得很近。地球变小了，成了"地球村"。

（4）商品周转速度加快，从而促进经济发展：用配送中心的例子来讲最有代表性。可以说，配送中心的设立为连锁商业提供了广阔的发展空间。利用计算机网络技术，将超市、配送中心、供应商和生产企业连接，能够以配送中心为枢纽形成一个商业、物流业和生产企业的有效组合。有了计算机迅速、及时的信息传递和分析，通过配送中心的高效率作业和及时配送，将信息反馈给供货商和生产企业，可以形成一个高效率、高能量的商品流通的网络，为企业管理决策提供重要依据。同时，还能够大大加快商品流通的速度，降低商品的零售价格，提高消费者的购买欲望，从而促进国民经济的发展。

（5）提高附加价值、创造社会效益：实现装卸搬运作业机械化、自动化，不仅能提高劳动生产率，而且也能解放生产力。把工人从繁重的体力劳动中解脱出来，这本身就是对人的尊重，是创造社会效益。关于物流创造附加价值，主要表现在流通加工方面。例如，把钢卷剪切成钢板、把粮食加工成食品等，通过流通中的加工，大大提高了商品的附加价值。

（6）保护环境：例如，在城市外围多设几个物流中心、流通中心，大型货车就不用进城了，只利用 2t 小货车配送，城市的噪声就会减轻；政府重视物流，大力建设城市道路、车站、码头，城市的交通阻塞状况就会缓解，对改善空气质量自然就会有帮助。

能力知识点 4　企业物流合理化的途径

物流合理化，就是根据物流系统中的各种职能因素的相互联系、相互制约、相互影响的关系，把物流中的运输、保管、包装、装卸搬运、流通加工、配送以及物流信息等作为一个系统来研究、规划、组织与管理，使整个物流过程最优化，以便以较低的物流成本、适当的数量、适当的质量、适当的时刻、适当的地点、适当的价格、最好的服务将物资送到各个使用地。企业物流合理化的途径主要有以下几种。

（1）在制品库存最小：在制品是企业生产过程中的必需物，同时又是一种"浪费"，应通过合理的手段使其库存降低到最低限度。

（2）尽量避免迂回和倒流：迂回和倒流的现象严重影响了物流系统的效率与效益，甚至影响生产过程的顺利进行，必须使其减少到最低程度，尤其是系统中的关键物流部分，更应注意这个问题。

（3）优先：在进行物流系统规划和设计时，应将彼此之间物流量大的设施布置得近一些，而物流量小的设施与设备可以布置得远一点。

（4）尽量简化搬运：物料装卸搬运不仅要有科学的设备、容器和工具，还要有科学的操作方法，使装卸搬运作业简化、环节少，提高物流系统的可靠性。

（5）合理提高搬运机械化水平：使用机械化装备可以提高装卸搬运的质量和效率。应根据物流量、物流的距离以及资金条件等进行选择。物流量小且距离短，宜选择简单搬运设备；物流量小且距离长，宜选择简单运输设备；物流量大且距离短，宜选择复杂搬运设备；物流量大且距离长，宜选择复杂运输设备。

（6）集装单元和标准化搬运：物流过程中使用的各种托盘、料箱、料架等器具，要符合集装单元和标准化搬运原则，以提高装卸搬运效率、提高物料活性指数、提高装卸搬运质量、提高物流系统机械化和自动化水平。

（7）满足环境的要求：物流系统的规划、设计和改造，应符合可持续发展战略思想和绿色制造的要求，与其他系统（如自然、人文等）相互协调，决不为追求物流系统的功能与效益而损坏环境。

（8）柔性化：随着生产力的高速发展、产品的日益丰富以及个性化需求时代的到来，企业的生产组织将向小批量、多品种的生产方式转化。因此，物流系统应柔性化，以适应产品的不断调整和变动。

举一反三

一、简答题

1．什么是企业物流？简述企业物流合理化的意义。
2．企业物流合理化的途径有哪些？

二、案例分析

上海华联配送中心

上海华联配送中心是由上海华联股份公司投资兴建的。作为华联连锁超市在长江三角洲地区的配送中心，其主要业务为集货、加工、分货、拣选、配货，并组织对连锁超市的送货、补货。补货数量、时间由各连锁超市根据每日的销售报告分析得出，再由配送中心统一配送。

上海华联配送中心拥有 30 辆不同规格的电动牵引车、叉车、高位三向叉车并采用条码识别系统，应用于中心的入库、出库、盘点、配货。末端采用与连锁 POS 系统相连的电子配货系统，可以及时了解连锁店的需求，并根据需求向配送中心发布作业指令。上海华联配送中心占地约两公顷，库房为一体式建筑，分上货区和配货区，面积 2 万 m^2，全部采用横梁式高位货架，货架间距 2.5m。

上海人习惯在自己家门前购物，大部分人拥有超市购物卡。华联依靠先进的管理技术和准时定点的配送保证了商品的种类齐全，获得了明显的竞争优势。它采取实时结算方式，使价格降低到极限；订单式采购使供应商便于安排其生产、运作，这对食品类商品起到了重要作用。

（节选自：汝宜红．物流学导论．北京：清华大学出版社、北京交通大学出版社，2004）

知识拓展　企业物流管理的职能

企业物流管理系统是个反馈控制系统。企业物流系统为实现其目标需要管理，管理的职能可以归为以下五点：①确定目标；②制订计划；③组织；④监督；⑤调整和控制。

学习评价

企业物流的循环过程学习评价表

被考评人					
考评地点					
考评内容		企业物流的循环过程			
考评标准	内　容	分值/分	自我评价/分	小组评议/分	实际得分/分
	供应物流	20			
	生产物流	25			
	销售物流	25			
	回收与废弃物物流	30			
	合　计	100			

注：1. 实际得分=自我评价40%+小组评议60%。
　　2. 考评满分为100分，60～74分为及格；75～84分为良好；85分以上为优秀（包括85分）。

综合知识模块二

供应物流

模块目标

1. 熟悉供应物流与采购物流的区分、物料需求计划和物料供应计划。
2. 熟练掌握供应物流的概念。

能力知识点1　供应物流与采购物流的区分

　　物料的采购与供应是生产物流的前提。过去，企业划分采购物流与供应物流的依据，是以厂区本身对内、对外的工作流程来划分的，也就是说，把供应商运送物料到厂内仓库称之为采购物流；而供应物流，是指企业完成向外采购活动后，将生产所需物料从内部仓库取出搬运到各车间、工段或工作地的物流活动。供应物流的目的是满足各生产工艺阶段对原材料、零部件、燃料和辅助材料等的需求。

　　随着采购供应一体化和第三方物流分工专业化的发展，采购物流直接扩展到企业车间、工段等。即生产所需物料可以直接从供应商仓库（货场）送到生产第一线，即是使采购物流与供应物流合二为一。但不少企业习惯将位于生产物流前端的物流活动统称为供应物流。供应物流包括确定物料的需求数量、采购、运输、流通加工、装卸、搬运和存储等物流活动。

能力知识点 2 供应物流的概念

供应物流是指为生产企业提供原材料、零部件或其他物品时，物品在提供者与需求者之间的实体流动；也就是物资生产者、持有者至使用者的物流。对生产企业而言，是指对于生产活动所需要的原材料、备品、备件等物资的采购、供应活动所产生的物流；对于流通领域而言，是指交易活动中从买方角度出发的交易行为中所发生的物流。供应物流的目标不仅要保证供应，而且还要以最少的消耗、最低的成本和最大的保证程度来组织好物品的供应活动。

零库存：这是一种特殊的库存概念，它的含义并不是以仓库储存形式的某种或某些物品的存储数量真正为零，而是通过特定的库存控制措施，实现库存量最小化。零库存可使仓库存货所带来的一系列问题，如仓库建设、维护管理、装卸搬运等费用，以及存货占用流动资金和库存物资老化变质等最大限度地减少。

供应物流是企业物流系统中相对独立的子系统，与企业生产系统、财务系统、技术系统等各部门，以及企业外部的资源市场、运输市场、其他企业的供应物流部门等有着密切的联系。

能力知识点 3 MRP——物料需求计划

MRP 是一种应用计算机技术计算物料需求、制定生产作业计划的一种科学方法。它是由美国著名的生产管理和计算机应用专家欧·威特和乔·伯劳士在 20 世纪 60 年代提出来的。

一、MRP 的发展

1．MRP 的初期阶段

MRP 在被广泛应用之前，企业一般采用的物料库存控制计划和控制方法为：定期库存控制方法与定量库存控制方法。但它们主要用于独立需求（指不能从该层次需求派生出下一层次需求）的物料控制，即该项目需求与其他需求无关时才有效。而物料需求计划适用于相关需求（即该层次需求能派生出下一层次需求）的计划与控制。其基本出发点是根据对成品的需求，计算出对构成成品的原材料、零部件等的相关需求，进而安排出零部件的生产进度及采购日期。

初期 MRP 系统的逻辑流程图，如图 3-2 所示。

从图 3-2 可以看出，主生产计划（MPS）对产品进行结构分解，从而得出所需零部件、原材料等的总需求量计划，再用总需求量、库存信息、计划期内各零部件的采购或在制品情况等数据进行计算，得出各零部件和原材料的净需求量，以及零部件、原材料的生产作业计划和采购计划。

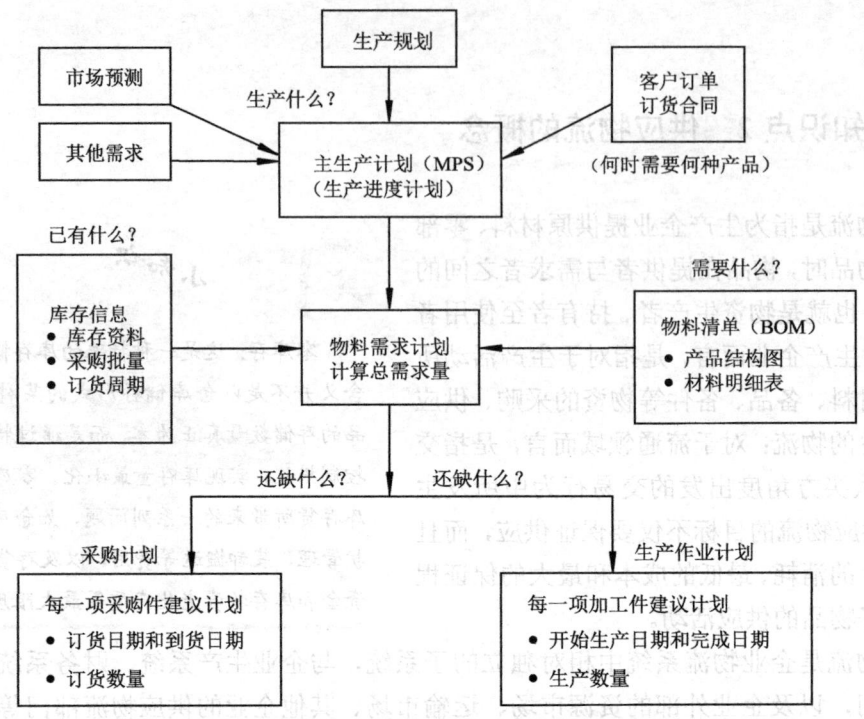

图 3-2 MRP 的初期系统逻辑流程图

初期 MRP 理论能根据有关数据计算出相关物料需求的准确时间和数量，对制造企业的物料管理有着重要作用。但是初期 MRP 还不够完善，它缺乏对完成计划所需各种资源进行计划与保证的功能，也缺乏对计划实施情况的反馈信息及调整计划的功能。因此，初期的 MRP 主要用于采购，涉及的只是企业与市场界面，没有深入到企业生产管理的核心中去。

2．MRP 的闭环时期

在初期应用 MRP 的基础上，引进了资源计划与保证功能，有利于安排生产，执行监控与反馈等功能，这就形成了闭环 MRP 系统。闭环 MRP 是从综合生产计划（或生产计划大纲）开始的，是对综合生产计划的分解和细化。综合生产计划是对企业未来较长一段时间（可以是月、季、年）内拥有的资源和需求之间的平衡所作的概括性设想，是根据企业所拥有的生产能力和需求预测对企业未来较长一段时间（年、旬、周）内的产出内容、产出量、劳动力水平、库存状况等问题所作的决策性描述。

其次，制定 MPS 方案是一个反复试行过程。当一个方案制定出来以后，需要与企业粗略生产能力计划、能力需求计划等进行平衡。若生产能力不能满足生产计划的需求，应根据能力调整计划，同时收集生产或采购活动的执行结果及外界环境变化的反馈信息作为制定下一周期计划或调整计划的依据。由于增加了上述功能，使之形成了"计划——执行——反馈"的生产管理循环，因此，对企业生产过程可以实行有效的计划与控制。

二、MRP 的内容、目标和工作原理

MRP 的内容是编制零部件、原材料等的生产或采购计划。然而，要正确编制零件等生

产或采购计划，必须首先落实产品出产进度计划，即主生产计划（MPS），这是 MRP 展开的依据。由此，MRP 还必须掌握产品零件结构，即物料清单（BOM），才能把主生产计划展开，形成零部件或原材料等计划；同时，还必须掌握库存数量，才能准确计算出零件等的采购数量。因此，物料需求计划的依据是库存信息、物料清单和主生产计划。

物料需求计划目标是：保证按时供应用户所需产品，及时取得生产所需要的原材料及零部件、外购配套件的供应，在时间和数量上与装配需求紧密衔接。

MRP 的工作原理是：根据产品的生产量，计算出构成这些产品的零部件与原材料的需求量和需求时间；根据物料需求的时间和生产（订货）周期确定各零部件开始生产（订货）的时间。当计划的执行情况有变化时，MRP 还能根据新情况分清轻重缓急，调整生产的优先顺序，重新编制出符合新情况的作业计划。

能力知识点 4　物料供应计划

物料供应计划是以实物量为计算单位的实物量计划，它一般由物料核算表、物料平衡表、物料申请计划表、物料采购计划表和文字说明构成。

（1）物料核算表与物料平衡表：它们都是企业物料申请计划的附表。物料核算表的主要指标有生产计划任务量、物料消耗定额和需用量等。物料平衡表主要反映资源与需要之间的平衡情况。它们的表格形式见表 3-1 和表 3-2。

表 3-1　物料核算表

物料类别：　　　　　　　　　××××年度　　　　　　　定额单位：
　　　　　　　　　　　　　　　　　　　　　　　　　　　需用量单位：

项　目	任　务		消耗定额		需用量	
	计量单位	某年预计	某年计划	某年预计	某年计划	某年预计	某年计划
1	2	3	4	5	6	7	8
合计							
生产							
基建							

表 3-2　物料平衡表

物料类别：　　　　　　　　　××××年度

物料名称	型号	单位	计划期初预计库存量及其他资源量	计划需要量							计划期末储备量	平衡差额	平衡措施	备注
				合计	生产	基建	大修	维修	改造	科研	其他				
1	2	3	4	5	6	7	8	9	10	11	12	13	14=5+13-4	15	16

（2）物料申请计划表和物料采购计划表：它们是在企业对物料资源与需要进行计算平衡之后，确定各项经济指标而编制的，主要有需用量、期末储备量（或库存量）、物料资源量（包括年初预计库存量等）和申请或采购量。物料申请计划表和物料采购计划表的格式，见表3-3和表3-4。

表3-3　物料申请计划

物料类别：　　　　　　　　　　　××××年度

物料名称	规格型号	计量单位	上年预计消耗量	××××年度计划				申请分配量					备注
				年初预计库存量	需用量	年末储备量	其他资源	全年	一季	二季	三季	四季	
1	2	3	4	5	6	7	8	9	10	11	12	13	14

表3-4　物料采购计划

物料类别：　　　　　　　　　　　××××年度

编号	物料名称	规格	计量单位	单价/元	采购数量	金额/元	要求进货日期	备注
1	2	3	4	5	6	7	8	9

（3）文字说明：它是指企业把编制过程中所发生的主要情况和问题，或在计划表格中无法用数字直接表达出来的主要情况和问题，向接受该表单位所作的必要的文字说明。

举一反三

一、填空题

1．物料需求计划是一种应用_____技术计算_____、制定_____的一种科学方法。它是由_____和_____提出来的。

2．物料需求计划的内容是：编制_____、_____等的_____或_____计划。

二、简答题

1．简述供应物流的定义。

2．MRP的目标是什么？

三、案例分析

国美电器公司的供应（采购）物流

说起购买家电，北京人都会想到国美。13年前的北京国美电器，不过是北京珠市口大街一个100m²左右的普通电器商店；13年后，国美电器在北京、天津、上海、成都、重庆、河北等地区发展到了80多家大型家用电器专业连锁超市，成为北京屈指可数的几家专营进口与国产名优品牌家用电器、电脑、通信产品及发烧音响器材，影响辐射全国的著名电器连锁经营企业。

国美凭借强大的销售体系和较大的市场份额,与生产厂家合作,创建了承诺经销这种新型供销模式。在传统的供销模式下,下游的供货商从上游的供货商手中进货,同时承受上游供货商的加价,从而将较高的累计经销利润转嫁给最终消费者。国美针对这一特性,经过充分的调查与研究,提出了承诺经销模式。即厂家给国美优惠政策和优惠价格,而国美则承担经销责任,即在一定时间段内,国美保证厂家一定承诺经销量。承诺经销具有较高的市场风险,也具有较好的价格竞争优势。依据庞大的市场销售体系和低廉的价格,国美初步完成了对市场的扩张。

国美以大规模集团采购来降低采购成本,增强采购能力,支撑销售,保障利润。它的大单采购已成为国美电器的基本供销模式。国美在采购上采取了统一采购和招标采购等先进的采购模式。统一采购可以凭借巨额的采购量来压低进货价格。国美的每家连锁店每天都要将存货、销售、补货等情况上报各分部,各分部再汇总上报总部,总部负责确定总的补货计划。采购的高度集中增加了国美的价格优势,同时也使国美增加了和厂家谈判的筹码。厂家不但提供给国美较低的供货价格,而且也能够及时供货。此外,国美还依靠自己雄厚的资金实力,通过互联网和组织招标会议,向生产厂家抛出巨额采购订单,产品涉及彩电、视盘机系列等。国美通过招标采购,不仅可以进一步压低价格,而且还可以增加国美对新品新厂的接触,提高了社会美誉度。

(节选自:李苏剑等. 企业物流管理理论与案例. 北京:机械工业出版社,2003)

知识拓展　如何保证供应物流的合理化

要保证供应物流的合理化,应做到:①准确预测需求;②合理控制库存;③进行采购决策;④供应保障;⑤健全管理组织机构。

学习评价

准确理解物料需求计划知识学习评价表

被考评人					
考评地点					
考评内容	准确理解物料需求计划知识				
考评标准	内　容	分值/分	自我评价/分	小组评议/分	实际得分/分
	MRP 的初期理论	25			
	闭环 MRP 理论	25			
	MRP 的内容、目标	30			
	MRP 的工作原理	20			
	合　计	100			

注: 1. 实际得分=自我评价40%+小组评议60%。
　　2. 考评满分为100分,60~74分为及格;75~84分为良好;85分以上为优秀(包括85分)。

综合知识模块三

生产物流

 模块目标

1. 熟练掌握生产物流的概念。

2. 了解生产物流的作用。
3. 掌握生产物流过程的设计原则、生产物流的合理组织、生产物流的类型及组织形式。
4. 熟悉生产物流的计划与控制原理。

能力知识点 1　生产物流的概念及其作用

生产物流是指生产过程中，原材料、在制品、半成品、产成品等在企业内部的实体流动。生产物流始于原材料、半成品、燃料等的投入，终于成品仓库，贯穿于生产加工制造的全过程。在这一过程中，物料随着时间的推移，不断改变着自己的实物形态和场所位置，物料不是处在加工、装配状态，就是处在存储、装卸搬运或等待状态。由此可见，如果生产物流不畅会导致企业生产停顿，严重影响企业的经济利益。因此，企业必须努力做好生产物流管理工作，协调好企业内部各科室、车间及其他部门之间的关系，从整个企业物流角度控制好生产物流活动，真正做到供应好、周转快、消耗低、费用省，保证企业生产制造物流的顺利进行，进而使企业的经济效益尽可能提高。

能力知识点 2　生产物流过程的设计原则

企业在进行生产过程设计时，不仅要考虑生产过程的布置应适应生产能力的需要，而且对进料、临时存储、生产过程前中后的搬运、调度、装箱、库存、运送等环节均应一起考虑。生产物流的过程设计一般应遵循的原则有以下几个。

（1）流动性原则：良好的企业生产物流过程应使流动顺畅，消除无谓停滞，力求生产流程的连续不断。当物料向成品方向运动时，应尽量避免工序或作业间的逆向、交错流动或发生与其他物料混杂的情形。

（2）提高搬运活性原则：仓库中存放的物品都是等待运送的物品，因此应使之处于移动状态，称之为"搬运活性"。为了提高搬运活性，应当把等待运送的物品整理堆垛，或是包装成搬运单元放在托盘上，或是装在输送机上，以便随时发运。

（3）"功"最小原则：在物流过程中，物品从高处向低处移动时，应该利用重力原则。利用这一原则有利于节省能源，节约使用人力、物力，减轻劳动强度。

（4）单元装载原则：大力推行使用托盘和集装箱，将一定数量的货物汇集在一起，成为一个大件货物，有利于机械搬运、运输和保管，形成单元装载系统。

能力知识点 3　生产物流的合理组织

生产物流区别于其他物流系统最显著的特点是它和企业生产紧密联系在一起。只有合理组织生产物流过程，才有可能使物料在生产物流过程中流程短、时间少、省费用、效率高。为此，企业在生产物流组织过程中，应特别注意以下几个方面：

（1）生产物流过程的连续性：生产过程是一个工序一个工序往下进行的。因此，要求物料能够顺畅、最快、最省地走完各个工序，直至成为产成品。

（2）生产物流过程的节奏性：这是指产品在生产过程的各个阶段，都能有节奏、均衡地进行，即在相同的时间内完成大致相同的工作量。

（3）生产物流过程的比例性：产品的零部件组成是固定的，考虑到各个工序内的质量合格率，以及在装卸搬运过程中可能造成的损失，零部件数量必然在各个工序间有一定的比例关系，这就形成了物流过程中的比例性。

> **小知识**
>
> 准时生产制（Just In Time，JIT）：这是在精确测定生产各工艺环节作业效率的前提下按订单准确地计划，以消除一切无效作业与浪费为目标的一种管理模式。它产生于1973年，由丰田英二和大野耐一在日本丰田汽车公司首先采用。更具体地讲，它是将必要的零件以必要的数量在必要的时间送到生产线，并且将所需要的零件，只以所需的数量，只在正好需要的时间送到生产线。它是为适应消费需要多样、个性化而建立的生产体系，以及为此生产体系服务的物流体系。

（4）生产物流过程的平行性：一般企业通常生产多种产品，每种产品又包含着多种零部件。在组织生产时，将这些零部件安排在各个车间的各个工序上进行生产，因此要求各个支流平行流动。

（5）生产物流过程的准时性：它是指生产的各阶段、各工序都要按照后续阶段和工序的需要生产，即在需要的时候，按需要的数量，生产所需要的零部件。

（6）生产物流过程的适应性：企业的生产组织正在向多品种、小批量的管理模式发展，要求生产过程具有较强的应变能力，即生产过程具备在较短的时间内，从生产一种产品迅速转变为生产另一种产品。

能力知识点 4　生产物流的类型及组织形式

一、企业生产物流的类型

企业生产物流的类型可以从以下角度划分。

（1）从生产专业化的角度划分：按照产品或零部件在生产物流过程中的专业化程度，可以把企业的生产过程分为大量生产物流过程、成批生产物流过程和单件生产物流过程3种类型。

1）大量生产物流类型。用这种类型生产产品，生产条件稳定，产品品种少，同种产品产量大，经常重复出产同种产品。

2）成批生产物流类型。采用这种类型生产的产品，产品品种较多，各种产品的数量不等，但一般产量较大，生产条件比较稳定。

3）单件生产物流类型。采用这种类型生产的产品，产品品种很多，每种产品只生产一件或几件之后不再重复，或虽有重复但不定期，生产条件很不稳定，工作地专业化程度低。

（2）从物料流向的角度划分：可以把生产物流划分为固定式生产物流、加工装配式生产物流、流程式生产物流3种类型。

1）固定式生产物流。这是一种凝固型物流，即当生产系统需要的物料进入生产现场后，几乎处于停止的"凝固"状态，或者说在生产过程中物料流动性不强。它一般分为两种形态：①物料进入生产场地后就被凝固在场地中和生产场地一起形成最终产品，如住宅、公路、大坝等的建设过程；②在物料流入生产场地后，"滞留"时间（即生产周期）很长，待其形成最终产品后再流出，如大型水电设备、飞机等的加工制造过程。

2）加工装配式生产物流。组装型产品是由许多零部件构成的，各个零部件的加工过程彼此独立；企业将经过机加工制成的零件进行部装、总装，最后成为产品，整个产品的生产工艺是离散的，各个生产环节之间要求有一定的在制品储备，这就是离散型生产物流。

3）流程式生产物流。这是指物料在生产过程中均匀、连续地进行流动，不能中断；企业生产出来的产品和使用的设备、工艺流程等都是固定且标准化的；工序之间几乎没有在制品存储，这就是连续型生产物流。

（3）从物料所流经区域的角度划分：根据这种方法可以把生产过程中的物流分为车间物流（工序间物流）和工厂间物流两种。

二、企业生产物流的组织形式

（1）生产物流的空间组织：生产物流的空间组织是相对于企业生产区域而言的，其目标是如何缩短物料在工艺流程中的移动距离。它一般有3种专业化组织形式，即对象专业化、工艺专业化、成组工艺组织等。

1）生产物流的对象专业化组织形式。其特点是把生产设备、辅助设备按生产对象的加工路线组织起来，即加工对象单一且加工工艺方法多样化。

这种方式的优点是可减少运输次数，缩短运输路线；协作关系简单从而简化了生产管理；在制品少，生产周期短。其缺点是对品种的变化适应性差，生产系统的可靠性较低，工艺及设备管理较复杂。在企业专业化方向已经确定，产品品种比较稳定，生产类型属于大量、大批生产，设备比较齐全并能有充分负荷的条件下，适宜于按产品专业化组织生产物流。

2）生产物流的工艺专业化组织形式。其特点是把同类的生产设备集中在一起，对企业欲生产的各种产品进行相同工艺的加工，即加工对象多样化但加工工艺方法却基本一致。

这种方式的优点是对产品品种的变化和加工顺序的变化适应能力强，生产系统的可靠性较高，工艺及设备管理较方便；其缺点是物料在加工过程中物流次数及路线复杂、难于协调。在企业生产规模不大，生产专业化程度低，产品品种不稳定的单件小批生产条件下，适宜于按工艺专业化组织生产物流。

3）生产物流的成组工艺组织形式。它结合了上述两种形式的特点，按成组技术原理，把具有相似性的零件分成一个成组的生产单元，并根据其加工路线组织设备。其主要优点是可以大大地简化零件的加工流程，减少物流迂回路线，在满足品种变化的基础上有一定的批量生产，具有柔性和适应性。

（2）生产物流的时间组织：生产物流的时间组织是指一批物料在生产过程中的各个生产单位、各道工序之间时间上的衔接和结合方式。要合理组织生产物流，不仅要缩短物料流程的距离，而且还要加快物料流程的速度，减少物料的成批等待，实现物流的均衡性和连续性。

生产物流的时间组织，主要是研究一批零件在加工过程中，采用何种流动方式。一般来说，一批物料有三种典型的流动组织方式，即顺序流动、平行流动、平行顺序流动。

能力知识点 5　生产物流的计划与控制原理

一、生产物流计划

生产物流计划是企业生产过程中物料流动的纲领性书面文件，它指导生产物流的开始、有序运行直至完成的全过程，概括了生产物流系统开发可以达到的预定经营目标的各种行动和项目。生产物流计划的核心是生产作业计划的编制工作，即根据计划期内规定的生产产品的品种、数量、期限以及生产发展的客观实际，具体安排产品及其零部件在各工艺阶段的生产进度。与此同时，该计划也能为企业内部各生产环节安排短期的生产任务，协调前后衔接关系。

二、生产物流控制原理

1．控制的内容

物流控制的具体内容包括以下几种。

（1）偏差的测定和处理：在作业过程中，按预定时间及顺序检测执行计划结果，掌握计划量与实际量的差距，根据发生差距的原因、内容及严重程度，采取不同处理方法。首先，要预测差距的发生，事先规划消除差距的措施，如动用库存、组织外协等；其次，为调整产生差距的生产计划，要将差距的信息向生产计划部门反馈；再次，为使本期计划不作或少作修改，将差距的信息向计划部门反馈，作为下期调整的依据。

（2）在制品管理：在生产过程中对在制品进行静态、动态控制以及占有量的控制。在制品控制包括在制品实物控制和信息控制。

（3）进度控制：物流控制的核心是进度控制，即物料在生产过程中的流入、流出控制，以及物流量的控制。

2．控制原理

（1）物流推进式控制原理：其基本方式是根据最终需求量，在考虑各阶段的生产提前期之后，向各阶段发布生产量指令。这种方式称为推进方式，以这种方式进行物流控制的原理称为物流推进控制原理。

（2）物流拉动式控制原理：其基本方式是在最后阶段按照外部要求，向前一阶段提出物流供应要求；前一段按本阶段的物流需要向上一阶段提出要求；依次类推，接受要求的阶段再重复地向前阶段提出要求。这种方式称为拉动方式，这种方式在形式上是多道工序，但由指令方式不难看出，由于各阶段各自独立发布指令，所以实质上是前一阶段的重复。

举一反三

一、填空题

1. 生产物流过程的设计原则有：_____、_____、_____和_____。
2. 生产物流的空间组织，一般有3种专业化组织形式：_____、_____和_____。
3. 从生产专业化的角度划分，可以把企业的生产过程分为_____、_____和_____；从物料流向的角度划分可以分为_____、_____和_____；从物料所流经区域的角度划分可分为_____和_____。

二、简答题

1. 什么是生产物流？它的作用是什么？
2. 生产物流的各种专业化组织形式的特点、优缺点各是什么？
3. 企业生产物流的合理组织应注意哪几方面的问题？

三、案例分析

丰田公司的 JIT 管理方式

丰田的生产和管理系统长期以来一直是丰田公司的核心竞争力和高效率的源泉，同时也是国际上企业经营管理仿效的样板。

20世纪70年代初，丰田公司在北美市场实行了有效的车种转型战略，由于原来高档小型车的价格竞争力丧失，所以产品销售的重点开始转向更具有竞争力的科罗拉。为此，丰田公司进行了严格的质量管理，通过与供应商协作来提高生产效率。以往日本汽车生产商从各自独立的公司那里获得零部件，而单个企业内部的纵向联系又显得不够紧密，为了彻底解决这个问题，在高度相互信任和尊重的基础上，丰田公司和其零部件供应商建立起牢固的协作关系。这种协作关系主要依靠交叉管理、相互融资、技术转移和规定作业区来维系。"看板"和"及时供应"的管理方法运用在丰田公司及其供应商中。生产流水线的合理安排减少了运输费用，使运输中造成的损失减少到最低程度，并大幅度降低了必要的库存储备。丰田公司的"看板"管理是一种生产现场管理方法。它是利用卡片作为传递作业指示的控制工具，将生产过程中传统的送料制改为取料制，以"看板"作为"取货指令"、"运输指令"、"生产指令"进行现场生产控制。在"看板"制度下，很多部件要等到下一道工序需要的前几个小时才生产出来。这就是JIT管理的第一步。

丰田公司为充分发挥JIT的作用创造了两个条件：①使产品规格相对变化较少。它们提高汽车标准件的豪华程度，并宣传其所付出的额外成本。这样，既可以提高汽车售价又不会增加汽车零部件生产上的复杂性，有利于采用JIT的生产流水线。②使零部件供应商及其装配厂尽量靠近销售市场。东京、名古屋、广岛是日本丰田的三大汽车销售市场。零部件供应商都离这三处不远，有的甚至和汽车装配厂同处在一个工业园区之中，这为实施JIT从空间上提供了可能性。

丰田公司从推行 JIT 管理中获得了两大好处：①减少了供装配用的零部件的库存量，从而减少了库存所占用的流动资金与仓库空间，并避免了一些备用品因搁置而受到的损坏。②提高了库存周转次数，减少了其等待装配时间。供应商相继推行 JIT 管理以后，在两年内将存货周转次数提高了两倍。

1985 年，丰田公司在美国肯塔基投资 80 亿美元建成丰田美国汽车生产厂（简称 TMM）。TMM 自创立以来，提出了"为更多的人们创造出最佳汽车"的口号。这意味着在无瑕疵的基础上生产出能满足不同需求的汽车，并且在最佳的时间将不同类型的汽车以合理的价格传递给所需要的顾客。为了实现这个目标，TMM 必须寻求一种全新的资源，以多品种、优良的质量、及时的服务及合理的价格来赢得市场，而丰田生产系统（TPS）就可以做到这一点。

TPS 的宗旨在于通过消除浪费来实现成本降低，消除浪费的根本是防止过度生产。在丰田公司看来，过度生产所产生的浪费不仅仅是仓储所占用的资金，而且还表现为在仓储的空间占用、货物搬运过程中要使用各种设备、人员的额外雇佣、库存管理系统的使用等费用。所以，TPS 的一个精髓就是保持零库存，从根本上消除浪费，杜绝过度生产。在实际运作中，TPS 提出了两条重要的原则以促进生产绩效的提高。首先是 JIT 生产，即在必要的时间、必要的地点，生产必要数量的产品，任何偏离这三个要素的生产都应被视为浪费；第二条是自动化，即当生产中出现问题时立即停止生产，直到问题解决。基于上述的先进管理思想，丰田公司在美国取得了巨大成就。

（节选自：何倩茵. 物流案例与实训. 北京：机械工业出版社，2004）

1. 敏捷制造

它是指制造系统在满足低成本和高质量的同时，能够对多变的市场需求作出快速反应。这里所说的敏捷性，是指企业对市场变化、技术发展以及社会环境变化作出反应的速度与能力。企业敏捷能力体现在：①快速反应能力；②竞争力；③灵活性；④快速性。它的主要特点是：注重速度，看重时间上的竞争意义。

2. 柔性生产自动化

柔性生产自动化首见于 1978 年，其背景是当时出现了能通过交换指令程序实现自动加工的数控（NC）机床，以后又有装有自动刀库，一次调整即可进行多种加工的加工中心问世。更高级的还有由数台乃至数十台数控机床、自动搬运装置或自动搬运车、自动仓库和机器人所构成，并由计算机控制的柔性制造单元、柔性制造系统（FMS）计算机集成制造系统（CIM）。它实现了物流和信息流的联机实时控制，是一种富有柔性的生产系统，也是无人化车间的雏形。它能充分适应市场、品种和人员的变化，但这种系统本身需要巨额投资。

3. 瓶颈（约束）理论

它把企业看成是一个完整的系统，认为任何生产系统都会产生约束因素。犹如一条链子，瓶颈好像是链条中最薄弱的那一环决定着整个链条作用一样。正是由于各种各样的瓶颈（约束）因素限制了企业生产产品的数量和利润的增长。因此，企业在实现其目标过程中，应逐个识别和消除这些瓶颈（约束）因素，从而实现其"有效产出"的目标。

学习评价

如何设计生产物流过程学习评价表

被考评人					
考评地点					
考评内容		如何设计生产物流过程			
考评标准	内容	分值/分	自我评价/分	小组评议/分	实际得分/分
	流动性	25			
	搬运活性	25			
	"功"最小	25			
	单元装载	25			
	合计	100			

注：1. 实际得分=自我评价40%+小组评议60%。
　　2. 考评满分为100分，60～74分为及格；75～84分为良好；85分以上为优秀（包括85分）。

综合知识模块四

销售物流

模块目标

1. 熟练掌握销售物流及销售物流渠道的概念。
2. 了解发展销售物流渠道的原因。
3. 掌握销售物流渠道的形式及策略、影响销售物流渠道选择的因素。
4. 熟悉销售物流的合理化、分销需求计划。

能力知识点1　销售物流及销售物流渠道的含义

一、销售物流的概念

销售物流是指生产企业、流通企业在出售商品时，物品在供方与需方之间的实体流动。它是物资的生产者或持有者到消费者或用户之间的物流。

销售物流具有很强的服务性。其服务性表现在要以用户为中心，树立"用户第一"的观念。销售物流的服务性要求销售物流必须快速、及时，这不仅是用户和消费者的要求，也是企业发展的要求。销售物流的时间越短、速度越快，资本所发挥的效益就越大。在销售物流中，还需强调节约的原则和规模化的原则，一般来讲，物流的价值主要是规模价值。此外，销售物流通过商品的库存对消费者和用户的需求起到保证作用。在销售过程中，正确确定库存数量，减少库存费用就是这一目标的体现。

二、销售物流渠道的概念

销售物流渠道是指产品从生产企业运送到消费者或顾客手中所经过的路线及经营机构。研究销售物流渠道的目的是为了在企业生产出产品之后，能将产品及时、安全、经济地送到消费者或顾客手里，以提高生产企业的经济效益和满足顾客的需求。

在商品从生产领域转移到消费领域过程中，不仅包括各种专门的商业机构和生产企业的销售机构以及为商品流通服务的各种金融、运输、仓储和保险机构等，而且还必须把最终用户包括在内，才能组成一个完整的销售物流渠道系统，从而能更好地制定企业的销售物流渠道策略。

能力知识点 2　发展销售物流渠道的原因

在社会经济活动中，销售物流渠道从无到有，不断发展完善。是什么原因促使了它的出现和发展呢？从直观上看，首先，物流销售渠道中由于中间商对其代理的区域或市场较为熟悉，并且拥有一批固定的客户群体，因而能帮助厂商迅速打开当地市场；其次，中间商对本地客户的资信情况和投资环境更加了解，可以帮助厂商回避投资和交易的风险，通过中间商还可以减少自己构建物流销售网络所必需的高昂费用，降低了整体物流销售成本；此外，中间商一次性批量定购产品，大大减轻了厂商的压力。多种因素使得物流销售渠道得以稳定发展。

产品由销售物流渠道扩散到顾客手中，具有以下几个方面的优势。

（1）销售物流渠道减少了市场中交易的次数：在交易中，通过销售物流渠道的中间商（如批发商、零售商等）实现了集中采购和配送，从而减少了市场中交易的次数，提高了交易的效率。

（2）销售物流渠道为买卖双方搜索市场资源提供了便利：在市场环境中，买方试图满足自己的消费需求，而卖方（如制造商）则想要预测并抓住这

市场营销组合：就是企业的综合营销方案，即企业针对目标市场的需要对自己可控制的各种营销因素（产品、价格、渠道、促销等）的优化组合和综合运用，使之协调配合，扬长避短，发挥优势，以取得更好的经济效益和社会效益。

些需求信息，如果这一双向"搜索"过程能成功进行，需求信息能适时、高效地流动，对买卖双方都是有利的。销售物流渠道中的中间商分别按不同的行业进行组织，并向各自的市场提供相关市场信息，从而为买卖双方提供便利，并降低了分销渠道中的相关成本，如销售成本（因为充足的市场信息降低了交易次数）、库存成本和运输成本等。

（3）专业化的分销渠道设置使分销成本最小化、交易规范化：专业化是提高分销效率的

最基本的驱动力。在实际业务中，某些专业企业（如第三方物流组织），因为它们能比其他企业更好地承担基本功能，因而能提高分销渠道中的物流运作效率；同时，对交易的规范化处理可以加强渠道成员的合作，提高渠道的效率。

能力知识点 3　销售物流渠道的形式及策略

一、销售物流渠道的形式

随着市场经济的不断发展，企业销售物流渠道越来越多，越来越灵活。主要的物流渠道，如图 3-3 和图 3-4 所示。

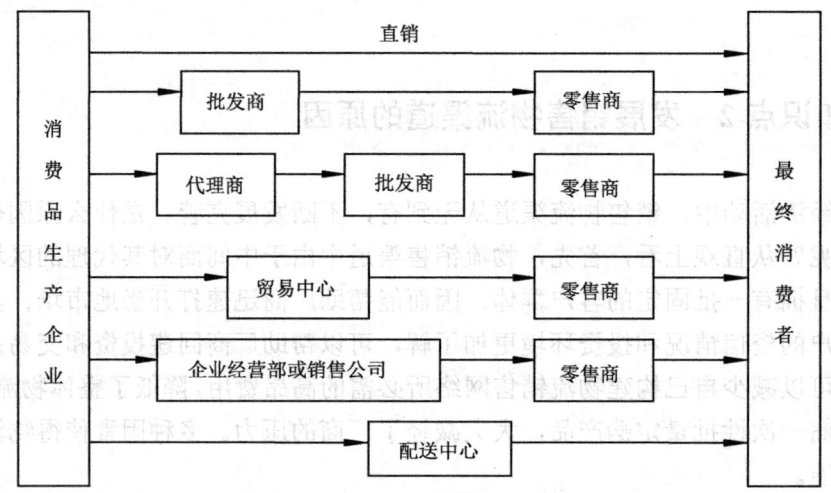

图 3-3　消费品的销售物流渠道形式

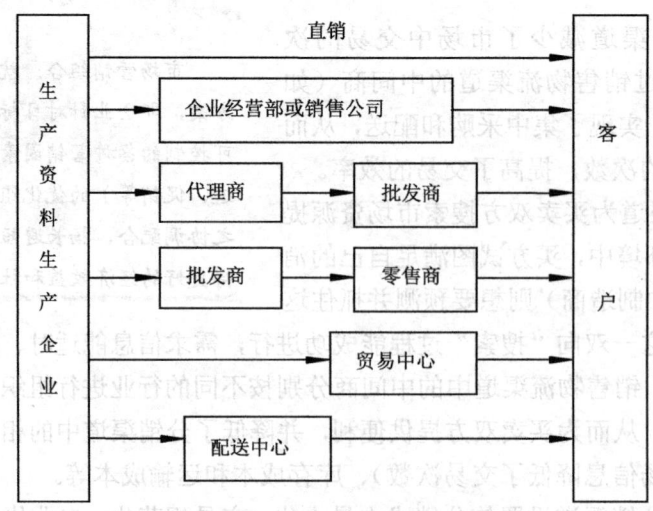

图 3-4　生产资料的销售物流渠道形式

从图 3-3、图 3-4 中可以看出，产品从生产者到消费者的流通过程中有各种销售物流渠道，有的销售物流渠道中间环节多，路线长；有的销售物流渠道中间环节少，甚至没有中间环节，路线短。并且，不同国家、不同区域和不同行业的销售物流渠道模式也有着很大的不同。但是，一般来讲，目前的商品销售物流渠道不外乎以下3种基本形式。

（1）零阶渠道：也称直接销售物流渠道，是指由生产者直接将商品销售给消费者或用户，没有任何中间环节的流通形式。

（2）间接销售物流渠道：它是指生产者在把商品销售给消费者或用户的过程中，加入了中间环节的销售物流渠道。中间环节一般是指配送中心、批发商和零售商等。根据所加入的中间环节的多少，可分为以下几种基本形式。

1）一阶渠道。这是指在生产者和消费者中间只加入一个中间环节的销售物流渠道，即由生产者把商品出售给一个中间商，再由中间商把商品销售给顾客。

2）二阶渠道。这是指在生产者和消费者中间有两个中间环节的销售物流渠道。这种销售物流渠道形式在消费品市场中应用很广。

3）三阶渠道。这是指在生产者和消费者之间有3个中间环节的销售物流渠道。

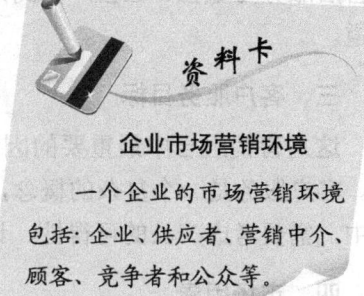

企业市场营销环境

一个企业的市场营销环境包括：企业、供应者、营销中介、顾客、竞争者和公众等。

（3）代销物流渠道：这是指生产者和消费者之间有代理商为之服务的销售物流渠道。它与生产者之间并不是商品买卖关系，在商品流通中它不属于中间环节，而只是接受客户（顾客）的委托，办理代储、代运、代存、代购、代销等业务，以佣金或手续费方式赚取报酬，对商品没有所有权，如贸易中心、贸易信托公司、贸易货栈等的代营业务就属于此。

二、销售物流渠道的策略

企业为了实现经营目标，扩大商品销路和企业本身的影响，获得最佳经济效益，必须将商品以最快的速度、最好的价格，送到最终消费者手里。这就需要研究销售物流渠道策略，即如何确定销售路线的长短、宽窄，选择合适的中间商，保证商品的畅销。研究销售物流渠道策略可以从以下几个方面着手：①中间商的选择。②销售物流渠道宽窄的选择。③销售物流渠道长短的选择。即销售物流渠道可以从广泛的销售物流渠道、有选择的销售物流渠道和独家销售物流渠道中加以选择。

能力知识点 4　影响销售物流渠道选择的因素

企业在选择销售物流渠道时应考虑的一般因素有以下几个方面。

一、商品因素

企业在选择销售物流渠道时，首先应考虑的因素是商品本身的特点，也就是要考虑商品价格的高低、分量的轻重、体积的大小、是否易腐或易损坏、是否是新产品和季节性产品、技术与服务要求等。对单价高、分量重、体积大、易腐或易损坏、新产品和季节性强的商品、售前售后技术服务要求较高的产品，应该尽量减少销售物流渠道的中间环节或采用直接销售的销售物流渠道；对日用百货及生产资料中通用的、标准的商品宜采用间接销售物流渠道；对专用商品、需求量大的原材料、燃料等，销售物流渠道应尽量短些。

二、企业自身因素

销售物流渠道的选择，还必须充分考虑企业自身条件，主要包括企业资金实力和销售力量的强弱、提供售后服务的能力、声誉的高低等。如果生产企业的资金实力雄厚、销售力量和售后服务力量强、社会声誉高，可采用直接销售物流渠道；反之，则应采用间接销售物流渠道。

三、客户服务目标

这是营销组合中最重要的因素，客户服务可以使产品产生差异化或影响产品的市场价格。客户服务是一个复杂的概念，为了在销售物流渠道中获得高水平的客户服务，在渠道设计中，需要考虑产品的可得性、订单处理周期、顾客与生产企业之间的信息沟通能力等。

四、市场因素

商品和市场是不可分割的，因此，市场因素也是影响销售物流渠道选择的重要因素。通常，企业在设计销售渠道时要考虑市场范围的大小、用户购买数量的多少、消费者的购买习惯、市场销售的季节性和竞争性、市场的地理分布状况等。

五、社会环境等因素

企业所处的社会环境以及国家有关法律、法令、政策对企业销售物流渠道的选择会有很大的影响，在选择时必须加以充分考虑。

能力知识点 5　分销需求计划

分销需求计划在技术上主要需解决分销物资的供应计划和调度问题，其基本目标就是合理进行分销物资和资源配置，以达到既保证有效满足市场需要，又使得配置费用最少的目的。它主要在以下两类企业中得以应用。

（1）流通企业：特别是一些含有物流业务的企业，如物流中心、配送公司、储运公司等。这些企业最基本的特征是：有可能亲自从事销售，也可能不从事销售，但是必然有存储和运输的业务，也就是有进货或送货的业务。为简单起见，将这类物流企业一律称之为"物流中心"（配送中心是典型的物流中心，而流通中心就是具有销售业务的物流中心）。

物流中心一般具有强大的存储能力和运输能力。它受生产厂商的委托存货，或者从这些生产厂购进货物存放在自己的仓库里，然后为生产厂销售部门或企业订货用户送货。物流中心可能还有下属物流分中心,它们分布在各个地区,也从本中心进货在当地进行配送。这些分中心的总费用最省,资源(车辆、仓库等)利用率最高。

(2)生产企业:大多数中小企业生产的产品是交给经销商或零售商去销售,自己没有销售网络。但是有的生产企业,特别是大型企业,有自己的销售网络和储运设施。自己生产出来的产品,或完全自己销售,或部分交流通企业销售。这样的生产企业是面对市场生产自己的产品,既生产,又流通。国内的 TCL、东风汽车公司(二汽)等就属于这一类。它们的分销业务,通常由企业的流通部门承担,具体组织储、运、销活动,而由企业的生产部门提供物资资源。

它们共同的基本特征是:①接受社会需求,并以满足社会需求为本企业全部工作的宗旨。②依靠一定的物流能力(包括仓储、运输、包装、装卸搬运等能力),以物流活动作为基本手段来满足社会的物资需求。③为满足社会需求要从生产厂(物资资源市场)组织物资资源。

由于两者的基本业务模式相同,在此仅以物流中心为代表来介绍 DRP 的原理。DRP 原理如图 3-5 所示。

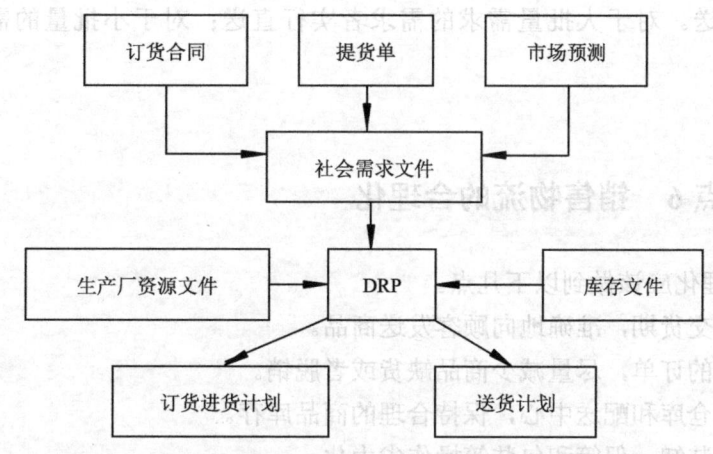

图 3-5　DRP 的基本原理简图

DRP 在原理上看是很简单的,由图 3-5 可见,实施 DRP 时要输入 3 个文件,然后根据这 3 个文件产生两个计划,即订货进货计划和送货计划。输入的 3 个文件分别是:

1)社会需求文件是指所有的用户订货单、提货单或供货合同,也包括下属各子公司、下属各地区物流中心的订货单。将这些需求按品种、需求日期(或周)进行统计构成一个文件,制定出社会需求文件。如果社会需求计划中没有这些预先签订好的订货单和供货合同等,则社会需求量就要靠市场预测来确定。

社会需求文件是 DRP 处理的最主要文件,没有这个文件就不可能进行 DRP 处理,因此将其称为 DRP 的主文件。

2)库存文件是指物流中心的仓库里所有库存物资量的列表。需要这个文件,是因为物流中心需要根据它确定:什么物资可以从仓库直接提货送货、送多少;什么物资需要订货进货。

3）生产厂资源文件是物资生产厂的可供资源文件。该文件包括可供的物资品种、生产厂的地理位置情况等。生产厂资源文件主要是为 DRP 制定订货计划用的。

DRP 生成的两个计划是：

1）订货进货计划是指生产厂的订货进货计划。对于顾客需求的物资，如果仓库到时候没有库存量，则需要向生产厂订货进货。因为订货进货也需要花时间，所以也需要设定订货提前期。要根据具体厂家来设定提前期。这部分资料由生产厂资源文件提供。

这里的订货和进货不是一回事。进货计划是对生产厂委托储运、委托经营的物资而言的，这些物资的所有权在生产厂家，物流中心只是代理经营业务，货物没有了，就直接到生产厂去进货。而订货计划是针对物流中心自己买断经营的产品而言的，所有权属物流中心，货物没有了，需要重新订货。所以，订货、进货计划，实际上包含了这两种经营方式。

2）送货计划是针对顾客的送货计划。对于顾客需求的物资，如果仓库里有，就从仓库提货送货。由于仓库与顾客、下属子公司与子物流中心（统称为需求者）都有一定的路程，所以提货送货需要有一个提前的时间，才能保证货物能够按需求时间及时送达。送货分直送和配送。对于大批量需求的需求者实行直送；对于小批量的需求者，实行配送。

能力知识点 6　销售物流的合理化

销售物流合理化应该做到以下几点。

1）在适当的交货期，准确地向顾客发送商品。
2）对于顾客的订单，尽量减少商品缺货或者脱销。
3）合理设置仓库和配送中心，保持合理的商品库存。
4）使运输、装卸、保管和包装等操作省力化。
5）维持合理的物流费用。
6）使订单到发货的信息流动畅通无阻。
7）将销售额等订货信息，迅速提供给采购部门、生产部门和销售部门等。

销售物流合理化的有计划化、大量化、差别化、商物分离化和标准化等多种形式。

举一反三

一、填空题

1. 销售物流是指_____企业、_____企业在出售商品时，物品在_____与_____之间的实体流动。
2. 销售物流合理化的形式有_____、_____、_____、_____和_____等多种形式。

3. 实施 DRP 时要输入的 3 个文件是：_____、_____和_____，其中_____是 DRP 的主文件。

4. 一般来说，商品的销售物流渠道有_____、_____和_____3 种基本形式。

5. DRP 生成的两个计划是_____和_____。

二、简答题

1. 什么是销售物流渠道？企业选择销售物流渠道时应考虑的因素是什么？
2. DRP 主要解决什么问题？其基本目标是什么？

三、案例分析

海尔的销售物流管理

虽然家电企业的价格战异常激烈，但海尔集团坚持打"价值战"而不打"价格战"。2000年，海尔集团的销售收入突破 400 亿元，遥遥领先其他家电集团。这应当归功于其最早进行电子商务下的分销渠道优化再造。从 1999 年开始，海尔集团已向构建适应电子商务发展要求的分销体系方向努力，并于 1999 年 8 月在全集团范围内实施了以追求用户满意度最大化为目标的流程再造，成立了物流、商流、资金流 3 个流的推动本部，整合优化了分销渠道资源，基本上建立起了适应电子商务发展要求的分销渠道：零售商主导型"三角结构"的分销模式；"以时间消灭空间"的高效分销物流体系；能使信息增值的信息平台。在海尔集团举办的"2000 年海尔集团 B2B 商务合作暨产品定制开发研讨会"上，海尔集团以电脑投影演示的形式对冰箱、空调、彩电等九大门类家电产品的基本产品进行推介和演示，由来自全国各地近 300 名经销商在现场根据所在市场消费者习惯和地域特点的需求来设计产品；海尔根据商家或消费者的设计要求组织生产并快速完成产品物流过程，通过物流流程再造实现销售更贴近市场。这种全新的合作模式使经销商或顾客成为家电产品的设计者或设计的主要参与者，仅半天的时间，海尔集团与商家就签订了 218 万台（套）各类海尔家电产品的定制协议。海尔集团通过电子商务手段与经销商构建的这种"互利共赢"的新型合作关系，使新经济下的新型供应链关系得到完美体现，把制造商与分销商更加紧密地结合在一起，共同为顾客创造更大的价值，最大限度地克服了"产品疲软"问题的出现。

（节选自：张毅. 现代物流管理. 上海：上海人民出版社，2002）

知识拓展

1．产品的市场生命周期

产品的市场生命周期是指一种新产品从开始进入市场到被市场淘汰为止的全部时期。

2．市场定位

市场定位就是勾画企业产品在目标市场即目标顾客心目中的形象，使企业所提供的产品具有一定特色，适应一定顾客的需要和偏好，并与竞争者的产品有所区别。

3．相对市场占有率

相对市场占有率是指本企业产品的市场占有率与该市场最大竞争对手的占有率之比。

学习评价

如何选择销售物流渠道学习评价表

被考评人					
考评地点					
考评内容		如何选择销售物流渠道			
考评标准	内　容	分值/分	自我评价/分	小组评议/分	实际得分/分
	选择中间商	50			
	选择渠道的宽窄	25			
	选择渠道的长短	25			
	合　计	100			

注：1. 实际得分=自我评价40%+小组评议60%。
　　2. 考评满分为100分，60～74分为及格；75～84分为良好；85分以上为优秀（包括85分）。

综合知识模块五　回收物流与废弃物物流

 模块目标

1. 熟练掌握回收物流与废弃物物流的定义。
2. 了解回收物流与废弃物物流的产生、合理组织回收物流与废弃物物流的作用。
3. 熟悉回收物流技术、回收物流与废弃物物流技术的特点。
4. 掌握废弃物物流技术。

能力知识点1　回收物流与废弃物物流的定义

一、回收物流的概念

回收物流是指不合格品的返修、退货以及产品使用的包装容器从需方返回到供方所形成的物品实体流动。在生产和流通活动中有一些资材，如包装容器的纸箱、塑料和酒瓶等；可用杂物，如旧报纸和书籍可以通过回收、分类再制成纸浆加以利用；废水经过净化后又被循环使用，被称为废水回收。这类物质的流动形成回收物流。

二、废弃物物流的概念

废弃物物流是指将经济活动中失去原有使用价值的物品，根据需要进行收集、分类、加工、包装、搬运和存储，并分送到专门处理场所时所形成的物品实体流动。废弃物物流的作用是无视对象物的价值或对象物没有再利用价值，从环境保护的目的出发将其焚烧，或送到指定地点堆放掩埋；对含有放射性物质或有毒物质的工业废物，还要采取特殊处理方法。这类物质的流动形成了废弃物物流。

能力知识点 2　回收物流与废弃物物流的产生

在人类社会中，从生产经过流通直至消费是物品流向的主渠道。但是在这一过程中会产生大量的排放物。这些排放物，一部分可以回收并再生利用，称为再生资源，它们形成了回收物流；另一部分在循环利用过程中，基本或完全失去了使用价值，形成无法再利用的最终排放物，即废弃物。废弃物经过处理后返回自然界，形成了废弃物物流。排放物的产生来自以下 3 个方面。

（1）流通过程中产生的排放物：流通也是产业部门，需要消耗燃料、动力和材料，这些都会产生废弃物。流通过程中最典型的废弃物是已用过的包装材料或废弃的捆包材料，如木箱、编织带、纸箱、塑料或金属捆带、捆绳等。有的可以直接回收使用，有的要进入物料大循环再生利用。

（2）消费后产生的排放物：这类排放物一般称为垃圾，有家庭垃圾、办公室垃圾等混合组成的城市垃圾，包括破旧衣物、已失去使用价值的家用电器、玻璃和塑料容器、办公废纸以及食物残渣等。

（3）生产过程产生的排放物：①工艺性排放物。由于生产工艺性质不同，其排放物有很大差异，如机械制造厂加工中形成的切屑和边角余料等；造纸厂产生的废渣以及为漂白等目的使用的化学药液随水排出的废水。此类排放物根据工艺流程和技术水平，其排放时间、数量、种类有一定规律性，能形成稳定的物流系统。②生产过程中的废品、废料。其产生的数量具有一定规律性，但产生的时间却具有偶然性，在工艺流程中往往就地回收，重新纳入生产流程中，很少进入社会物流系统。③生产中损坏和报废的机械设备、设施和劳动工具。造成其报废的主要原因是：由于正常使用中寿命的终结或意外损坏而丧失使用价值；或者由于设备更新而淘汰，这些排放物不是经济活动产生的，需要随时进行处理。

能力知识点 3　合理组织回收物流与废弃物物流的作用

一、回收物流与废弃物物流合理化的社会作用

众所周知，由于废弃物的大量产生，严重影响到人类赖以生存的环境，因此必须有效地利用和处理回收物流和废弃物物流，使这些物质得以重新进入生产、生活循环或得到妥善处理。

回收物流管理的内容

回收物流管理的内容有：①回收物流的计划管理。②回收物流的质量管理。③回收物流的效益管理。

目前人类最关心的问题之一是环境问题，而环境污染的根本问题是废弃物（含废气、废水）造成的。据日本有关资料介绍，东京每天要产生 13 000t 垃圾，每年用于垃圾处理的费用高达 1 521.85 亿日元。其中收集费用为 609.82 亿日元，占 40.1%；车辆搬运费为 448.07 亿日元，占 29.4%。也就是物流费用占总费用的 69.5%。因此，回收物流的合理化处理，可以降低垃圾处理成本。良好的垃圾处理系统是社会文明的标志之一，一个城市里如果没有环卫系统的运行，数日之后，街道将变得又脏又臭，良好的生活环境和工作环境将受到破坏。因此，回收物流和废弃物物流的管理，不应完全从经济效益考虑，而应从社会效益考虑。

二、回收物流与废弃物物流合理化的经济作用

可供人类使用的社会资源总是稀缺的，回收利用废旧物料，相当于利用了社会资源的潜在资源，从而可以在一定程度上缓解资源紧张状况。统计数据表明，我国每年钢铁产量有近 1/3 来自回收的废钢铁，每年回收的废纸达 200 多万 t。例如，回收利用 1t 废钢铁，可炼成好钢 900kg、节约铁矿石 2t、石灰石 600kg、优质煤 1t 或焦炭 0.68t、节约能源 75%、节约水 40%；回收利用 1t 废纸可造新纸张 800kg，节约煤 500kg 等。

回收利用废旧物料比原始性开发资源具有更好的经济效益，据估算，一个中小型电炉炼钢厂，用新开发的资源炼钢，每吨钢的生产成本为 1 500 美元；而用废钢铁炼钢，每吨生产成本仅为 250 美元。因此，在发达国家利用废钢铁的比例，一般在 50%～60%，而我国只有 1/3 左右。

能力知识点 4　回收物流与废弃物物流的技术

一、回收物流技术

（1）以废玻璃瓶为代表的回收复用物流技术：废玻璃瓶作为再生利用资源，有一个回收再用的运输系统。依靠这个运输系统，可将用过的玻璃瓶再回送给生产企业，成为再生资源。

（2）以废纸为代表的收集与集货物流技术：废纸回收利用，有一个收集废纸的物流系统。这种收集系统是集货系统的一种。因为废纸需要收集、集中，才能批量提供给回收加工企业。

（3）以粉煤灰为代表的联产供应物流技术：粉煤灰再生资源的物流，采用管道这种物流手段，将电厂排放的粉煤灰，通过管道直接运送供应给生产企业，进行加工处理。

（4）以报废汽车为代表的拆解及破碎分选物流技术：报废汽车再生资源的物流过程中，流通加工占着重要位置。所有的报废汽车几乎都要通过一定的流通加工，成为各种新的资源进入到新一轮循环利用中。

二、废弃物物流技术

（1）垃圾堆放：在远离城市地区的沟、坑、塘和谷中，选择合适位置直接倾倒垃圾。

（2）垃圾掩埋：在一定规划区内，利用原来的废弃坑塘或用人工挖出深坑，将垃圾运

来倒入，到一定处理量后，表面用土掩埋。

（3）垃圾焚烧：在一定地方用高温焚烧垃圾以减少垃圾量，防止污染及病菌、害虫滋生。

（4）通过加工处理进行净化：对垃圾尤其是废水进行净化处理，以减少对环境的危害。

三、回收物流与废弃物物流技术的特点

（1）小型化、专用化的装运设备：使用各种小型、专用的机动车和非机动车，采用多阶段收集、逐步集中的方式将分布广泛的各类生产和生活废弃物回收处理。

（2）简易包装与存储：对于废弃物，多数不需包装，只需露天堆放。但对一些特殊废弃物应考虑包装并妥善存储，防止对环境的污染。

（3）多样化的流通加工：对回收的废弃物根据其类别，采用分拣、分解、分类、压块、捆扎、切割和破碎的方法进行加工处理。

回收物流与废弃物物流的处理流向，如图 3-6 所示。

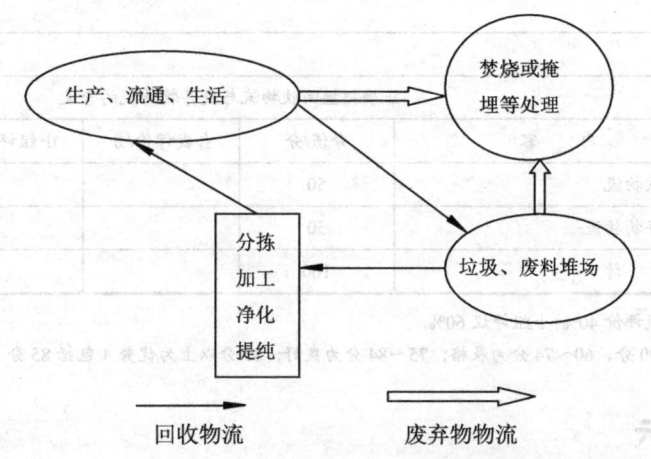

图 3-6　回收物流与废弃物物流流向图

举一反三

一、简答题

1. 简述回收物流与废弃物物流的概念。
2. 一般的回收与废弃物物流的技术有哪些？
3. 回收物流与废弃物物流合理化的意义是什么？

二、案例分析

马兰拉面的废弃物物流

马兰拉面是马兰拉面快餐连锁有限责任公司（以下简称马兰）的拳头产品。马兰的成功

很大一部分原因要归功于它规范、完善的物流系统设计。马兰的废弃物物流主要分为固体废弃物物流和液体废弃物物流两部分。

固体废弃物包括在生产过程中未用完的物料和顾客消费后的剩余物，如菜叶、包装物、用餐后碗中的食物残渣等。不含汤汁的固体废弃物直接扔进垃圾桶中；而含汤汁的固体废弃物要先经过过滤，除去水分后，再把固体废弃物倒掉。同时，固体废弃物也可分为可回收固体废弃物与不可回收固体废弃物。可回收固体废弃物被回收后用来制作饲料，不可回收固体废弃物被回收后进行适当处理。在每个加工间的地面上都有一个地漏，在生产过程中产生的液体废弃物通过这些地漏直接排到下水道。于是，马兰的废弃物物流之旅就在一桶桶的回收垃圾中结束了。

（节选自：http://www.21scs.com/printpage.asp?ArticleID=606）

 学习评价

正确把握回收物流与废弃物物流的含义学习评价表

被考评人					
考评地点					
考评内容	正确把握回收物流与废弃物物流的含义				
考评标准	内　　容	分值/分	自我评价/分	小组评议/分	实际得分/分
	回收物流	50			
	废弃物物流	50			
	合　　计	100			

注：1. 实际得分=自我评价40%+小组评议60%。
　　2. 考评满分为100分，60～74分为及格；75～84分为良好；85分以上为优秀（包括85分）。

综合知识模块六　　　　　　　　　　　　　　　　　　　　　　　　第三方物流

 模块目标

1. 熟练掌握第三方物流的概念。
2. 掌握第三方物流企业的合作经营类型、第三方物流的基本特征及利益来源。
3. 熟悉第三方物流合作成功或失败的原因。

能力知识点1　第三方物流的概念

第三方物流是指由供方与需方以外的物流企业提供物流服务的业务模式。第三方是指提供物流交易双方的部分或全部物流功能的外部服务提供者，如图3-7所示。

第三方本身不拥有商品，而是通过签订合作协定或结成合作联盟，在特定时段内按照特定的价格向客户提供个性化的物流代理服务。其具体内容包括商品运输、存储配送以及其他附加的增值服务等。并且这种物流服务是建立在现代电子信息技术基础上的、企业之间的联盟关系（所以通常又称为契约物流或物流联盟）。对第三方物流概念的理解要把握以下几点。

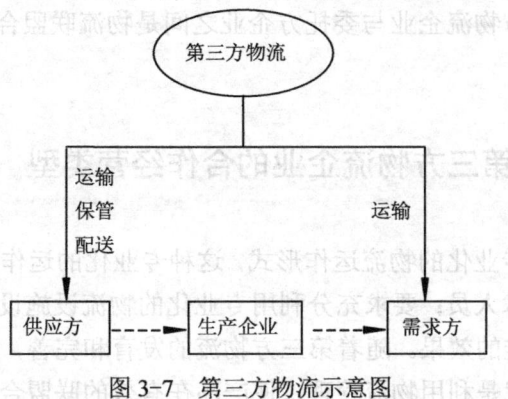

图 3-7　第三方物流示意图

（1）第三方物流的技术基础是现代电子信息技术：信息技术的发展是第三方物流出现的必要条件。信息技术实现了数据的快速、准确传递，提高了库存管理、装卸运输、采购、订货、配送发送和订单处理的自动化水平，使订货、包装、运输和流通加工实现了一体化。企业可以更方便地使用信息技术与物流企业进行交流和协作。企业间的协作和合作有可能在短时间内迅速完成。同时，计算机软件的飞速发展，使混杂在其他业务中的物流活动的成本能被精确地计算出来，还能有效管理物流渠道中的商流，这为企业将原来在内部完成的物流作业交由物流公司运作创造了条件。常用于支撑第三方物流的信息技术有：实现信息快速交换的 EDI 技术，实现资金快速支付的 EFT 技术，实现信息快速输入的条码技术和实现网上交易的电子商务技术等。

（2）第三方物流是个性化物流服务：第三方物流服务对象一般都较少，只有一家或数家，服务时间较长，往往长达几年，不同于公共物流服务——"来往都是客"。这是因为需求方业务流程各不一样，而物流、信息流是随价值流流动的，因而要求第三方物流服务应按照客户业务流程来定制。这也表明物流服务理论从"产品推销"发展到了"市场营销"阶段。

（3）第三方物流是合同导向的一系列服务：第三方物流有别于传统的外协，外协只限于一项或一系列分散的物流功能，如运输公司提供运输服务、仓储公司提供仓储服务。第三方物流则根据合同条款规定的要求，而不是临时需求，提供多功能、甚至全方位的物流服务。据 1993 年西方管理界对美国、西欧 500 家最大工业企业和西欧 700 家采用第三方物流服务的企业调查，这些被调查企业都与第三方物流企业签订了物流服务合同，而且合同规定如果第三方物流企业不履行物流服务合同将受到惩罚。其中 43%的西欧企业还制定了对第三方物流企业物流服务的激励条约，在美国只有 25%的企业是这样做的。合同签订时间一般是 1~3 年。依照国际惯例，服务提供者在合同期内按提供的物流成本加上需求方毛利额的 20%收费。

（4）第三方物流企业与委托方企业是联盟关系：依靠现代电子信息技术的支撑，第三方物流企业之间充分共享信息，这就要求双方能相互信任，才能取得比单独从事物流活动更好的效果。而且从物流服务收费原则来看，它们之间是共担风险、共享收益的关系。再者，企业之间所发生的关联并非一两次的市场交易，在交易维持了一定时期以后，可以相互更换交易对象。在行为上，各自不完全采取导致自身利益最大化的行为，也不完全采取导致共同利益最大化的行为，只是在物流方面通过契约结成优势互补、风险共担、要素双向或多向流动的结合体。因此，第三方物流企业与委托方企业之间是物流联盟合作关系。

能力知识点 2　第三方物流企业的合作经营类型

第三方物流是一种专业化的物流运作形式，这种专业化的运作要求第三方物流具有专业化的物流管理人员和技术人员；要求充分利用专业化的物流设施设备，发挥专业化物流的管理经验，以求得整体最佳的效果。随着第三方物流的发育和完善，第三方物流形成了物流一体化运作。物流一体化就是利用物流管理，使产品在有效的联盟合作企业间迅速移动，使各成员企业都能获益，并使整个社会获得明显的经济效益。第三方物流的这种物流一体化运作模式是 20 世纪末最有影响的物流运作方式，它的根本目的就是使不同职能部门之间以及不同企业之间在物流上的合作达到更加提高物流效率、降低物流成本的效果。这种运作形式分为：水平一体化物流运作、垂直一体化物流运作和网络化物流运作。

一、物流运作的水平一体化模式

水平一体化物流运作是通过同一行业中各企业之间物流方面的合作以获得整体上的规模经济，从而提高物流效率。实行第三方物流的运作从企业经济效益上看，它降低了企业物流成本；从社会效益来看，它减少了社会物流过程的重复劳动。例如，不同的企业可以用同样的装运方式进行不同类型商品的共同运输。于是，就有了一个企业根据需要装运本企业商品的同时，也装运其他企业商品。而所产生的经济收益则通过其他方式来结算。因为不同商品的物流过程不仅在空间上是矛盾的，而且在时间上也是有差异的。这些矛盾和差异的解决就要靠掌握大量有关的物流需求和物流供应能力信息来完成。现在开展的协同配送也是这种运作的例证。很明显，这种运作的重要条件就是要有大量的企业参与，并且有大量的商品存在，这时第三方物流与客户企业间的合作才能提高物流效益。这种运作需要的是产品配送方式的集成化和标准化。

二、物流运作的垂直一体化模式

垂直一体化物流运作是以战略管理为导向，要求企业物流管理人员从面向企业内部发展来管理转为面向企业同供货商以及用户的业务关系上来管理，这正是第三方物流特征的体现。企业超越了现有的组织机构界限，将提供产品或运输服务等的供货商和用户纳入管理范围，作为物流管理的一项中心内容。这种运作的关键是力求从原材料到用户的每个过程都实现对物流的管理，利用企业的自身条件建立和发展与供货商和用户的合作关系，形成一种联合力量，以赢得竞争优势。垂直一体化物流运作的设想为解决复杂的物流问题提供了方便，而正是第三方物流雄厚的物质技术基础、先进的管理方法和通信技术使这一设想成为现实,并在此基础上继续深化和发展,向着物流、信息流和商流等各个方向同时发展,形成了一套相对独立而完整的体系。

三、物流运作的网络化模式

网络化物流运作模式是水平一体化物流和垂直一体化物流的综合体。当一体化物流的某个环节同时又是其他一体化物流系统的组成部分时,以物流为联系的企业关系就会形成物流网络。它是一个开放的系统,企业可自由加入或退出,尤其在业务最忙的季节最有可能利用到这个系统。物流网络能发挥规模经济作用的条件就是一体化、标准化、模块化。实现物流网络化首先就要有一批第三方物流优势企业率先与生产企业结成共享市场的同盟,把过去那种直接分享利润的联合发展成优势联盟,共享市场,进而分享更大份额的利润。同时,第三方物流企业要结成市场开拓的同盟,利用相对稳定和完整的营销体系,帮助生产企业开拓市场。这样,竞争对手成了同盟军,网络化物流就可能成为一个生产企业和第三方物流企业多方位、纵横交叉、互相渗透的协作有机体。由于现代信息技术和网络技术的应用,当加入物流网络的企业增多时,物流网络的规模效益就会显现出来,这也促使了社会分工的深化,第三方物流的发展也就有了动因,从而使整个社会的物流成本大幅度下降。

能力知识点 3　第三方物流的基本特征及利益来源

一、第三方物流的基本特征

第三方物流依靠现代电子信息技术作为支撑。其基本特征有以下几点。

(1) 信息化:在电子商务时代,物流信息化是电子商务的必然要求。物流信息化表现为物流信息收集的数据库化、代码化,物流信息处理的电子化、计算机化,物流信息的商品化,物流信息存储的数字化,物流信息传递的标准化、实时化等。因此,数据库技术、条码技术、电子数据交换技术、电子订货系统、有效的客户反馈等技术与观念在我国的物流中将会得到普遍应用。信息化是一切的基础,没有物流信息化,任何先进的技术设备都不可能有效地应用于物流领域,计算机技术及信息技术在物流中的应用将会彻底改变全球物流的运作状况。

(2) 网络化:第三方物流的网络化有两层含义:①组织的网络化,即所谓的公司内部网。例如,我国台湾地区的计算机行业在 20 世纪 90 年代创造出了"全球运筹式产销模式"。这种模式的基本点是按照客户订单组织生产,生产采取分散形式,即将全世界的计算机资源都利用起来,采取外包的形式将一台计算机的所有零部件、元器件和芯片外包给世界各地的制造商去生产,然后通过全球的物流网络将这些零部件、元器件和芯片发往同一个物流配送中心进行组装,由该物流配送中心将组装的计算机迅速发给订户。这一过程需要有高效的物流网络支持,而物流网络的基础是计算机网络和信息。②物流配送系统的计算机通信网络,包括物流配送中心与客户的联系要通过计算机网络通信,如物流配送中心向供应商提出订单这个过程，就可以使用计算机通信方式，借助于增值网上的电子订货系统和电子数据交换技术来自动实现，物流配送中心通过计算机网络收集订货的过程也可以自动完成。

（3）自动化：信息化是自动化的基础，自动化的外在表现是无人化，自动化的核心是机电一体化，自动化的效果是省力化。另外，自动化还可提高劳动生产率и减少物流作业的差错，从而扩大物流作业的能力等。物流自动化的设施非常多，如自动存取系统、自动分拣系统、货物自动跟踪系统、自动导向车和条码等。

（4）智能化：它是物流信息化、自动化的一种高层次应用。物流作业过程中大量的运筹和决策，如库存水平的确定，自动导向车的运行轨迹和作业控制，自动分拣机的运行，运输（搬运）路线的选择，物流配送中心经营管理的决策支持等问题都需要借助大量的知识才能解决。在物流自动化的进程中，物流智能化是不可回避的技术难题，好在机器人、专家系统等相关技术在国际上已经有比较成熟的研究成果。为了提高物流现代化的水平，物流的智能化已成为电子商务下物流发展的一个新趋势。

（5）柔性化：柔性化本来是为实现"以顾客为中心"的理念而在生产领域提出的，但要真正做到柔性化，即真正地能根据消费者需求的变化来灵活调节生产工艺，没有配套的柔性化的物流系统是不可能达到目的的。柔性化要求物流配送中心要根据消费需求"品种多、批量小、批次多和周期短"的特点，灵活机动地进行物流作业的组织和实施。

二、第三方物流的利益来源

第三方物流发展的推动力就是要为顾客及自己创造利润。第三方物流企业必须以有吸引力的服务来满足顾客需要，服务水平必须符合顾客的期望，使顾客在物流方面得到利润，同时自己也要获得收益。因此，第三方物流企业必须通过物流作业的高效化、物流管理的信息化、物流量的规模化、物流设施的现代化和物流运作的专业化来创造利润。

（1）作业利益：第三方物流服务首先能为顾客提供物流作业改进利益。一方面，第三方物流服务能提供顾客自己不能自我提供的物流服务或物流服务所需要的生产要素。这是产生物流外包并使物流业获得发展的重要原因。在企业自行组织物流活动的情况下，或者局限于组织物流活动所需要的专业知识，或者局限于自身的技术条件，使企业内部物流系统难以满足自身物流活动的需要，而企业自行改进或解决这一问题又往往是不经济的。物流作业的另一个改进就是改善企业内部管理的运作方式，增加作业的灵活性，保证质量和服务、速度和服务的一致性，使物流作业更有效率。

（2）管理利益：第三方物流服务还给顾客带来与管理相关的利益。正如前面所述，物流外包可以利用企业不具备的管理专业技能，也可以将企业内部的管理资源用于别的更有利可图的用途中去，并与企业核心战略相一致。物流外包可以使企业的人力资源更集中于企业的核心活动，同时也增强了第三方物流企业的核心经营能力。

（3）经济利益：第三方物流服务能为顾客提供与经济或财务相关的利益，是第三方物流服务存在的基础。一般低成本是由于低成本要素和规模经营的经济性而创造的，其中包括劳动力要素成本。通过物流外包，既可以将不变成本转变成可变成本，又可以避免盲目投资而将资金用于其他用途从而降低成本。

（4）战略利益：物流外包还能产生战略利益。例如，企业经营策略上的灵活性，包括地理范围的灵活性（设点或撤销）及根据环境变化进行调整的灵活性。集中主业从管理层次与战略层次高度上来看，一样具有重要性。共担风险的利益也可以通过第三方物流服务来获得。

能力知识点 4　第三方物流合作成功或失败的原因

一、合作成功的原因

第三方物流合作成功的主要原因有以下一些。

1）高层领导的参与，CEO 的参与有助于克服外包活动所受到的反对。

2）很好地定义需求、程序和系统。合作的成功依赖于事先对存货控制、物质流、运输服务水平等清晰的定义。

3）责任分工明确。在成功的合作关系中，第三方物流客户在程序和系统的设计方面担当领导角色，而第三方物流提供者则在执行这些活动时担当领导角色。

4）阶梯式的提供者结构。在比较成功的合作关系中，运输和仓储活动在很大程度上分包给次级提供者，这也体现出责任分工明确的特点。

5）强烈的绩效定向。在成功的合作关系中，更大程度上对绩效的认识进行了规则引导，而且合同中经常包含了针对第三方物流客户达不到要求的数量目标及第三方物流提供者未达到绩效水平的惩罚措施。

6）紧密、奉献的工作关系。供需双方紧密的工作联系对合作的成功很重要；在成功的合作关系中，供方提供给顾客定制的服务并在很大程度上将其资产奉献给关键顾客的特别需求。

二、合作失败的因素

美国物流比较发达，第三方物流也发展到成长期。通过分析美国第三方物流合作失败的原因，可以总结出以下几个方面。我国企业在发展第三方物流业务时可以有所借鉴。

第三方物流企业存在的问题有以下几个。

1）缺乏在某一专业领域的专业知识。

2）推销过度而倾听不足。

3）考虑的首先是费率和边际利润，而不是为顾客创造价值。

4）夸大能力。

5）过分突出低价格。

6）过分突出自身优势。

7）回避战略问题。

第三方物流客户存在的问题有以下几个。

1）视第三方物流为卖方而不是战略伙伴的观念。

2) 招标书不完整。
3) 提出的提前期不合理。
4) 只管价格而不管第三方物流的能力。
5) 不知道第三方物流能做什么。
6) 未对第三方物流进行资格预评。
7) 以物流成本为中心而不是以价值为中心。

举一反三

一、填空题

1. 第三方物流企业合作经营的类型有：_____、_____和_____。
2. 第三方物流的基本特征是：_____、_____、_____、_____和_____。
3. 第三方物流的利益来源包括：_____、_____、_____和_____。

二、简答题

1. 什么是第三方物流？如何正确把握第三方物流的含义？
2. 为什么第三方物流合作能获得成功？

三、案例分析

美国联合包裹服务公司的第三方物流运作

美国联合包裹服务公司亦称 UPS，是一家百年老字号企业，也是美国物流的支柱企业。自 20 世纪初 UPS 在西雅图百货商店之间穿梭运送福特 T 型车和摩托车以来，这家以深棕色为代表色的公司，一直严格遵循自己成功的营业模式，并受到广泛的称赞。虽然 UPS 日趋成熟的"棕色经营"已实现了每个工作日投递 1 300 万件邮包的创举，但它们认为这还不足以在全球化、知识化的物流业市场中参与竞争，因此必须摆脱企业传统的经营模式，向信息化的第三方物流企业发展。

早在 20 世纪 80 年代，UPS 就决定创立一个强有力的信息技术系统。之后的 10 年间，UPS 在信息技术方面投入 110 亿美元，配置了主机、PC 机、无线调制解调器、蜂窝通信系统等设施和设备，并网罗了 4 000 名程序工程师及技术人员。这种投入使 UPS 实现了与 99% 的美国企业和 96% 的美国居民之间的信息往来。目前，UPS 可向顾客和供应商提供瞬间电子接入服务，以便查阅有关包裹运输和送达过程的信息。例如，一个出差在外的销售员在某地等待某些样品的送达时，可以通过 UPS 的 3COM 网络系统输入运单跟踪号码，即可知道货物在途的位置；当需要将货物送达另一个目的地时，还可通过网络及附近的蜂窝式塔台，通知货运司机将货物送到顾客最新指定的投递点。

UPS 的货运司机是公司货物跟踪系统中的关键人物。他们携带一块电子操作版，称作 DLAD，即运送信息获取装置。它可同时捕捉和发送运货信息。一旦用户在 DLAD 上签收了包裹，信息将会在网络中传播。寄件人可以登录 UPS 网站了解货物情况。同时，司机行驶路线的塞车情况，或用户即时提货等信息也可发送给 DLAD。除利用网络对货物运送实施监控外，公司还可以开拓新的综合商务渠道，既做中间商，又当担保人。UPS 通过送货件做担保及运货后向收件人收款，成为商务社会中一个重要节点。

1999 年，UPS 采用 16 种语言提供服务的网站所取得的业绩受到全球的广泛认可。UPS 又提出一系列服务强化软件，并与惠普、Oracle 等著名电子商务公司建立了联盟。目前，UPS 已连续数年被《财富》杂志评选为邮政、包裹运送及货运领域内"全球最受推崇"的物流服务企业。

UPS 位于德国科隆的全新货运枢纽总投资额 1.35 亿美元，总面积是原有货运中心的一倍，每小时可以分拣 11 万件包裹，平均每秒处理量约 30 件。德国科隆的全新货运枢纽是该公司在美国以外的最大单一设施投资项目。

（节选自：汝宜红．物流学导论．北京：清华大学出版社和北京交通大学出版社，2004）

20 世纪 90 年代，国际生产领域纷纷推出制造资源计划、公司资源计划、计算机集成制造系统和弹性制造系统等的概念和技术，这些概念和技术的实质是要将生产、流通进行集成，根据需求端的需求组织生产，安排物流活动。

学习评价

对第三方物流特征的理解学习评价表

被考评人					
考评地点					
考评内容	对第三方物流特征的理解				
考评标准	内　　容	分值/分	自我评价/分	小组评议/分	实际得分/分
	信息化	20			
	网络化	20			
	自动化	20			
	柔性化	20			
	智能化	20			
	合　　计	100			

注：1. 实际得分=自我评价 40%+小组评议 60%。
　　2. 考评满分为 100 分，60～74 分为及格；75～84 分为良好；85 分以上为优秀（包括 85 分）。

第四单元　现代物流管理

本单元学习导引图

现代物流管理
- 现代物流管理概述
  - 物流管理的概念及其重要性
  - 现代物流管理的主要内容
  - 物流管理的目标和原则
- 现代物流财务成本管理
  - 物流成本的概念与构成
  - 影响企业物流成本的因素
  - 降低物流成本的途径
- 现代物流质量管理
  - 物流质量的定义
  - 物流质量管理的特点
  - 物流质量的衡量

综合知识模块一　现代物流管理概述

 模块目标

1. 了解物流管理的概念及其重要性。
2. 熟悉现代物流管理的主要内容。
3. 掌握物流管理的目标和原则。

能力知识点 1　物流管理的概念及其重要性

一、物流管理的概念

物流管理是为了以最低的物流成本达到顾客所满意的服务水平而对物流活动进行的计划、组织、协调与控制。具体来说，它是指对包装、装卸搬运、运输、存储、流通加工、配送和物流信息等各环节进行的管理活动。

二、物流管理的重要性

1）积极而有效的物流管理是降低物流成本、提高物流经济效益的关键。

2）提高物流管理水平是提高物流安全性的可靠保证。如果物流管理不善，就会造成物流事故的增加，各种损失加大；如果物流不畅，就会使处于流动中的商品受到破坏和损失。

3）加强物流管理是提高物流效率的捷径。加强物流管理，合理地组织物流，可以减少库存、加速货物周转；节约运力、缩短运输距离，从而提高物流效率。

4）做好物流管理是改善物流质量的重要手段之一。对顾客来说，物流质量体现为物流活动的及时性、经济性和满意性，即物流质量好就意味着以较少的消耗，实现最优的服务。

能力知识点 2　现代物流管理的主要内容

对于物流管理的内容，可从不同的角度加以划分，如对物流活动诸要素的管理，包括运输、存储等环节的管理；对物流系统诸要素的管理，即对其中人、财、物、设备、方法和信息六大要素的管理；对物流活动中具体职能的管理，主要包括物流计划、质量、技术、经济等职能的管理。

一、对物流活动诸要素的管理

1）运输管理。

2）存储管理。

3）包装管理。

4）装卸搬运管理。

5）流通加工管理。

6）配送管理。

7）物流信息管理。

8）顾客服务管理。

二、对物流系统诸要素的管理

（1）人的管理：人是物流系统和物流活动中最活跃的因素。对人的管理包括物流从业人员的选拔与录用、物流专业人才的培训与提高、物流教育和物流人才培养规划与措施的制定等。

（2）物的管理："物"指的是物流活动的劳动对象，即物质资料的商品实体，它是物流活动的客体。

（3）财的管理：主要指物流管理中有关降低物流成本、提高经济效益等方面的内容。它是物流管理的出发点，也是物流管理的归宿。

（4）设备管理：是指物流管理中与设备管理有关的各项内容，主要有各种物流设备的选型与优化配置；各种设备的合理使用和更新改造；各种设备的研制、开发与引进等。

（5）方法管理：主要包括各种物流技术的研究、推广普及；物流科学研究工作的组织与开展；新技术的推广普及；现代管理方法的应用等。

（6）信息管理：信息是物流系统的神经中枢，只有做到有效地处理并及时传输物流信息，才能对系统内部的人、财、物、设备和方法5个要素进行有效的管理。

三、对物流活动中具体职能的管理

从职能上划分，物流管理的内容主要包括物流计划管理、物流质量管理、物流技术管理和物流经济管理等。

能力知识点3　物流管理的目标和原则

一、物流管理的目标

与一般的企业管理不同，由于物流管理是供应链的管理，因此，其管理超出了传统的单个企业的边界。无论是对个别企业而言，还是对供应链上的企业群体而言，物流管理有着相对意义上的内在和外在双重目标。

物流管理的外在目标主要表现在以下几个方面。

（1）物流管理以实现顾客满意为第一目标：这里的顾客不仅仅指物品的需求方，还可以指物流服务的接受方，即物流业务的委托方。

（2）物流管理以整体最优为目的：这里的整体最优可以理解为供应链最优或行业的最优，而不是部分最优或部门最优。

（3）物流管理既重视效率，更重视效果：例如，在确保整体最优的基础上，充分重视环保、公害、交通等因素，积极发展符合21世纪发展潮流的绿色物流。

物流管理的内在目标主要表现在以下两个方面。

1）在管理层面上表现为对运输、存储、装卸、配送、信息等基本功能要素实施优化管理，处理好物流要素的"二律背反"问题，实现物流要素的系统最佳状况。

2）在管理中心上表现为注重物流的效率化和效果化，以较低的成本和优良的服务完成商品实体从供应地到消费地的运动。

二、物流管理应遵循的基本原则

物流管理的原则是由物流活动的性质及其规律所决定的。物流管理必须遵循以下原则。

（1）注重社会经济效益的原则：提高物流经济效益既是物流管理的重要目的之一，也是物流管理的一个重要原则。物流管理必须着眼于整个物流活动，全面分析影响经济效益的因素、条件及相互之间的关系，从中找出获得最佳社会经济效益的途径。

（2）坚持顾客至上、质量第一的原则：作为连接生产和消费的纽带，物流活动的目的在于使物品流动与生产和消费过程相适应，做到物畅其流。物流管理应该把为顾客服务、达到顾客满意作为重要的原则和目标。

（3）坚持社会化、现代化与合理化的原则：通过物流的社会化和现代化，谋求全社会整体的物流合理化，以提高综合经济效益，更好地为社会主义建设服务。

（4）贯彻经济、行政、法律和教育方法相结合的原则：物流管理是一项极其复杂的系统工程，既涉及生产力范畴，又涉及生产关系范畴，同时与上层建筑有着密切的联系。这就要求物流管理要综合运用经济方法、行政方法、法律方法和教育方法。

举一反三

一、填空题

1. 物流管理是为了以最低的物流成本达到顾客满意的服务水平，对物流活动进行的＿＿＿＿＿、＿＿＿＿＿、＿＿＿＿＿与＿＿＿＿＿。

2. 对物流系统诸要素的管理，即对其中＿＿＿＿＿、＿＿＿＿＿、＿＿＿＿＿、＿＿＿＿＿、＿＿＿＿＿和＿＿＿＿＿六大要素的管理。

二、简答题

1. 现代物流管理的目标是什么？
2. 物流管理应遵循的基本原则有哪些？

知 识 拓 展

物流管理的形成源于第二次世界大战。美国出于军事上的原因，对军用物品实行管理活动，他们运用系统分析和应用数学等方法对运输、储存等活动进行有效的控制，获得了较为理想的结果。从此以后，物流管理很快地应用到产业界，像对待生产一样，他们对物流采取了一系列的管理手段，使物流呈现出新的水平。

学习评价

对现代物流管理的全面理解学习评价表

被考评人					
考评地点					
考评内容	对现代物流管理的全面理解				
考评标准	内　　容	分值/分	自我评价/分	小组评议/分	实际得分/分
	现代物流管理的概念	25			
	现代物流管理的主要内容	25			
	现代物流管理的目标	25			
	现代物流管理的原则	25			
	合　　计	100			

注： 1. 实际得分=自我评价40%+小组评议60%。
　　 2. 考评满分为100分，60~74分为及格；75~84分为良好；85分以上为优秀（包括85分）。

综合知识模块二　　现代物流财务成本管理

 模块目标

1. 了解物流成本的概念。
2. 熟悉物流成本的构成。
3. 掌握影响企业物流成本的因素。
4. 熟练掌握降低物流成本的途径。

能力知识点1　物流成本的概念与构成

一、物流成本的概念

在物流过程中，为了提供有关的物流服务，要占用和耗费一定的活劳动和物化劳动。这些活劳动和物化劳动的货币表现，即为物流成本，也称为物流费用。具体来说，它是指物品在实体运动过程中，如商品包装、装卸搬运、运输、流通加工、配送和信息处理等各个环节中所支出的人力、物力和财力的总和。

物流作为企业生产经营活动的一个重要组成部分，已成为企业管理中实现利润增长的最后一块有待开垦的"处女地"和获取利润的第三源泉。由于在不少企业中物流成本占了企业生产经营总成本的一大部分，因而加强物流活动管理的关键在于对物流成本的管理。物流成本管理不仅仅是管理物流成本，而是通过成本更好地去管理物流，可以说是以成本为手段的物流管理。

二、物流成本的构成

为了正确认识和分析物流成本的构成，加强企业物流成本的管理，落实企业降低物流成本的措施，把物流成本按一定的标准进行分类。

（1）按物流的环节分类：物流成本按流通环节的不同可分为运输成本、流通加工成本、配送成本、包装成本、装卸搬运成本和仓储成本。

1）运输成本。在现代企业物流中，运输在其经营业务中占有主导地位，物流运输费用在整个物流业务中占有较大比例。因此，物流合理化在很大程度上依赖于运输合理化，而运输合理与否直接影响着物流运输费用的高低，进而影响物流成本的高低。

2）流通加工成本。流通加工成本主要包括流通加工设备费用、流通加工材料费用、流通加工劳务费用及在流通加工中耗用的电力、燃料、油料以及管理费用等。

3）配送成本。配送是一种小范围内的物流活动。一般的配送集装卸、包装、保管、运输于一身,特殊的配送还包括加工在内。根据配送流程及配送环节,配送成本应包括配送运输费用、分拣费用、配装费用与流通加工费用。

4)包装成本。包装是生产的终点和物流的起点,其所发生的耗费占流通费用的10%,有的商品包装费用甚至高达50%。包装成本一般包括包装材料费用、包装机械费用、包装技术费用、包装辅助费用和包装的人工费用。

5)装卸搬运成本。装卸搬运成本一般包括人工费用、营运费用、装卸搬运损耗费用与其他费用。

6)仓储成本。在许多企业中,仓储成本是物流总成本的一个重要组成部分,物流成本的高低常常取决于仓储管理成本的大小。仓储成本主要包括仓储持有成本、缺货成本和在途库存持有成本。

(2)按物流成本的性态分类:按物流成本的性态分类,可将物流成本分为变动成本和固定成本。

1)变动成本。在物流活动中,随物流业务量的变化而近似成比例变化的成本,如包装材料的消耗、工人的工资、能源消耗等。

2)固定成本。在一定的业务量范围内,与业务量的增减变化无关的成本,如物流设备折旧费、管理部门的办公费等。

(3)按物流成本是否具有可控性分类:

1)可控成本是指考核对象对成本的发生能够控制的成本。例如,包装部门的经营管理水平与包装材料的耗用量相关,而与包装设备的折旧费无关,所以,包装材料费是包装部门的可控成本,而包装设备折旧费则是不可控成本。由于可控成本对各责任中心来说是可以控制的,因而必须对其负责。

2)不可控成本是指考核对象对成本的发生不能予以控制,因而也不予负责的成本。例如,上述的包装设备的折旧费。

可控成本与不可控成本都是相对的,而不是绝对的。对于一个部门来说是可控的,对另一个部门来说是不可控的。但从整个企业来考察,一切费用都是可控的,只是这种可控性需分解落实到相应的责任部门。

能力知识点 2 影响企业物流成本的因素

影响企业物流成本的因素有很多,最主要的有3个:竞争性因素、产品因素和空间因素。

一、竞争性因素

影响物流成本的竞争性因素主要有以下几个方面。

(1)订货周期:企业物流系统的高效必然可以缩短企业的订货周期,降低客户的库存,从而降低客户的库存成本,提高企业的客户服务水平,提高企业的竞争力。

（2）库存管理：无论是生产企业还是流通企业，对存货实行控制，严格掌握进货数量、次数和品种，都可以减少资金占用、贷款利息支出，降低库存、保管、维护成本。

（3）运输：企业采用更快捷的运输方式，虽然会增加运输成本，却可以保证运输质量，缩短运输时间，提高企业竞争力。所以，选择运输工具和方式要同时兼顾既要提高客户服务水平，又要力求物流成本最低两个方面。

二、产品因素

产品的特性不同也会影响物流成本，主要体现在以下几个方面。

（1）产品价值：一般来讲，产品的价值越大，对其所需使用的运输工具要求越高，仓储和库存成本也随着产品价值的增加而增加。

（2）产品密度：产品密度越大，每车装的货物越多，运输成本就越低，同样，仓库中一定空间存放的货物也越多，库存成本也就越低。

（3）易损性：易损性的产品对物流各环节，如运输、包装、仓储等提出了更高的要求。

（4）特殊搬运：某种产品对搬运提出了特殊的要求，如利用特殊尺寸的搬运工具，或在搬运过程中需要加热或制冷等，这些都会增加物流成本。

三、空间因素

空间因素是指物流系统中工厂或仓库相对于目标市场或供货点的位置关系。若企业距离市场太远，则必然要增加运输成本；若在目标市场建立或租用仓库，则会增加库存成本。

能力知识点 3　降低物流成本的途径

从长远的角度来看，降低企业的物流成本可通过以下几个途径。

（1）物流合理化：物流合理化就是使一切物流活动和物流设施趋于合理，以尽可能低的成本获得尽可能好的物流服务。

（2）提高物流速度：提高物流速度，可以减少资金占用，缩短物流周期，降低存储费用，从而节省物流成本。

（3）加强物流质量管理：只有不断提高物流质量，才能不断减少和消灭各种差错事故，降低各种不必要的费用支出，降低物流过程的消耗，从而保持良好的信誉，吸引更多的顾客，形成规模化的集约经营，提高物流效率，从根本上降低物流成本。

（4）培养物流人才：归根结底，21 世纪的竞争是人才的竞争。物流合理化可以提高物流服务质量及加快物流速度，这些都需要专业人员去做。他们的技能，工作的方法、态度，都将间接影响企业物流成本的高低。要想发展物流，实现现代化物流，就必须重视物流人才的培养与培训，同时，制定出培养人才、留住人才、使用人才的管理办法，给他们创造一个良好的工作环境。

举一反三

一、填空题

1. 物流成本按流通环节的不同可分为_____、_____、_____、_____、_____和_____。
2. 影响企业物流成本的主要因素有_____、_____和_____。

二、简答题

1. 什么是物流成本？
2. 如何降低物流成本？

三、案例分析

我国的物流成本

与发达国家物流业比较，我国的物流成本要高得多。有关资料显示，美国物流成本仅占整个运营成本的9%左右，而我国物流业成本则占20%。从库存情况来看，我国企业产品的周转周期为35～45天，而国外一些企业的产品库存时间不超过10天。另外，我国企业更愿意用自己的车队，但货车空载率在37%以上，同时因包装问题而造成的货物损失每年大约150亿元，货物运输每年损失500亿元人民币。

导致这些问题的根源在于企业规模小、管理分散、员工素质低。据了解，这样的公司全国已注册的有1500家左右，没有形成网络，缺乏竞争力，企业之间也缺乏了解与相互沟通，不利于物流企业的发展。

如果我国物流成本占GDP的比例降到15%，每年将为全社会直接节省约2400亿元的物流成本，并为企业和社会带来极为可观的经济利益。这说明，我国物流领域的管理水平和效率还比较低，但同时也说明我国节约物流成本的空间还非常大。我国物流业要取得成功，必须运用现代物流管理，有效地把物流成本降下来。

（节选自：傅桂林．物流成本管理．北京：中国物资出版社，2004）

知识拓展　精益物流

"精益物流"从精益生产理论演变而来，而精益生产理论产生于日本丰田公司在20世纪50年代所独创的"丰田生产方式"，后经美国麻省理工学院Daniel T. Jones教授等人的研究和总结，正式发表在1992年出版的《改造世界的机器》一书中，并在其续篇《精益思想》中提升到了理论高度。精益思想的核心是"消除一切浪费，在适当的时间、适当的地点，提供适量的产品"，这种与供应链管理的思想密切融合起来的物流配送活动就是精益物流的雏形。

精益思想的理论诞生之后，物流管理学家Brian Fynes、Sean Ennis、Martin Christopher和Daniel T. Jones等人从物流管理的角度对此进行了大量的借鉴工作，并与供应链管理的思想密切融合起来，提出了精益物流的概念。精益物流是精益思想在物流管理上的应用，从精益物流的角度来说，每一个企业所要做的是：将原材料、零部件和产成品以时间为准在供应链内流动，在供应链中不断增加其价值（价值的增加要求大于成本的增加）。

精益物流的目标可以概括为：在提供令客户满意的产品和服务的同时，把企业的各种浪费减少到尽可能低的程度。精益物流致力于物流活动中运输、仓储、装卸、搬运、包装、流通加工、配送和信息处理等各个环节的改善，在令客户满意的前提下消除其中的浪费。

学习评价

对物流成本管理的全面掌握学习评价表

被考评人					
考评地点					
考评内容		对物流成本管理的全面掌握			
考评标准	内　容	分值/分	自我评价/分	小组评议/分	实际得分/分
	物流成本的概念	25			
	物流成本的构成	25			
	影响物流成本的因素	25			
	降低物流成本的途径	25			
	合　　计	100			

注：1. 实际得分=自我评价40%+小组评议60%。
　　2. 考评满分为100分，60～74分为及格；75～84分为良好；85分以上为优秀（包括85分）。

综合知识模块三　现代物流质量管理

模块目标

1. 了解物流质量的定义以及物流质量管理的特点。
2. 熟悉物流质量的衡量方法。

能力知识点1　物流质量的定义

物流质量是物流对象质量、物流手段质量、物流方法质量、物流服务质量、物流工作质量以及物流工程质量的总和。其主要内容包括以下几个方面。

1. 物流对象质量

物流的对象是具有一定质量的实体，即有合乎要求的等级、尺寸、规格、性质、外观这些质量是在生产过程中形成的，物流过程在于转移和保护这些质量，最后实现对用户的质量保证。

现代物流过程不单是消极地保护和转移物流对象，还可以采用流通加工等手段改善和提高商品的质量。由此，物流过程在一定意义上说也是商品质量的"形成过程"。

2．物流服务质量

物流业具有很强的服务性质，整个物流的质量目标就是其服务质量。服务质量因用户不同而要求各异，因此必须了解和掌握用户要求，主要包括商品质量的保持程度，流通加工对商品质量的提高程度，批量及数量的满足程度，配送额度、间隔期及交货期的保证程度，配送、运输方式的满足程度，成本水平及物流费用的满足程度，相关服务（如信息提供、索赔及纠纷处理）的满足程度等。

3．物流工作质量

工作质量指的是物流各环节、各工种、各岗位的具体工作质量。工作质量和物流服务质量是两个有关联但又不完全相同的概念。物流服务质量水平取决于各个工作质量，工作质量是物流服务质量的保证和基础。

4．物流工程质量

在物流过程中，将对产品质量发生影响的各因素（人的因素、体制的因素、设备因素、工艺方法因素、计量与测试因素和环境因素等）统称为"工程"。物流质量不但取决于工作质量，而且取决于工程质量。提高工程质量是物流质量管理的基础工作。提高工程质量，就能做到"预防为主"的质量管理。

能力知识点 2　物流质量管理的特点

物流质量管理有以下 3 个特点。

1．管理的对象全面

物流质量管理不仅管理物流对象本身，而且还管理工作质量和工程质量，最终对成本及交货期起到管理作用，具有很强的全面性。

2．管理的范围全面

物流质量管理是对流通对象的包装、装卸搬运、存储、运输、配送、流通加工等若干过程进行全过程的质量管理，同时又是对产品在社会再生产过程中进行全面质量管理的重要一环。在这个全过程中，必须一环不漏地进行全过程管理，才能保证最终的物流质量，达到目标质量。

3．全员参加管理

要保证物流质量，就涉及有关环节的所有部门和所有人员，绝不是依靠哪个部门和少数人能做好的，必须依靠各个环节中各部门和广大员工的共同努力。物流管理的全员性，正是由物流的综合性、物流质量问题的重要性和复杂性所决定的，它反映了质量管理的客观要求。

由于物流质量管理存在"三全"的特点，因此，全面质量管理的一些原则和方法（如"PDCA 循环"），同样适用于物流质量管理。但应注意，物流是一个系统，在系统中各个环节之间的联系和配合是非常重要的。物流质量管理必须强调"预防为主"，明确"事前管理"的重要性，即在上一道物流过程就要为下一道物流过程着想，估计下一道物流过程可能出现的问题，预先防止。

能力知识点 3　物流质量的衡量

如何衡量物流质量是物流管理的重点。物流质量的保证首先建立在准确、有效的质量衡量上。大致说来，物流质量主要从以下 3 个方面来衡量。

1．物流时间

时间的价值在现代社会的竞争中越来越凸显出来，谁能保证时间的准确性，谁就获得了顾客。由于物流的重要目标是保证商品送交的及时，因此，时间成为衡量物流质量的重要因素。

2．物流成本

物流成本的降低不仅是企业获得利润的源泉，也是节约社会资源的有效途径。在国民经济各部门中，因产品对运输的依赖程度不同，运输费用在生产费用中所占比重也不同。如果从物流业总体费用考虑，有关资料显示，物流费用占商品总成本的比重，从账面上反映已超过40%。

3．物流效率

物流效率对于企业来说，是指物流系统能否在一定的服务水平下满足顾客的要求，也是指物流系统的整体构建。对社会来说，衡量物流效率是一件复杂的事情。因为社会经济活动中的物流过程非常复杂，物流活动的内容和形式不同，所以必须采用不同的方法去分析物流效率。例如，可以用物流相关行业的成本费用总和与 GDP 的比值来评价物流总体效率。据有关资料介绍，1986 年美国物流费用支出为 4 430 亿美元，约占当年国民生产总值 39 800 亿美元的 11.1%。1979～1986 年，美国物流费用支出占当年国民生产总值的比重变化呈现下降趋势。1981 年为最高，达到 14.7%，到 1985 年下降到 11.1%。

举一反三

一、填空题

1．物流质量主要从_____、_____和_____ 3 个方面来衡量。
2．物流质量管理的特点包括_____、_____和_____。

二、简答题

什么是物流质量？

知识拓展　绿色物流

绿色物流（Environmental Logistics）是指在物流过程中抑制物流对环境造成危害的同时，实现对物流环境的净化，使物流资源得到最充分利用。现代物流的发展必须优先考虑环境问题，需要从环境角度对物流体系进行改进，即需要形成一个环境共生型的物流管理系统。这种物流管理系统建立在维护全球环境和可持续发展基础上，改变原来发展与物流、消费生活与物流的单向作用关系，在抑制物流对环境造成危害的同时，形成一种能促进经济与消费健康发展的物流系统，即向绿色物流转变。因此，现代绿色物流管理强调了全局和长远的利益，强调全方位对环境的关注，体现了企业绿色形象，是一种新的物流管理趋势。

 学习评价

对现代物流质量管理的全面理解学习评价表

被考评人					
考评地点					
考评内容	对现代物流质量管理的全面理解				
考评标准	内　　容	分值/分	自我评价/分	小组评议/分	实际得分/分
	物流质量的定义	30			
	物流质量管理的特点	30			
	物流质量的衡量	40			
合　计		100			

注：1. 实际得分=自我评价40%+小组评议60%。
　　2. 考评满分为100分，60~74分为及格；75~84分为良好；85分以上为优秀（包括85分）。

第五单元　现代物流技术

本单元学习导引图

现代物流技术
- 现代物流技术概述
  - 物流技术的概念
  - 物流技术的种类
- 现代物流实物作业技术
  - 运输技术
  - 装卸搬运技术
  - 仓储技术
  - 包装技术
  - 配送技术
  - 典型设施和设备简介
- 现代物流信息技术
  - 条码标识技术
  - 射频识别（RFID）技术
  - 地理信息技术
  - 全球卫星定位技术
  - 电子数据交换技术

综合知识模块一

现代物流技术概述

模块目标

1. 掌握物流技术的概念。
2. 熟悉物流技术的种类。

能力知识点 1　物流技术的概念

物流技术是指物流活动中所采用的自然科学与社会科学方面的设施、设备、装置、工艺以及相关理论与方法的总和。它包括了在采购和运输、装卸与搬运、存储、包装、流通加工和信息处理等物流活动中所使用的各种设施、设备和工具，以及由现代自然及社会科学理论知识和实践运用中发展而成的各种方法、技巧和相关作业程序等。

随着现代自然科学和社会科学的飞速发展，尤其是在现代物流科学产生之后，物流技术正向着将各个环节的物流技术进行综合化、系统化、复合化方向发展，从而形成现代物流技术。例如，以计算机和通信网络为中心的信息处理技术与运输、保管、配送中心的物流技术在软技术方面的结合；运输与保管、包装技术相结合的生鲜食品保鲜输送技术；以运输设备高速化、大型化、专用化为中心的集装箱系统机械的开发；以将保管、装卸、分装与配送合为一体为基础的高层自动货架系统和现代配送中心的开发、规划等。这一切都标志着物流技术正朝着现代化方向迈进。同时，也只有当支撑物流管理工作的先进物流技术更科学、更先进，才能使现代物流工作的效率与效益得以进一步推进和发展。

能力知识点 2　物流技术的种类

从不同的角度来看，现代物流技术的种类和构成有所不同。现代物流技术主要有以下分类：

一、按范围分类

按范围划分，物流技术可分为狭义的物流技术和广义的物流技术。

狭义的物流技术主要是指在物流活动过程中采用的相关物流技术，如货物实体在运动过程中采用的物流技术；有关物流信息活动中采用的物流技术等。狭义的物流技术可大致理解为在物流活动中所涉及的自然科学方面的各种设施、设备、装置与工艺等。这部分直接发生在物流活动过程中的物流技术是本章介绍的重点。

广义的物流技术不仅包括物流活动过程中采用的相关物流技术，而且也包括其构成之外的物流系统、思想、方法等方面的物流技术与物流规律。例如，物流规划技术、系统技术、物流效率分析技术、物流设计技术等。广义的物流技术可大致理解为在物流活动中所涉及的自然科学与社会科学方面物流相关技术的总和。

二、按形态分类

按形态划分，物流技术可分为物流硬技术和物流软技术。

物流硬技术是指在实物流通过程中所涉及的各种机电设备、运输工具、仓储设施、站场、计算机、通信设备等。20 世纪 70 年代前，物流活动是以物流硬技术为主导的，如大型专用货运船、集装箱、自动化仓库等。目前，发达国家的物流硬技术发展迅速，物流设施与装备标准化、自动化程度日益提高，以 EDI、RF、互联网等为基础的物流信息网络，被广泛应用。

物流软技术是指以提高物流系统化整体效益为中心，在分析、规划、设计等方面采用的技术及现代管理方法和程序。例如，各种物流设施、设备的优化组合、搭配与衔接；物流中心与配送中心作业和运输终端的合理配置，货物配载的确定；科学运输途径的选择；现代物流信息系统处理方法和程序等。物流软技术是充分发挥物流硬技术的潜力、实现合理运用、获得最佳经济效果的一个有力支撑。当前，物流技术遵循的是以物流硬技术与软技术相结合，以物流软技术的开发和运用为主导的发展思路。

三、按内容分类

按内容划分，物流技术可以划分为物流实物作业技术和信息技术两部分。

物流实物作业技术主要包括运输技术、装卸搬运技术、仓储保管技术、流通加工与包装技术和配送技术等。

物流信息技术是目前发达国家较普遍应用的技术，它主要包括条码技术、射频识别技术、地理信息技术、全球卫星定位技术、电子数据交换技术等。随着网络与通信技术的发展变化，物流信息技术也在飞速发展变化，它是现代物流技术中必不可少的一个标识。

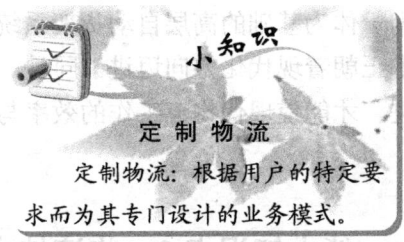

小知识

定 制 物 流

定制物流：根据用户的特定要求而为其专门设计的业务模式。

四、按作用分类

按物流技术在物流领域中的作用分类，可分为：计算机信息技术、材料技术、卫星通信技术、环保技术和人文管理技术等。

举一反三

一、填空题

1. 物流技术是指物流活动中所采用的_____和_____方面的设施、设备、装置、工艺以及相关理论与方法的总和。
2. 按范围划分，物流技术有_____和_____。
3. 按形态划分，物流技术有_____和_____。
4. 按内容划分，物流技术有_____和_____。
5. 物流实物作业技术主要包括_____、_____、_____、_____和_____等。
6. 物流信息技术主要包括_____、_____、_____、_____和_____等。

二、简答题

1. 简述狭义的物流技术与广义的物流技术的区别。
2. 简述物流硬技术与物流软技术的关系。

三、案例分析

EDI 及在物流中的应用

近年来，EDI（电子数据变换）在物流中广泛应用，被称为物流 EDI。所谓物流 EDI，是指货主、承运业主以及其他相关的单位之间，通过 EDI 系统进行物流数据交换，并以此为基础实施物流作业活动的方法。物流 EDI 参与单位有货主（如生产厂家、贸易商、批发商、零售商等）、承运业主（如独立的物流承运企业等）、实际运送货物的交通运输企业（铁路企业、水运企业、航空企业、公路运输企业等）、协助单位（政府有关部门、金融企业等）和其他的物流相关单位（如仓库业者、专业配送业者等）。

下面为一个应用物流 EDI 系统的实例。这是一个由发送货物业主、物流运输业主和接受货物业主组成的物流系统，这个物流系统的动作步骤如下：

1）发送货物业主（如生产厂家）在接到订货后制定货物运送计划，并把运送货物的清单及运送时间安排等信息通过 EDI 发送给物流运输业主和接收货物业主（如零售商），以便物流运输业主预先制定车辆调配计划和接收货物业主制定货物接收计划。

2）发送货物业主依据顾客订货的要求和货物运送计划下达发货指令、分拣配货，打印出物流条码的货物标签（Shipping Carton Marking，SCM）并贴在货物包装箱上，同时把运送货物品种、数量、包装等信息通过 EDI 发送给物流运输业主和接收货物业主，并依据请示下达车辆调配指令。

3）物流运输业主在向发送货物业主取运货物时，利用车载扫描读数仪读取货物标签的物流条码，并与先前收到的货物运输数据进行核对，以确认运送货物。

4）物流运输业主在物流中心对货物进行整理、集装，做成送货清单并通过 EDI 向收货业主发送发货信息。在货物运送的同时进行货物跟踪管理，并在货物交给收货业主之后，通过 EDI 向发送货物业主发送完成运送业务信息和运费请示信息。

5）收货业主在货物到达时，利用扫描读数仪读取货物标签的物流条码，并与先前收到的货物运输数据进行核对确认，开出收货发票，货物入库。同时，通过 EDI 向物流运输业主和发送货物业主发送收货确认信息。

物流 EDI 的优点在于组成供应链的相关各方基于标准化的信息格式和处理方法为基础，利用 EDI 共同分享信息，提高流通效率，降低物流成本。例如，对零售商来说，应用 EDI 系统可以大大降低进货作业的出错率，节省进货商品检验的时间和成本，能迅速核对订货与到货的数据，易于发现差错。

应用传统的 EDI 成本较高，一是因为通过 VAN 进行通信的成本高，二是制定和满足 EDI 的相关标准较为困难，因此过去仅有实力雄厚的大企业能从利用 EDI 中得到利益。近年来，随着互联网的迅速普及，为物流信息活动提供了快速、简便、廉价的通信方式，从这个意义上说，互联网将为企业进行高效的物流活动提供了坚实的基础。

（节选自：中国海关综合信息资讯网）

德国开发物流新技术

将货物通过设置在地下的专用通道快速投递出去；把网上订购的商品就近送到自动分拣

的储物塔内，随时恭候顾客来取……这些听起来似乎是异想天开的事情，如今正在变为现实。德国北莱茵—威斯特法伦州的科研人员最近开发出两项新技术，为加速物资流通、方便消费者，提出了前所未有的创新方案。

为货物运输开辟一条"地铁"线路的主意，是基于德国交通运输能力趋于饱和的现实。德国的交通系统尽管完备，但经济发展对交通的挑战日益增大，各等级公路上堵车频仍，每年因此而造成的损失高达1 000亿欧元。而且，这种状况在今后几年内不会有根本好转：据有关部门预测，到2020年，公路交通的货运量将比1997年增加近一倍。在此背景下，德国北威州波鸿市鲁尔大学的教授迪特里希·施坦因博士领导的一个跨学科科研组，研发出了被称为除公路、铁路、水路和航空之外的第五种现代货运方式。

具体来说，就是在地下挖一条直径1.6m、铺有轨道的专用管道，然后用一种被称为"智能车"的运输工具运送货物。为保证装卸和分发的灵活性，每辆车上都配备了两块按欧洲统一标准制作的载货平板，每一块80cm宽，120cm长。由于不受天气的影响，也不为交通拥堵所困扰，"智能车"以每小时30km的运行速度，昼夜不间断地在地下穿行。据研究者说，这种通过电脑控制、利用空气动力原理设计的智能"地下货运车"，主要是为批量不大、但对时间要求甚高的货物服务的，如食品。

2002年，第一家开展地下货运业务的公司在波鸿市正式成立。在一片废弃的厂房地下，公司修建了一条长约160m的试验通道，从建筑设计、机械制造和电子控制等各个方面进行了实地测试，并在此基础上拟定了初步建设方案：不久的将来，在北威州这样城镇密集的经济发达地区，将会出现覆盖方圆150km的专用地下货运网络，在其范围内，将配套建造许多自动化车站。至于工程的造价，据匡算，修建1km双向地下货运通道的费用，比把同样长度的高速公路再扩展出两条车道还要低廉。因此，长远来看，地下运输系统比用载重汽车运货经济得多。对这项工程计划，北威州经济界表现出了极大的兴趣，希望能尽快付诸实施。

近年来，通过计算机购物的德国人越来越多。最新的统计数据表明，已有40%的德国人采用这种购物方式。仅亚马逊网上书店，在高峰日就能在网上售出数以十万计的书籍。但是，包装和送货上门是网上购物服务的"瓶颈"。为此，不仅要耗费大量人力物力，还经常发生货物送到而收件人不在家的情况，送货员往往要跑几趟才能把货物送抵收件人手中。

针对这一问题，设在北威州多特蒙德市的弗劳恩霍夫研究院，研发出了一种新式商品存储和取货设施，名为"24小时储物塔"。储物塔高10m，有4m深入地下，因采用了节能冷却技术，其温度始终保持在2~7℃，便于保存新鲜水果和蔬菜。在每座塔里，都安装了全自动货架服务装置。该装置接收货物后，立即根据密码自动分类摆放，总计200个长60cm、宽40cm的塑料容器，为顾客保存着各种各样的商品。与此同时，储物塔还会通过电子邮件、手机短信等方式，将到货的消息通知顾客。顾客可在方便的时候去取，并以电子方式付款。储物塔全天24h不停地工作，从而避免了传统送货、取货方式所带来的麻烦。这种新设施特别适用于书籍、信件和食品的存取。当然，对有关商品的规格、重量和保存时间都是有限制的。如果在一座城市里有计划地设立若干个这样的储物塔，消费者便能就近提货。这既节省了物流开支，也降低了网上购物的成本。

据北威州州长于尔根·吕特格尔斯介绍，物流是该地区的一个发展重点，旨在提高物流效益的技术创新活动得到了州政府的大力支持。2006 年，首座"24 小时储物塔"在多特蒙德市落成。当地的赫尔梅斯物流集团和奥托邮购贸易公司等已开始利用这套设施，更快捷、更顺利地开展商品邮购业务。

（江建国．德国开发新技术．人民日报．http://world.people.com.cn/GB/41218/5966885.html．）

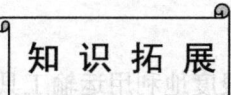

知识拓展

物流准确位置（Logistics Accurate Location）的概念是指进入物流中的货物的流动路线、停留时间和场所地点等各种信息，通过电子地图让生产商或货主、运输企业和货物接收人等消费者及时准确地得以掌握和了解。目前在海运物流领域内，由于卫星定位系统（GPS）的广泛应用，确定掌握货物位置和流动路线的问题已基本解决。现在需要解决陆路物流过程中货物的流动路线和位置。这种电子技术能明显提高效率，是物流业的发展方向，具有巨大的市场前景和潜力。

学习评价

对现代物流技术概念分类的准确把握学习评价表

被考评人					
考评地点					
考评内容		对现代物流技术概念、分类的准确把握			
考评标准	内　容	分值/分	自我评价/分	小组评议/分	实际得分/分
	物流技术的概念	60			
	物流技术的种类	40			
	合　　计	100			

注：1. 实际得分=自我评价 40%+小组评议 60%。
　　2. 考评满分为 100 分，60～74 分为及格；75～84 分为良好；85 分以上为优秀（包括 85 分）。

综合知识模块二　　现代物流实物作业技术

模块目标

1. 掌握物流实物作业技术的类型和技术。
2. 熟悉物流典型设施和设备。

在物流活动的各环节中，引进与采用先进的设备、设施、技术、方法，在实物作业流程中加以实施，这就是现代物流的实物作业技术。主要包括：运输技术、装卸与搬运技术、存储技术、包装技术和配送技术等。

能力知识点 1　运输技术

一般来说，运输技术主要包括运输货物装载技术、网络分析技术、运输线路规划技术、运输方式的组合技术等。这里主要介绍运输货物装载技术和网络分析技术。

一、运输货物装载技术

运输货物装载技术主要用于提高货物的装载量。一方面是要最大限度地利用运输工具的载重吨位；另一方面是要充分利用运输工具的装载容积。运输货物的装载技术主要包括轻重配载技术、解体运输技术和堆码技术等。

1）轻重配载技术即把密度大体积小的货物和密度小体积大的货物组装在一起，既充分利用了运输工具的体积，又充分利用了运输工具的载重吨位，提高了运输的效率。

2）解体运输技术就是对一些体大笨重、不易装卸且容易因碰撞致损的货物，先将其拆开、分别包装，然后再装车，目的是为了缩小所占空间，易于装卸搬运和运输。

3）堆码技术就是根据不同运输工具的货位情况和不同货物的包装形状等，采取如多层装卸、骑缝装载和紧密装载等各种有效的堆码方法来提高装载量的一种技术。

二、网络分析技术

网络分析技术也称网络分析法、统筹法、关键路线法等，应用到运输上是一种科学地组织管理运输的技术。具体运作就是依据运输工序所需工时为时间因素，找出运输工序之间相互联系的网络图，以反映整个运输过程和任务的总体情况。通过分析，找出对全局有重大影响的关键线路，对运输任务的各个工序作出比例合理的安排，使运输系统能在最短的时间内以最少的人、财、物的消耗，完成运输目标。通常，网络分析技术在货物运输过程中的应用程序主要有以下几点：

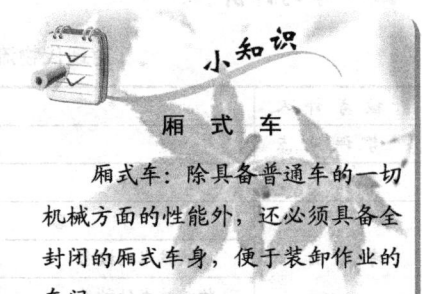

小知识

厢式车

厢式车：除具备普通车的一切机械方面的性能外，还必须具备全封闭的厢式车身，便于装卸作业的车门。

1）计算出每道运输工序所需时间。

2）找出关键线路。

3）设计运输网络图。网络图是运输网络分析的关键。通过相关分析，在给出了各个工序所需时间的基础上，明确先后的次序，就可依照运输计划画出箭头图，标明时间及关键路线。

4）计算出各道运输工序的最早和最迟开工时间。

5）计算各道运输工序的机动时间。

能力知识点 2　装卸搬运技术

装卸搬运是物流作业过程中出现频率较高的一个环节，也是影响物流效率高低的一个重要因素。装卸搬运技术有很多,包括散装件、托盘件的装卸搬运;集装箱的装卸搬运;散碎物料的装卸搬运等。目前的装卸搬运技术革新,紧紧围绕着集装单元化技术。集装单元是指用各种不同的方法和器具,把有包装或无包装的物品整齐地汇集成一个扩大的、标准的、便于装卸搬运的作业单元,这个作业单元在整个物流过程中保持着一定的形状。以集装单元来组织物资的装卸搬运、存储、运输等物流活动的作业方式,称为集装单元化作业。采用集装单元化技术,使物资的储运单元与机械等装卸搬运手段的标准能力相一致,便于实现机械化作业,提高装卸搬运效率,降低物流费用,实现物料搬运的机械化和标准化。

集装单元化技术在装卸搬运中,具体表现在单元化搬运和在集装箱、托盘、滑板、网袋、框架和半挂车等方面的应用上。

能力知识点3　仓储技术

仓储技术包括仓库和存储设施的布局技术、货架技术、货物的验收堆码苫垫技术、库房温湿度控制技术、库存货物数量的控制技术、库存货物的管理技术等,涉及面广。随着科学技术的发展,企业对商品存储的要求不断提高,商品存储的技术也得到了日新月异的发展。各种专用的、高效率的存储工具不断产生,各种先进的商品存储理念不断涌现,特别是在电子化、数字化的环境下,随着信息技术在商品存储过程中的应用,为仓储带来了里程碑式的变化。下面简要介绍几种新兴的商品储运技术。

一、自动化仓库

自动化仓库与传统仓库最大的不同或优势在于其高效利用了仓库的空间,能采用计算机控制做货物自动存取业务。仓库结构的典型变化是高度自动化保管和搬运结合成一体的高层货架系统。国外自动化仓库货架通常可高达30~40m,可具有20~30万个货格,通过计算机控制,用自动堆码机自动进行货物存取作业。现在还发展了小型自动仓库,如回转货架仓库等。高层货架如图5-1所示。

图5-1　高层货架

二、网络仓库

网络仓库并不是一个具体的、看得见摸得着的仓库,而是一个借助于先进的网络通信设备能够随时进行物资调配的若干仓库的总和。网络仓库覆盖的地域广大,根据用户的需求和其所处的地理位置,其中心信息系统可以在最短的时间内进行决策,实现低成本、高效率的货物发送。网络仓库的出现,使商品不再需要在不同的仓库之间调动,商品从出厂到最后的消费可能只需要一两次的运输,从而降低了物流成本,提高了物流效率及客户满意度。网络仓库的出现,使得企业用最小的成本将商品在指定的时间送到消费者手中的目标变得越来越现实。

三、仓库管理系统技术

仓库管理系统技术由条码技术、射频技术、信息系统和其他外部设备等组成。通过仓库管理系统技术,仓库管理人员可以通过扫描仪直接读取货物上的条码,获得货物的详细信息,这些信息经过相关通信设备传送给仓库的信息系统,信息系统通过对于信息的处理,作出下一个作业的指示。

小知识

冷 藏 区

仓库中的一个区域,其温度保持在 0~10℃ 范围内。

能力知识点 4　包装技术

包装技术包括包装材料、包装设备和包装方法。通常的包装技术有充填、装箱、裹包、封口和捆扎等技术。某些货物因为有特殊的用途或者特殊的情况,需要采用相应的包装技术,如防潮包装、防锈包装、防水包装、防霉包装、防虫包装和充气包装等。这里简介三种包装技术。

一、防震包装技术

防震包装又称缓冲包装。商品在流通过程中受到损害的主要原因之一,就是在运输的途中会受到振动力的冲击和在搬运时的落体冲击力的损害。为了减少这种损失,人们就设计了各种各样的防震包装技术。

防震包装设计主要是选择适当的缓冲材料和包装结构,使商品在运输和搬运过程中传递到商品上的冲击力和振动力不至于超过商品所能承受的范围。常用的防震技术有:妥善衬垫,也就是在包装的角端和物品之间填充一些缓冲防震的包装材料;现场发泡,就是用聚氨酯泡沫塑料等将物品封固在包装箱内;弹簧吊装,就是将物品用弹簧悬浮吊装在包装容器内,一般适用于对防震性要求比较高的精密仪器;机械固定,就是将物品机械固定在包装柜架或底板上,一般适用于重量较大的机械产品。

二、防潮包装技术

对于受潮后质量会降低的商品,需要进行防潮包装。防潮包装必须内、外包装同时进行,否则不能达到防潮的效果。

防潮包装的主要技术有：密封包装，就是利用包装材料透湿阻隔，能防止水汽的侵入；涂布抗湿材料包装，就是在包装的内、外表面涂布油、蜡、塑料等抗湿物质；在包装内装置可以吸收水分的干燥防潮剂，如硅胶等物；此外，真空、充气等包装也可以阻挡外界潮气的侵入。

三、防锈包装技术

某些金属产品在流通的过程中可能会生锈，所以必须采取防锈技术。所谓防锈包装，就是要隔绝引起生锈的氧气和潮气、有害气体与杂质，如二氧化硫、硫化氢、氯化物灰尘等。防锈包装的主要技术有：对金属制品表面进行防锈处理，如用电镀、化学处理形成保护膜等；在密封包装内采用气相防锈剂，在金属表面形成保护层；阻断有害介质与金属接触的机会，如塑料封袋、收缩包装以及充氮包装等。

直接换装：物品在物流环节中，不经过中间仓库或站点，直接从一个运输工具换载到另一个运输工具的物流衔接方式。

能力知识点 5　配送技术

配送技术是指在配送作业过程中，为实现配送目标采用的各种技术、工艺和方法的总称。这里主要简介 2 个环节中的配送技术。

一、配货工艺

配货工艺主要是指在配送中心业务流程中，针对多品种、少批量、多批次配送的核心工艺。配货工艺有 3 条基本的工艺路线，即分货式路线、拣选式路线和直起式路线。

1）分货式配货工艺又称播种式工艺，这种工艺的程序先是由负责拣货的工人或拣货机械每次取出货物，然后巡回于各用户的指定货位之间，到达一个货位，将该用户所需的数量分出，每巡回一次，将若干用户所需的同种货物分放完毕。如此反复进行，最后，各用户所需之货同时配齐，即完成了一轮配货。

2）拣选式配货工艺又称摘果式工艺，即由负责拣货的工人或机械巡回于货物的各个存储点，按提货单指示，取出所需货物，巡回一遍，则为一个用户将货配齐。

3）直起式工艺，属拣选式配货的一种特殊形式。当用户所需种类很少，而每种物品数量又很大时，送货车辆可直接开抵存储场所装车，随时送货，而不需单设配货工艺。这种方式实际将配货与送货工艺合为一体。

二、光导引技术

所谓光导引技术，主要是指将指示灯安装在货架和货位的前端，由相连的计算机来控制指示灯，告知需拣选的货物。工作人员走到亮灯货架前，按照指示灯旁小显示屏上显示的货物数量拣选货物。拣选完毕,操作人员按下该处的按钮,确认该项货物拣选完毕,再转到下一个亮指示灯的地方。对标准货架,最新式拣选方法采用移动式数据终端,它沿货架的前沿运行,扫描各个货位标签上的条码。当它运行到设定位置时,终端显示需拣选的货物种类及数量。

能力知识点 6　典型设施和设备简介

一、托盘

托盘是一种用于机械化装卸、搬运和堆存货物的集装工具,其主要特点是装卸速度快,货物出现损失和差错的情况较少。托盘如图 5-2 所示。

图 5-2　托盘

托盘的垫板一般是方形或长方形的。垫板下面有"脚"(几根横梁),形成插口,以供铲车、叉车进行装卸、运送和堆放。

托盘技术在国外已很发达,并形成了托盘标准。国际标准化组织 ISO 承认的托盘规格有:800mm×1 200mm、1 000mm×1 200mm、1 016mm×1 219mm 和 1 140mm×1 140mm。托盘的分类有以下 3 种:

1) 按材质来分,托盘分为木制托盘、金属托盘、塑料托盘、复合材料托盘、蜂窝纸免熏蒸托盘、层压板托盘、高密度合成板托盘、木屑板托盘等。

2) 按用途来分,托盘分为一次性使用托盘、重复使用托盘、专用托盘和互换托盘等。

3) 按结构来分,托盘分为两面进叉托盘、四面进叉平托盘、立柱式托盘和厢式托盘等。

二、起重与运输机械

1．起重机械

起重机械是一种以间歇作业方式对物料进行起升、下降和水平移动的搬运机械。

根据起升机构的活动范围不同可分为简单起重机械、通用起重机械和特种起重机械。

1) 简单起重机械的种类及应用场合,见表 5-1。

表 5-1　简单起重机械类型及应用场合

类 型	应 用 场 合
手拉葫芦	可与手动单轨小车配套组成起重小车，用于手动梁式起重机架空单轨运输系统
手板葫芦	广泛用于船厂的船体拼装焊接，电力部门高压输电线路的接头拉紧，农林、交通运输部门的起吊装车、物料捆扎车辆牵引以及工厂等部门的设备安装等
环链动力葫芦	可应用于车间的加工、装配工位及生产线

2）通用起重机种类与使用范围，见表 5-2。

表 5-2　通用起重机种类与使用范围

类 别	使 用 范 围
电动梁式起重机	适用于小吨位起重量及工作不繁忙的场所
电动葫芦双梁桥式起重机	适用于工作不繁忙的场所
通用桥式起重机	适用于机械加工、修理、装配车间或仓库、料场做一般装卸吊运工作
门式起重机	适用于露天做一般物料的装卸搬运
固定转柱式旋转起重机	可安装在室内或室外有立柱的场合使用
固定定柱式旋转起重机	可安装在室内或室外任何地方使用
汽车起重机	适合于仓库、码头、货栈、工地做装卸和安装用
轮胎起重机	适用于港口、车站、货场、工地等场所

3）特种起重机械是具备两个以上机构的多动作起重机械，专用于某些专业性工作的场所，构造比较复杂，如旋转起重机、转柱式旋转起重机和桥式起重机等。

2．垂直搬运机械

在楼房仓库或多层建筑内，为了有效地连接各层的运输系统，往往需要采用各种升降机械。主要有以下 3 种形式：

（1）电梯：电梯是利用桥厢在钢丝绳的牵引下或其他方式驱动下，沿着垂直导轨升降来运送货物的一种垂直搬运机械，适用于需要垂直运送货物的各种作业场所。

（2）液压升降台：主要由载货平台、剪式支臂、液压缸和电动液压泵等组成。常用于楼层间的垂直输送、车辆的装卸、在货架巷道内进行存储或拣货作业等。

（3）垂直输送机：它是把不同楼层间的输送机系统连接成一个更大的连续输送机系统的重要设备，包括连续垂直输送机和折板式垂直输送机，被广泛应用于生产线和物料搬运系统中。

3．叉车

（1）叉车的型号：目前国内内燃机叉车型号的标准由动力种类、起重量、传动形式和结构形式等项组成。叉车型号编制规则如图 5-3 所示，集装箱叉车如图 5-4 所示。

1）传动形式代号。机械传动不标字母，液力传动标字母 D，液压传动标字母 L。

2）动力类型代号。汽油机标字母 Q，柴油机标字母 C，液态石油气机标字母 Y。

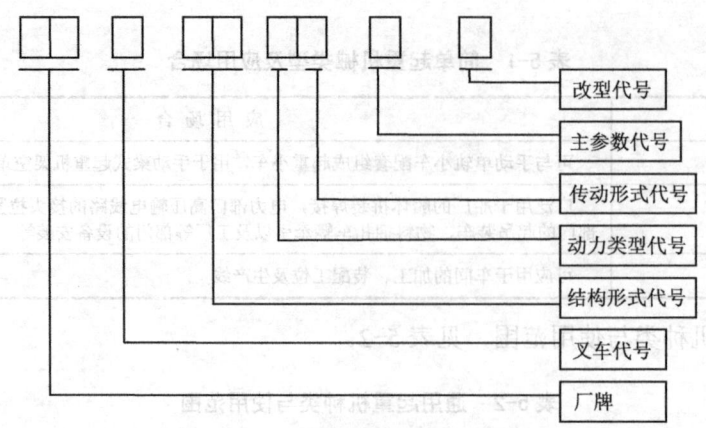

图 5-3　叉车型号编制规则

图 5-4　集装箱叉车

3）结构形式代号。P 表示平衡重式，C 表示侧叉式，Q 表示前移式，B 表示低起升高度插式，T 表示插入插脚式，Z 表示跨入插腿式，X 表示集装箱叉车，K 表示通用跨车，KX 表示集装箱跨车，KM 表示龙门跨车。

例如，CPQ10B 表示平衡重式叉车，以汽油机为动力，机械传动，额定起重量 1t，同类同级叉第二次改进。

（2）叉车的主要性能：主要有以下几方面：装卸性、牵引性、制动性、机动性、通过性、操纵性、稳定性和经济性。

4．输送机

输送机是在一定的线路上连续输送物料的物料搬运机械，可进行水平倾斜和垂直输送，应用十分广泛。

三、其他常用物流设备设施

随着现代科学技术发展的日新月异，为使物流工作以最低成本、最高效率完成，各种物流设备设施也在快速更新。具有代表性的主要有：①搬运机器人；②无人搬运系统（AGVS）技术装备；③集装箱装卸运输系统；④高速自动分拣机等。图 5-5 所示为轨道台车式分拣机。

图 5-5 轨道台车式分拣机

举一反三

一、填空题

1. 现代物流实物作业技术主要指_____、_____、_____、_____和_____等。
2. 运输技术主要包括_____、_____、_____和_____等。
3. 运输货物装载技术主要指_____、_____和_____等。
4. 现代装卸搬运技术的发展紧紧围绕着_____技术。
5. 通常的包装技术有_____、_____、_____、_____和捆扎等技术。
6. 配货工艺的工艺路线主要有_____、_____和_____。
7. _____工艺又称摘果式工艺。
8. 按材质不同划分，托盘可分为_____、_____、_____和_____等。
9. 起重机械按起升机构的活动范围不同可分为_____、_____和_____。
10. 垂直搬运机械主要包括_____、_____和_____等。

二、简答题

1. 运输网络分析技术的主要程序是怎样的？
2. 简单分析自动化仓库与网络仓库的区别。
3. 在你的生活中有没有接触过光导引技术？简述光导引技术的方法。

三、案例分析

■ 松下：现代物流技术的应用

松下物流负责松下电气及电子产品的配送工作，它的一个配送中心于 1997 年在英国 Northampton 成立。该中心由于在运作中有效地利用了高科技而声名鹊起。

松下清楚地认识到，由于操作系统不能达到自动化，致使操作人员在仓库内外转来转去，这实在是太浪费时间。新配送中心的指导思想是：采用自动传送装置及自动数据采集技术，将产品

传送到操作人员面前,而不是操作人员移动到产品所在之处。为此,松下安装了一系列的自动化设施。这不但减少了人工数据采集系统所需的员工数量,而且提高了整个操作过程的效率。

配送中心自采用新技术以来,纸张的使用量大大减少,工作的准确率提高,对顾客的需求反应灵敏。同时,员工也非常欢迎这个分拣系统,因为它不像纸张作业那样枯燥无味;另外,该系统使员工更多地融入到高技术体系中,使他们感到自身的存在价值。

一、仓库的自动化

该中心的建立旨在将不同的配送场所统一为一个配送中心,因此另外3个地区的仓库都已关闭,并入Northampton。抵达中心的货物包括成品、零部件以及备用零件。成品和备用件被送到独立的零售商和国内客户处。

仓库产品的跟踪由ADC系统完成,它包括射频数据通信(RF/DC)终端、手持式条码扫描器和标签打印机等。

货物一到达仓库,就由仓库工作人员在托盘上码放好。一旦托盘被码好,就贴上一个条码标签。该条码标签包括产品号、数量和目的地的编号。标签是由放置于叉车上的条码打印机打印。然后叉车将托盘放在传送带上,运送到仓库的高层货舱。标签将一直贴在托盘上直到托盘被拆卸或作为一个完整的托盘送出仓库。

二、分拣过程

仓库中有许多用于组装客户订单的分拣站,订购的货物被装入塑料装运箱中,大件产品则装入单个的箱体中,如电视机。分拣每一件产品时,打印条码标签并贴在装运箱上。该条码对产品、订单号及客户的信息进行编码。

操作人员利用带有累加器的特制分拣车针对客户订单组装货物。此种分拣车射频终端与条码扫描器打印机连接。标签打印机的作用是指导操作人员检查备件货物是否正确。

一旦备件货物全部被分拣出来,累加器就被转移至用以发货的传送装置上。装有成品的箱体被分拣出来并放置于传送带上等待分类,箱体上的条码被扫描以识别其所属订单。

三、小型货物的特殊处理

备用件和小件货物,如齿轮、电阻器或芯片的分拣方式不同。在按键亮灯操作系统中操作人员能够将20件不同订货作为一个批次装入同一装运箱中。操作人员并不知道哪些货物应发给哪个顾客,他只要将装运箱放置到运送装置上,并贴上含有订单号的条码即可。装运箱在寄销运送装置上传送时,其标签将被安装在运送装置上的固定式扫描器扫描,系统再将装运箱送往分类系统。分类工作站有3个组,每组20个站点,每个站点分别为一个用户准备一个专门的物料箱。操作人员将装运箱顶部的号码输入PC之后,用射频扫描器扫描装运箱中的所有货物。与该号码对应的物料箱的指示灯就会点亮,这便指示出了需要该货物的顾客地址。据此,该货物就放置在这一物料箱中。当所有的货物都被放置到正确的物料箱中后,物料箱则被转移到另一边。在那里,操作人员将它们包装起来等待发货。此时,下一个物料箱已经到达。操作人员将第二批货物分拣出来并进入下一个站点组,接着是第三个站点组,然后再重返第一组站点。该系统提高了在备件区域的操作人员的平均工作效率。

(节选自:中国烟草在线)

知识拓展　相关物流技术与装备的概念

1．充电区

物流中心的某区域，内有电瓶充电器和备用电池，以供电动物料搬运设备充电用，如电动堆高机。

2．库存分析

库存分析（Inventory Analysis）是物流特定分析中的一个项目。它集中于分析库存绩效和生产率。分析时应考虑有关的货物销售量和库存周转量，并在 ABC 的基础上完成。如使用递减次序列出十项销售和库存的商品种类，物流经理即可迅速地确定对运输和库存水平最有影响的产品种类。　物流系统设计（Logistics System Design）是指经过系统分析，完成物流系统硬件结构和软件结构体系的构想，形成物流系统组织设计和技术方案的过程。物流系统组织设计是技术设计的前提，它确定了技术设计的纲领和基本要求。

3．绿色包装材料的种类

①重复再用和再生的包装材料；②可食性包装材料；③可降解材料；④纸材料。

学习评价

对现代物流实物技术的准确把握学习评价表

被 考 评 人					
考 评 地 点					
考 评 内 容	对现代物流实物技术的准确把握				
考 评 标 准	内　　容	分值/分	自我评价/分	小组评议/分	实际得分/分
	各种物流实物作业技术	70			
	各种物流典型设备、设施	30			
	合　　计	100			

注：1．实际得分=自我评价 40%+小组评议 60%。

　　2．考评满分为 100 分，60～74 分为及格；75～84 分为良好；85 分以上为优秀（包括 85 分）。

综合知识模块三　　　　　　　　　　现代物流信息技术

模块目标

1．了解物流信息技术的类型。

2．掌握典型的现代物流信息技术的种类和用途。

随着科学技术的飞速发展，现代物流也随之飞速发展，呈现出系统化、全球化、信息化、网络化、自动化、柔性化、智能化和标准化等诸多特点。物流正趋向整合、链接，这将更多地增加对物流信息技术的依赖程度。现代物流信息技术是目前国际上广泛运用的、先进的、与计算机网络紧密结合的技术。据专家统计归纳，物流信息技术约有 39 种，见表 5-3。下面仅就几种主要的物流信息技术作相关探讨。

表 5-3　物流信息技术内容一览表

序　号	技 术 名 称
1	电子邮件（Electronic Mail）
2	专家系统（Expert System）
3	电话会议（Teleconference Technique）
4	电子数据交换（EDI）
5	行政信息系统（EIS）
6	计算机辅助软件工程（CASE）
7	面向对象的编程技术（OOT）
8	客户/服务器（Client / Server）
9	数据库管理信息系统（DBMS）
10	广域网（Large Area Net）
11	局域网（Local Area Net）
12	可视技术（Imagine Technique）
13	互联网（Internet）
14	电子商务（Electronic Business）
15	决策支持系统（DSS）
16	地理信息系统（GIS）
17	全球卫星定位（GPS）
18	射频技术（RF）
19	WWW 技术
20	Extranet/Intranet
21	条码和扫描技术
22	计算机辅助合作网（Computer-added Net）
23	卫星通信技术（SC）
24	增值网络（Value-added Net）
25	企业虚拟工作间（Corporate Virtual Workspace）
26	图形处理技术（Image Processing）
27	并行系统（Parallel System）
28	神经网络（Neural Net）
29	信息高速公路（Information Super Way）

（续）

序　号	技　术　名　称
30	工作流自动化（Work Flow Automation）
31	多媒体技术（MT）
32	材料需求计划（MRP）
33	企业资源计划（ERP）
34	及时供应系统（JIT）
35	高级及时供应系统（JIT2）
36	分销资源计划（DPR）
37	跨组织信息系统（IOIS）
38	智能运输系统（ITS）
39	供应链管理信息系统（SCMIS）

能力知识点1　条码标识技术

一、条码技术概述

条码是由一组规则排列的条、空及字符组成的，用以表示一定信息的代码。这些粗细不同的线条表示一定的数据、字母信息和某些符号，是一种用光电扫描阅读设备识读并使数据输入计算机的特殊代码。

条码技术是为实现对信息的自动扫描而设计的，是一种对物流中的物品进行标识和描述的方法，借助自动识别技术，是实现POS系统和EDI等的技术基础。

条码技术与其他识别技术相比，其特点如下：

1）可读性高。如印刷的条码不超过有关规定的误差范围，其首读率几乎可达100%。

2）可靠性高。如果增强软件功能，条码识别可靠性更好。

3）经济性好。条码本身制造较易、成本低。

4）重复性。用于不同的过程中的不同点上，条码可以被反复不断地扫描。

5）信息对应性高。在社会生活和贸易中，信息是针对某一确定物品的。现在条码可以印刷在各种商品的包装物上，使物流信息和物流的对应性得到较完善的解决。

6）灵活性。条码具有特殊的灵活性。例如，条码标签可以用各种扫描装置识别。

二、条码技术在物流中的应用

（1）大型超级市场或购物中心：超级市场中打上条码的商品经光笔扫描，自动计价，并同时做销售记录，借助条码POS系统可以实现商品从订购、送货、内部配送、销售、盘货等业务循环的一体化管理。

（2）加工制造业的生产物流：条码在制造业的生产流水线上的生产物流配置方面有广

泛的应用。以汽车制造业为例，汽车制造是通过流水线来完成的。一辆汽车由成千上万个零部件装配而成。汽车型号不同，所需要的零部件的品种和数量不同。为了能按订单生产，在先进的工业化国家，不同型号的汽车是要在同一生产线上装配的。为了避免差错，在零部件进入装配线前，要用扫描器识别零部件上的条码，确认它与所要装配的汽车匹配。在汽车装配完毕后还要识别整车上的条码。一方面对生产完成情况作一个记录，另一方面，不同型号的车辆要通过不同的试验程序。试验机可根据整车的条码信息来自动完成所需要的试验项目。

（3）国际贸易与国际物流环节：条码还可以广泛应用于贸易、物流等各环节，尤其是国际贸易与国际物流的过程中。其中包括：

1）进出口货物的订货业务。例如，进出口商品进入仓库的检查验收处理、商品检查验收外发、商品在库的保管等，均可采用条码进行识别、标签、定位入格等。

2）大型国际配送中心的货物分拣更离不开条码。

3）国际贸易商品检验。采用条码技术对拣货单进行扫描，再检验。

4）海关、银行均可运用条码技术。

5）国际进出口单证业务处理采用条码再加上 EDI 处理，就能更加高速化、准确化。

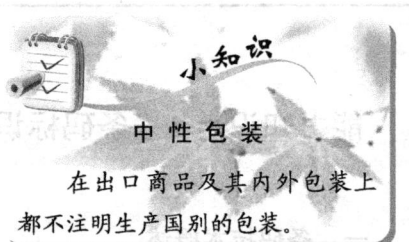

小知识

中性包装

在出口商品及其内外包装上都不注明生产国别的包装。

条码作为国内外商流、物流的通用语言，是商品走向国际市场的"绿卡"之一，它的应用已渗透到社会经济生活的众多领域中。在发达国家，条码技术应用非常广泛，产生了巨大的经济效益和社会效益。

能力知识点 2 射频识别（RFID）技术

一、射频识别技术概述

射频识别技术是一项利用射频信号通过空间耦合实现无接触信息传递并通过所传递的信息达到识别目的的技术。

射频识别系统通常由电子标签（射频标签）和阅读器组成。电子标签内存有一定格式的电子数据，常以此作为待识别物品的标识性信息。应用中将电子标签附着在待识别物品上，作为待识别物品的电子标记。阅读器与电子标签可按约定的通信协议互传信息，通常的情况是由阅读器向电子标签发送命令，电子标签根据收到的阅读器的命令，将内存的标识性数据回传给阅读器。

除此之外，射频识别系统的另一重要指标是阅读距离，它表示在最远为多远的距离上，阅读器能够可靠地与电子标签交换信息，即阅读器能读取标签中的数据。实际系统这一指标相差很大，取决于标签及阅读器系统的设计、成本的要求、应用的需求等，范围从 0～100m。典型的情况是，在低频 125kHz\13.56MHz 频点上一般均采用无源标签，作用距离在 10～30cm

左右，个别达到 1.5m 的系统。在高频 UHF 频段，无源标签的作用距离可达到 3~10m。更高频段的系统一般均采用有源标签。采用有源标签的系统有达到作用距离至 100m 左右的报道。

二、在物流中的应用

射频识别技术作为一项新技术发展非常迅速，射频识别产品种类繁多。在北美、欧洲、大洋洲、亚太地区及非洲南部，它被广泛应用于工业自动化、商业自动化、交通运输控制管理等众多领域：①汽车、火车等交通监控；②高速公路自动收费系统；③停车场管理系统；④物品管理；⑤流水线生产自动化；⑥安全出入检查；⑦仓储管理；⑧电子物品监视系统；⑨货运集装箱的识别；⑩车辆防盗等。

（1）车辆自动识别方面：早在 1995 年，北美铁路系统就采用了射频识别技术的车号自动识别标准，在北美 150 万辆货车、1 400 个地点安装了射频识别装置。近年来，澳大利亚还开发了用于矿山车辆的识别和管理的射频识别系统。

（2）在高速公路收费及智能交通方面：我国香港"驾易通"采用的就是射频识别技术。装有射频标签的汽车能被自动识别，无须停车缴费，大大提高了行车速度和效率。利用射频识别技术的不停车高速公路自动收费系统是未来的发展方向。

（3）在货物的跟踪、管理及监控方面：澳大利亚和英国的西思罗机场将射频识别技术应用于旅客行李管理中，大大提高了分拣效率，降低了出错率。在十几年前，欧盟就要求从 1997 年开始生产的新车型必须具有基于射频识别技术的防盗系统。我国对铁路行包自动追踪管理系统目前也已处在计划推广之中。

（4）在射频卡应用方面：1996 年 1 月，韩国就在首尔的 600 辆公共汽车上安装射频识别系统用于电子月票，实现了非现金结算，方便了市民出行。而德国汉莎航空公司则开始试用射频卡作为飞机票，改变了传统的机构购销方式，简化了机场入关的手续。在我国，射频卡主要应用于公共交通、地铁、校园、社会保障等方面。上海、深圳、北京等地陆续采用了射频公交卡。

（5）在生产线的自动化及过程控制方面：德国 BMW 公司为保证汽车在流水线各位置准确地完成装配任务，将射频识别系统应用在汽车装配线上。而 Motorola 公司则采用射频识别技术的自动识别工序控制系统，满足了半导体生产对于环境的特殊要求，同时提高了生产效率。

（6）在大型超市中：沃尔玛公司及麦龙等公司也都在推广 RFID，通过 RFID 的运用来提高工作质量。

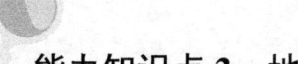

能力知识点 3　地理信息技术

一、地理信息（GIS）技术概述

GIS 系统是 20 世纪 60 年代开始发展起来的地理学研究新成果，是各学科交叉的产物。

它以地理信息数据为基础，采用地理模型分析方法，适时地提供多种空间的、动态的地理信息。

GIS 的基本功能是将表格型数据信息转换为直观地理图形显示，其显示范围可以从洲际地图到非常详细的街区地图，可显示包括人口、销售情况、运输线路以及其他内容。

二、GIS 技术在物流中的应用

GIS 物流分析软件集成了车辆路线模型、最短路径模型、网络物流模式、分配集合模型和设施定位模型等。

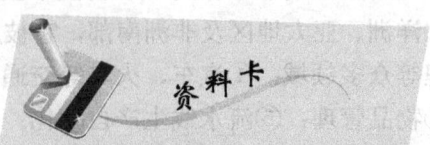

增值物流服务：在完成物流基本功能基础上，根据顾客需求提供的和各种延伸业务活动。

（1）确定车辆路线模式：主要用于一个起始点、多个终点的货物运输中，用来解决如何降低物流的作业费用，并保证服务质量的问题，包括决定使用多少辆车，每辆车的行驶路线等。

（2）网络物流模型：主要用于解决要求最有效地分配货物路径问题，也就是物流网点布局问题。

（3）分配集合模型：主要是根据各个要素的相似点，把同一层上的所有或部分要素分为几个组，用以解决和确定物流服务范围、销售市场范围等问题。例如，某一公司要设立 8 个分销点，要求这些分销点要覆盖某一地区，而且要使每个分销点的顾客数目大致相等。

（4）设施定位模式：主要用于确定一个或多个物流设施的位置。

能力知识点 4　　全球卫星定位技术

一、全球卫星定位（GPS）技术概述

GPS 是具有在海、陆、空进行全方位实时三维导航与定位能力的新一代卫星导航与定位系统。

GPS 系统包括三大部分：①空间部分——GPS 卫星星座，由 24 颗卫星均匀分布在 6 个地球轨道平面内；②地面控制部分——地面监控系统，由一个主控站、5 个全球监控站和 3 个地面天线组成；③用户设备部分——GPS 信息接收机，其主要功能是接收卫星发射的信号，以获得必要的导航定位信息，并据此进行导航和定位。

二、GPS 技术在物流中的应用

21 世纪，GPS 技术已被广泛应用到许多领域，尤其在物流领域更为广泛。主要体现在以下几个方面：

（1）GPS 在汽车自动定位、跟踪调度，陆地救援方面的应用：通过 GPS 和计算机网络实时收集全路汽车所运货物的动态信息，可实现汽车与货物追踪管理，并及时进行汽车的调

度管理。据统计，日本公司车载导航系统的市场在 1995～2000 年间平均每年增长 35%以上，全世界在车辆导航上的投资平均每年增长 60%左右。

（2）GPS 在内河及远洋船队最佳航程和安全航线的测定、航向的实时调度方面的应用：在我国，GPS 技术最先应用于远洋运输的船航导航。我国的三峡工程也已规划利用 GPS 技术来改善航运条件，提高过航能力。

（3）GPS 在空中交通管理、精密机场着陆、航路导航和监视方面的应用：国际民航组织提出在 21 世纪将用导航系统 FANS 取代现行航行系统。它利用 GPS 系统实现飞机航路、终端和进场导航。该系统的使用可降低机场飞机起降时间间隔，使起降路线灵活多变，使更多的飞机以最佳航线和高度飞行，减少飞机误点，提高飞机起降的安全系数。

（4）GPS 在铁路运输管理方面的应用：利用 GPS 系统，可通过 GPS 和计算机网络实时收集全路列车、机车、车辆、集装箱及所运货物的动态信息，可实现货物的追踪管理，实现运输物流的可视化。

能力知识点 5　电子数据交换技术

一、电子数据交换（EDI）技术概述

EDI 技术，是指按照同一规定的一套通用标准格式，将标准的经济消息，通过通信网络传输，在贸易伙伴的计算机系统之间进行数据交换和自动处理的技术。使用 EDI 能有效地减少贸易和物流中的纸面单证，因而 EDI 也被称为"无纸化贸易"。

构成 EDI 系统的 3 个要素是：EDI 软件和硬件、通信网络和数据标准化。要实现 EDI，首先必须有一套计算机数据处理系统；其次，为使企业内部数据能较容易地转换成 EDI 标准格式，必须采用 EDI 标准。另外，通信环境的优劣也是关系到 EDI 成败的重要因素。

二、EDI 技术在物流中的作用

EDI 是企业信息集成的一种重要的工具，通过 EDI，可以快速获得信息，提供更好的服务，减少纸面作业，并能为企业提供实质性的好处，如改善运作、改善与客户的关系、提高对客户的响应重复、缩短事务处理周期、减少订货周期中的不确定性等，增强了企业的国际竞争力。

EDI 广泛应用于物流业、零售业、制造业等领域。在这些行业的供应链上应用 EDI 技术，使传输发票、订单过程达到很高的效率。在大型配送中心用于自动提示和控制商品库存量，如沃尔玛公司在它的配送中心就应用电子数据交换（EDI）技术。目前，沃尔玛 85%以上的商品都是由公司的配送中心供应的，而其竞争对手仅达到 50%的水平。与行业平均值相比，销售成本下降了 2%～3%。沃尔玛通过 EDI 自动提示和控制商品库存量，使公司总部能够全面掌握销售情况，合理安排进货结构，及时补充库存，降低存货水平，大大减少了资金成本和库存费用。

举一反三

一、填空题

1. 条码是由一组规则排列的_____、_____及_____组成的。
2. 条码技术的特点主要有_____、_____、_____、_____、_____和_____。
3. 射频识别系统通常由_____、_____和_____组成。
4. 射频识别系统的识别范围为_____。
5. 地理信息系统的缩写是_____。
6. GIS 物流分析软件由_____、_____、_____、_____、_____和_____等模型组成。
7. 全球卫星定位系统的缩写是_____。
8. 全球卫星定位系统由_____、_____和_____3 部分组成。
9. 电子数据交换的缩写是_____。

二、简答题

1. 举例简述条码技术在物流中的应用。
2. 举例简述射频识别技术在物流中的应用。
3. 举例简述 GPS 系统的应用。

三、案例分析

射频识别，一场新技术革命

在德国中西部莱茵河边一座名叫诺伊斯的城市里，一位顾客正在大型超市麦德龙购物，当他选好要买的东西后，悠闲地走到电子自动付费机前，他既不用像从前一样排队等待收银员结账，也无需把手推车中的商品一一拿出，只是短暂地逗留几秒，就推着购物车大摇大摆地走出了超市。发生在麦德龙超市的这一幕，仿佛是科幻电影里虚构的事情。实际上，用不了多久，它就会发生在我们周围的真实生活中。

一、引发零售革命

一年前，全球最大的零售商——美国沃尔玛公司宣布了一项决议，要求它的前 100 家供应商在 2005 年 1 月之前，向公司的配送中心发送货盘和包装箱时必须使用电子标签技术；2006 年 1 月前，每个单件商品中都必须使用这项技术。据估计，通过采用电子标签技术，沃尔玛公司每年可以节省 83.5 亿美元。

但是，最早使用 RFID 技术的并不是沃尔玛或麦德龙，而是美国国防部军需供应局。早在第二次世界大战时，它就被美军用于战争中识别自家和盟军的飞机，但由于昂贵的价格抑制了其广泛应用。在美军对伊拉克的战争中，这项技术再一次得到了真正的检验。由于采用了 RFID

技术、ERP 及供应链管理系统，美军实现了对战略物资的准确调配，保证了前线弹药和物资的准确供应。

尽管射频识别技术的前景非常美妙，但在现在，它仍然是一只羽翼未丰的小鸟，面临着诸多（如应用成本和隐私权保护）等问题。

二、应用始于仓库

华尔街调查公司的罗伯特 W 拜尔德估计，今后几年内，RFID 技术上的投入将在全球范围内爆发，从 2006 年的 10 亿美元攀升到 2007 年的 46 亿美元。但是大多数电子标签被用在连锁店的仓库和货物配给中心，而不是杂货店和百货公司的货架上。

这就是说，并不是每一个可乐桶上都会贴一个电子标签，商家更愿意把它们贴在装满无数可乐桶的货盘上。俄亥俄州 NCR 中心的艾伦布尔格专门负责射频识别技术，据估计，把每种商品都贴上电子标签需要很多时间才能实现，至少得 8 年。

三、成本与规模的较量

资讯师和分析家都希望有朝一日电子标签能够取代条码。但眼前现实的障碍却不能忽视。最明显的一个就是成本，电子标签即使大量购买，每个的成本也得 25 美分；如果数量不大，每一个需要 75 美分。一年前的成本是 1 美元，现在虽说降了不少，但是针对大多数消费品，还是太昂贵了。

人们把电子标签的目标成本锁定在 5 美分，芯片制造商认为可以达到，但前提是必须大批量购买。顾客买得越多，成本降得越快。可是在一些地方，它的价格降不下来，根本不可能被大规模采用。

四、泄漏个人隐私的担忧

RFID 技术还涉及隐私问题。一些消费群体表示，他们担心电子标签上汇集了消费者太多的个人购物信息。到底是该让电子标签在结账之后就消除个人信息，还是为方便消费者退货或作为消费凭据一直保留着？在这一点上，目前就连全球电子产品编码小组也没有形成成熟的意见。

（节选自：RFID 中国论坛）

知识拓展　物联网

1. 简述

物联网（The Internet of things）的概念是在 1999 年提出的，它的定义很简单：把所有物品通过射频识别等信息传感设备与互联网连接起来，实现智能化识别和管理。国际电信联盟 2005 年一份报告曾描绘"物联网"时代的图景：当司机出现操作失误时汽车会自动报警；公文包会提醒主人忘带了什么东西；衣服会"告诉"洗衣机对颜色和水温的要求等。

物联网把新一代 IT 技术充分运用在各行各业之中。具体地说，就是把感应器嵌入和装备到电网、铁路、桥梁、隧道、公路、建筑、供水系统、大坝和油气管道等各种物体中，然后将"物联网"与现有的互联网整合起来，实现人类社会与物理系统的整合，在这个整合的网络当中，存在能力超级强大的中心计算机群，能够对整合网络内的人员、机器、设备和基础设施实施实时的管理和控制，在此基础上，人们可以以更加精细和动态的方式管理生产和生活，达到"智慧"状态，提高资源利用率和生产力水平，改善人与自然间的关系。

毫无疑问，如果"物联网"时代来临，人们的日常生活将发生翻天覆地的变化。然而，不谈什么隐私权和辐射问题，单把所有物品都植入识别芯片这一点从现在看来还不太现实。人们正走向"物联网"时代，但这个过程可能需要很长很长的时间。

2．原理

物联网是在计算机互联网的基础上，利用RFID、无线数据通信等技术，构造一个覆盖世界上万事万物的"Internet of Things"。在这个网络中，物品（商品）能够彼此进行"交流"，而无需人的干预。其实质是利用射频自动识别（RFID）技术，通过计算机互联网实现物品（商品）的自动识别和信息的互联与共享。

而 RFID 正是能够让物品"开口说话"的一种技术。在"物联网"的构想中，RFID 标签中存储着规范而具有互用性的信息，通过无线数据通信网络把它们自动采集到中央信息系统，实现物品（商品）的识别，进而通过开放性的计算机网络实现信息交换和共享，实现对物品的"透明"管理。

"物联网"概念的问世，打破了之前的传统思维。过去的思路一直是将物理基础设施和IT基础设施分开：一方面是机场、公路、建筑物，而另一方面是数据中心、个人计算机、宽带等。而在"物联网"时代，钢筋混凝土、电缆将与芯片、宽带整合为统一的基础设施，在此意义上，基础设施更像是一块新的地球工地，世界的运转就在它上面进行，其中包括经济管理、生产运行、社会管理乃至个人生活。

（选自：互动百科网站）

学习评价

对现代物流信息技术的准确把握学习评价表

被考评人					
考评地点					
考评内容	对现代物流信息技术的准确把握				
考评标准	内　　容	分值/分	自我评价/分	小组评议/分	实际得分/分
	典型现代物流信息技术	80			
	物流信息技术类型	20			
	合　　计	100			

注：1．实际得分=自我评价40%+小组评议60%。
　　2．考评满分为100分，60～74分为及格；75～84分为良好；85分以上为优秀（包括85分）。

第六单元 现代物流发展新趋势

本单元学习导引图

现代物流发展新趋势
- **供应链管理**
  - 供应链管理概述
  - 实施供应链管理的必要性
  - 供应链管理的原理及目标
  - 供应链管理与物流管理的关系
  - 几种常见的供应链体系结构模型
  - 供应链管理的实施
- **电子化物流**
  - 物流与电子商务的关系
  - 物流电子化信息沟通的相关技术
  - 电子化物流信息系统的基本功能
- **国际化物流**
  - 电子商务与国际物流
  - 国际化物流系统与技术构成
  - 我国应对国际化物流采取的措施
- **第四方物流**
  - 第四方物流
  - 第四方物流和第三方物流的区别和关系
  - 第四方物流的作用
  - 第四方物流企业必备的条件
- **绿色物流**
  - 绿色物流的起因分析
  - 绿色物流的理论基础
  - 绿色物流管理措施

综合知识模块一

供应链管理

模块目标

1. 了解供应链管理概述以及实施供应链管理的必要性。
2. 熟悉供应链管理的原理及目标。
3. 掌握供应链管理与物流管理的关系以及供应链管理的实施。
4. 了解几种常见的供应链体系结构模型。

能力知识点 1　供应链管理概述

传统物流的局限性主要体现在，物流管理局限在一家企业中，从原材料、零部件到最终产品全过程的物流活动被人为地割裂开来，极大地制约了物流活动的整体效果。物流供应链思想则是从物流全过程的角度，统一考虑物流各环节之间的连贯、协调等问题，将彼此分割的物流活动集成起来加以统一管理。

一、供应链的定义

2001年8月1日实施的国家标准《物流术语》（GB/T 18354—2001）中规定：供应链是指生产及流通过程中，涉及将产品或服务提供给最终用户活动的上游与下游企业所形成的网链结构。

供应链是社会化大生产的产物，是重要的流通组织形式和市场营销方式。它以新产品为中心，以市场组织化程度高、规模化经营的优势，有机地连接生产和消费，对生产和流通有着直接的导向作用。

二、供应链管理的含义

供应链管理是对供应链上各个节点企业所实施的统一管理，是一种集成的管理思想和方法，是对供应链中的物流、商流、信息流、资金流、业务流等进行一体化的计划、组织、协调和控制的管理过程，即利用计算机网络技术全面规划供应链中的商流、物流、信息流和资金流等，并进行计划、组织、协调与控制。

它是以信息技术为支撑，依附电子数据交换（EDI）和电子资金传送（EFT）等现代管理技术，采用包括制造资源计划及精细生产等新的生产模式，实现了供应链管理信息的集成、技术的集成、组织的集成等，从而使整个供应链中的供应商、生产商和分销商形成了一个扩展企业，扩展企业的出现使供应链各节点企业表现为一种"共赢"的关系，同时也使企业之间的竞争转化为供应链与供应链之间的竞争。

能力知识点 2　实施供应链管理的必要性

传统管理模式将企业管理的重点放在产品质量和产品成本上，通过采用先进的管理方法和技术来提高产品的质量、降低产品的成本来赢得市场。这种管理模式在市场环境相对稳定、客户需求较为单一的条件下，能够产生较好的市场效应。但是，在 20 世纪 90 年代以来科技迅速发展、世界竞争日趋激烈和顾客需求不断发生变化的条件下，这种管理模式则逐渐显露出它的一些缺陷。

1）在激烈的市场竞争的环境下，企业在实施成本战略时，单个企业生产成本已被控制在很低的水平上，在企业内部进一步大幅度降低成本的潜力已经很小。

2）传统企业为了不断提升自己的市场地位，往往通过扩大企业规模形成企业自有而庞大的物料采购系统、生产制造系统和产品分销系统，或通过对上游企业实施投资控股、兼并收购等战略手段，形成"大而全、小而全"的"纵向一体化"管理模式。在这种管理模式下，当企业面临的竞争环境发生变化时，就会出现以下问题。

- 企业变更业务的成本加大：变更业务往往涉及原材料采购、生产、销售各个环节的变化，难度大，速度慢，不利于满足用户需求多样化、市场变化不确定性的要求。
- 削弱了企业的核心竞争力："纵向一体化"的管理模式，导致企业的末梢业务的竞争力往往不强，同时也会影响到主营业务的竞争力，并引起企业决策者精力分散、企业目标分散，以及资源、资金、人力的分散，无法整合企业资源，增强核心竞争力。
- 增大了企业经营风险："纵向一体化"的管理，造成企业与市场接触面广、资源配置分散，在企业管理过程中，无论哪一个环节出现了问题，都将导致相应的环节也出现问题。任何一个优秀的企业都不可能在每一个行业、每一个领域都是最优秀的，只有将自己的资源集中在自己最精通的领域内才有可能卓尔不群。

供应链管理的实施弥补了上述缺陷，它基于"横向一体化"的管理思想，通过企业与供应商建立合作伙伴关系，形成企业与供应商之间既独立运行又紧密合作的战略关系；通过选择最优秀的合作伙伴，实现了企业间的"强强联合"，从而大大地提高了整个供应链的竞争力；通过 EDI、Internet/Intranet 等先进技术的广泛应用，实现了供应链企业间的信息共享，增强了供应链的快速反应能力；通过供应商管理用户库存、联合库存管理、多级库存优化控制，实现零库存目标；通过实施准时制造和全面质量管理达到供应链无缝连接，实现由精细制造向精细供应链转化。

能力知识点 3　供应链管理的原理及目标

供应链管理是对从最终用户到原始供应商的关键业务流程的集成，它为客户和其他市场参与者提供价值增值的产品、服务和信息。

供应链的第一环节是制造商，制造商从原料供应商那里得到生产资料后加工成成品。然后，其产品由供应链的第二环也是最关键的一环——独家物流配送中心负责某一特定范围的销售。在独家代理商后又分流到供应链的第三环——各区域的分销商，由其负责各大区域的销售工作。在各区域的分销商下游又分布着供应链的第四环——众多的零售商，由它们销售给最终客户。这是供应链的最简单的基本构架。

供应链管理关心的并不仅仅是物料实体在供应链中的流动，它是运用一种集成的管理思想和方法，对供应链流程中的一系列活动进行跟踪管理，是通过前馈的信息流和反馈的物料流及信息流，将供应商、制造商、分销商和零售商，直到最终客户连成一个整体的管理模式。

供应链管理的最终目标是满足顾客需求和实现盈利能力最大化。因此，对供应链流程进行集成和重组的目的，是在于不断提升横跨供应链成员的总体流程的高效性和有效性。

能力知识点 4　供应链管理与物流管理的关系

供应链管理与物流管理都强调对商品从产地到消费地的实体移动过程进行管理。从第二次世界大战时的军事物流引申到战后的企业内部物流，20 世纪 90 年代再演化到跨企业的物流管理。物流管理是为了最大限度地满足客户需求，而对产品、服务和相关信息从起源点到最终消费点，实施有效的、高效的流动和存储进行的计划、实施与控制的过程。

而供应链管理则是在提供产品，服务和信息的过程中，对从终端用户到原始供应商之间关键商业流程进行集成，从而为客户和其他所有流程参与者提供增值。从理论上来说，这两个概念并没有太大的区别。

但是，供应链是由物流、营销运作、采购、战略策划、信息技术和销售等环节组成的供应链条。物流管理是供应链的导向，是对从起源点到消费点的整个流程的管理。实际运作中，物流管理职能大多只是负责企业下游的运输与配送，远没有达到其理论所涵盖的范围。

物流管理同供应链管理具有相似性，但若严格地分析，二者还是有区别的。主要表现在：①管理范围不同：物流管理是对货物由供应者向需求者物理性移动过程的管理，包括包装、搬运、保管、库存管理、流通加工、运输、配送等活动领域。而供应链不仅包括对物流过程的管理，而且包括对生产过程的管理。②组织内部关系不同：物流管理中的物流企业之间只是简单的业务合作关系，而供应链管理的节点企业之间是一种战略合作伙伴关系，它们形成了一个动态联盟，具有"共赢"关系。③管理角度不同：物流管理强调一个企业的局部性能优先，分别独立研究相关的问题。而供应链管理是将每个企业当做供应网络中的一个节点，通过紧密的功能协调追求多个企业的全局性能的优化。前者经常是面向操作层，而供应链管理更关心战略性的问题，侧重于全局模型、信息集成、组织结构和战略联盟等方面的问题。④供应链管理设计从原材料采购到产品交付给最终用户的整个物流增值过程，物流管理涉及企业之间的价值流过程，是企业之间的衔接管理活动。

能力知识点 5　几种常见的供应链体系结构模型

一、链状模型

链状模型是供应链体系结构的简化模式，它研究以一个制造商为核心企业，与其供应商、分销商的链状关系。链状模型是一维结构模型，能较为明了地表现供应链的组织结构关系，如图 6-1 所示。

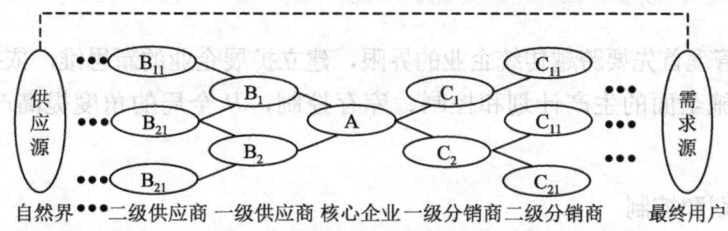

图 6-1　模型 Ⅰ：链状模型

模型 Ⅰ 体现了物从原始状态经过加工成为产品被用户消费后重新回到自然界的循环过程，它只是供应链的一个简单轮廓，若对其进行进一步抽象，可用模型 Ⅱ 来表示，如图 6-2 所示。

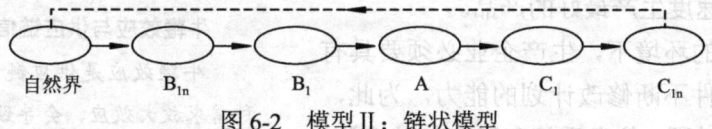

图 6-2　模型 Ⅱ：链状模型

二、网状模型

在模式 Ⅰ 中，A 作为制造商处于核心企业位置，但现实中，A 可能会处于不同的供应链中，在不同的供应链中处于不同的地位。同时对于模型 Ⅱ，制造商 A 也不会只有一个供应商或分销商，动态地考虑也不会只有一家 A，可能还会有 A_1，A_2，…，A_n 的网状模型，如图 6-3 所示。

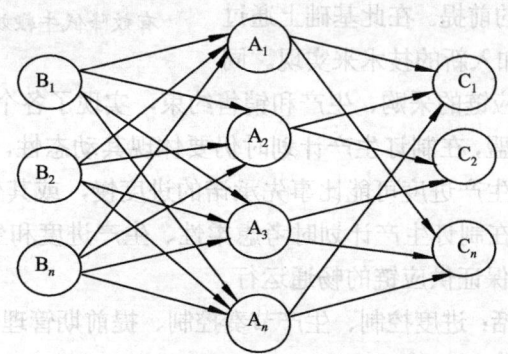

图 6-3　模型 Ⅲ：网状模型

由于供应链节点企业同时处于不同的几条供应链上,且其不止一个供应商或分销商,使供应链不再仅表现为一个简单的链状结构,而表现为一个复杂的、相互交错的网状结构。

三、虚拟企业

从供应链网状模型可以看出,整个供应链网络由一条条相互联系又相互区别的供应链交织而成,每个企业都可以在不同的供应链上进行活动,从而形成一个动态的联盟,可称之为虚拟企业。虚拟企业的存在是非正式的,也是短期的,它往往伴随着企业共同利益的产生而产生、消亡而消亡。虚拟企业在增强供应链的柔性和灵活性方面有着不容忽视的作用。

能力知识点 6 供应链管理的实施

实施供应链管理首先要跨越传统企业的界限,建立扩展企业的新思维,依托先进的信息技术支撑体系,实施全面的生产计划和控制、库存控制,从全局的角度提高产品和整个供应链的竞争力。

一、生产计划和控制

供应链作为一个整体,其最根本的目的和要求是以核心企业为龙头,有效地组织每个参与供应链的企业,通过优化整个供应链资源,以最低的成本,最快的速度生产最好的产品。

在顾客驱动的环境下,生产企业必须要具有适应不确定性事件不断修改计划的能力,为此,企业的生产加工过程、信息系统和通信基础设施、数据格式必须紧密衔接实时地运作。供应链同步化计划地提出是企业最终实现敏捷供应链管理的必然选择。

同步化计划要求供应链有透明的信息共享平台,这是实施同步化计划的前提。在此基础上通过改进 MRPⅡ 或在 ERP 中加入新的技术来实现。同

牛鞭效应与供应链信息分享

牛鞭效应是供应链中特有的一种需求放大效应,会导致订货成本、运输成本和库存成本增大,从而造成人力、物力资源的巨大浪费。有效克服或者减小牛鞭效应是供应链高效运作的关键。通过对牛鞭效应的数量化分析,供应链中进行信息分享可以有效降低牛鞭效应的影响。

步化计划的提出突破了供应链的采购、生产和销售约束,实现了各个环节的同步、协作运作。

供应链是一个动态联盟,在制订生产计划时仍要体现其动态性,即要具有柔性和灵活性,如某企业再生产过程中的生产进度可能比事先承诺的进度慢,或其生产能力比预期的差等,要弥补这些问题,就要求在制订生产计划时考虑柔性、生产进度和生产能力等因素,解决预期和实际有差异的矛盾,保证供应链的畅通运行。

供应链的生产控制包括:进度控制、生产节奏控制、提前期管理、成品和半成品及在制品控制。

二、库存控制

1. VMI管理系统

VMI是供应商管理用户库存的简称,它是供应商在用户的允许下设立库存,确定库存水平和补给策略,拥有库存控制权。它突破了传统的条块分割的库存管理模式,以系统的、集成的思想进行库存管理,使供应链系统实现同步化运作。

2. 联合库存管理

VMI是通过将库存控制权交给供应商来实施集成化管理的。如果系统设计不合理,往往使供应商面临较大的风险和承担较大的损失。联合库存管理是一种风险共担的库存管理模式,即将库存在供应商、生产商和分销商之间进行分担,但它却有别于传统的库存管理模式,而是通过供需双方共同制定库存计划,使供应链过程中的每个库存管理者(供应商、制造商和分销商)都从相互之间的协调性考虑,保持供应链相邻的两个节点之间的库存管理者对需求的预期保持一致,从而消除需求变异放大现象。任何相邻节点需求的确定是双方协调的,库存管理不再是各自为政的独立运作过程,而是供需连接的纽带和协调中心。

基于这种思想,出现了分销中心、第三方物流等专门从事产品运输、库存管理的组织,更加便利了供应链企业将精力集中于自己的核心业务,提高业务水平和运作效率。

3. 多级库存优化和控制

多级库存优化和控制策略是对供应链全局性进行优化与控制,它根据不同的配置方式有串行系统、并行系统、纯组织系统、树形系统、无回路系统和一般系统。

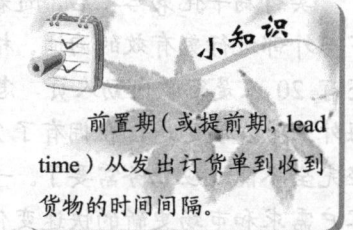

前置期(或提前期,lead time)从发出订货单到收到货物的时间间隔。

具体方法有两种:分散式策略和集中式策略。前者在管理上比较简单,但如果信息共享度低,就不能保证整体优化的供应链优化,因此分布式策略需要更多信息共享。对于后者,所有库存点的控制参数是同时决定的,考虑各个库存点的相互关系,通过协调的方法获得库存的优化。

举一反三

一、填空题

1. 供应链管理是基于_____所实施的管理。
2. 供应链管理就是对供应链上_____所实施的统一管理,是人们在认识和掌握供应链各环节_____和_____的基础上,利用管理的计划、组织、指挥、协调_____和_____职能,对产品_____和_____过程中各个环节所涉及的_____、_____、_____及_____进行合理调控,以期达到最佳组合,发挥最大效率,提升顾客价值的过程。

3. 供应链管理是以_____为支撑，依附_____、_____等现代管理技术，采用包括_____及_____等新的生产模式，实现了供应链管理信息的集成、技术的集成、组织的集成等，从而使整个供应链形成了一个_____。

4. 扩展企业包括_____、_____和_____，扩展企业的出现使供应链各节点企业表现为一种_____的关系，同时也使企业之间的竞争转化为_____之间的竞争。

5. 物流管理是对_____经过供应商采购到_____生产加工，经_____销售到最终用户的过程进行的管理。它的目标是以_____、_____、_____和_____满足用户需求。

6. 供应链管理要求实施全面的_____、_____，从全局的角度提高_____和_____的竞争力。

二、案例分析

格兰仕的零库存管理

2000年的家电领域，"扁平化"是个最为时髦的词语。这一年，格兰仕进行了一场组织架构扁平化的内部管理改革，砍掉了集团内部层层架构的设置，最终形成了决策、管理、执行三层结构制，由八位副总分管八个领域，格兰仕集团副总经理俞尧昌称之为"把一个集团变成一个工厂"，使整个企业的反应能力提上去。扁平化的原因则是由于过去垂直式的科层管理与生产的协同制造、大规模定制之间，存在着不可避免的矛盾。

实行扁平化策略之后，随着组织结构的精简，首当其冲的问题是如何在人员更少的情况下与外部进行更有效的沟通。格兰仕集团近2万人当中仅有100人在销售部门工作，而其中还有20人是行政内勤人员，怎样与客户进行一对一的沟通是一个重要的问题，尤其是由于海外业务发展迅速，在拥有了200个国家的4 000多名客户后，传统的电话、传真等方式已经完全不能适应业务需要了。一年超过一千万台的微波炉产能如何才能有效地发挥作用以及客户需求和市场更新的快速变化又使他们面临着新的挑战。

早在1996年，格兰仕就开始在集团内部引入了信息化的概念，在办公自动化、供应链、财务等方面引进了一些管理软件，建立了公司网站。但1998年在格兰仕成为了世界第一大的专业微波炉制造商后，信息系统的局限性开始显现。特别是在2000年格兰仕提出了"全球家电制造战略"后，产品线和客户的不断增多、业务范围的继续拓展，以及全球战略的日渐清晰，促使格兰仕制定出了信息化的系统框架。

截止到2003年6月，格兰仕的信息化系统已经覆盖了财务管理、仓库管理、制造管理、营销管理、客户关系和电子商务等领域。和许多企业一样，格兰仕的信息管理系统仍然以财务为核心，通过对集团内部资金往来与资金结算的集中和分布管理，不定时地收集、分析各分支机构的财务数据，总部能够实现对各个分支机构的有效监控，资金的运作效率大大提高。同时，由于实现了完善的"数据—信息—决策—控制"循环，不仅在一定程度上满足了财务管理和经营决策的需要，还建立起了一个高效、有组织的信息管理平台和体系，为开展电子商务提供了良好的数据接口和可持续发展能力。

在家电行业中,人们一直视格兰仕为"打价格战的好手",尽管价格战在人们眼里是一个略带些贬义的字眼,但经济学家钟朋荣却这样解释格兰仕在微波炉上的低价格:格兰仕的降价,不是在产品成本之下进行的倾销,也不是以质量下降为前提的价格战,而是建立在成本降低的基础之上,而成本的降低又来自于它的规模优势。对信息技术的有效利用为格兰仕的规模竞争和成本下降打下了基础。

格兰仕"零库存"的管理思想通过对生产计划和物料的系统规划,实现了材料和产品的库存都按照计划来流动,只保留少量的合理库存。而以这个思想作为经营指导战略的,还有大名鼎鼎的 PC 制造商戴尔,而它的成功早已是享誉全球的商业传奇。

格兰仕企划中心的游丽敏向记者介绍道,"零库存管理的核心在于尽快地采购最好的原材料、制造更好的产品,并通过反应迅速的营销体系以最快的速度传递到消费者手中。通过对金碟 K/3 和 Forgood ERP 系统的规划和运用,集团能够对库存进行数字化管理,具体到每个型号的产品在工厂有多少库存、经销商仓库里有多少台产品和每个时期的产品库存周转率,都有了准确的统计数据,决策层在调配资源、落实产供销平衡的问题上能够获得充分的依据。其实,零库存在应用过程中就是一种信息流的规划,通过这种规划,能够提高我们企业的资金周转率,很好地降低经营风险。"

零库存管理是建立在整个企业信息化管理基础之上的,经过了近十年的信息化建设,格兰仕的集约管理水平也随着企业的逐渐做大而进一步提升。伴随着零库存管理的思想,格兰仕还向合作伙伴们提出了"商家经营零风险"的策略,这一措施使得原材料供应商、销售合作伙伴都主动接受"格兰仕的目标就是我们的目标"的理念。正是零库存给了格兰仕在家电制造领域强有力的自信。尽管 2 年前首次涉水空调产业时,人们纷纷表达了对这个微波炉企业的质疑,但今天格兰仕已经成功地将微波炉生产中积累起来的信息化经验引入空调的生产和营销中,并取得了不俗的业绩,他们新视频化的网上营销平台除了产品供应和原材料采购信息外,格兰仕在自己的企业网站上建立起了用户和客户的档案和交流平台。不过,更有意思的是,格兰仕在网站上还提供了一个视频系统,客户和用户可以通过这个系统看到格兰仕的原材料、产品,甚至还能够直接看到工厂的生产线。视频系统的运用给格兰仕带来的是更多的市场机会。2003 年上半年,尽管 SARS 肆虐给国内的经济蒙上了一层阴影,不少企业业绩下降,但格兰仕却因为对这个视频系统的积极利用,避开了这一劫。因为海外客户虽不能像过去一样亲自到生产现场进行考察,可视频系统却仍然能够使他们"身临其境",对企业的生产、检测、出货等流程一目了然。2003 年,格兰仕的出口不降反升,空调出口更实现了同比 220% 的增长。

现在,格兰仕还不能完全通过信息系统来实现决策支持,高层仍然更多地参照赢利链来进行决策,但是他们迫切地希望能够通过持续而踏实的努力将信息化扩大到客户,包括海外代理商,根据环境的不断变化来调整客户关系,最后实现一种文化的延伸,能够及时地为终端顾客提供相关的服务和知识普及。这种新的客户关系不是简单的买和卖的关系,而是一种一对一的交流。

(节选自:徐亚岚. 格兰仕零库存的背后——大胆的零库存管理)

知识拓展

精益供应链，英文称为 Lean Supply Chains，它来源于精益管理。精益供应链的出现，成为减少浪费、降低成本、缩短操作周期、提供强化的客户价值从而增强企业的竞争优势的一种方法。

学习评价

供应链管理基础知识学习评价表

被考评人					
考评地点					
考评内容		供应链管理基础知识			
考评标准	内　　容	分值/分	自我评价/分	小组评议/分	实际得分/分
	供应链与供应链管理	20			
	供应链管理的必要性	20			
	传统供应链管理中物流管理存在的问题	30			
	供应链管理与物流管理的区别	30			
	合　　计	100			

注：1. 实际得分＝自我评价40%＋小组评议60%。
　　2. 考评满分为100分，60～74分为及格；75～84分为良好；85分以上为优秀（包括85分）。

综合知识模块二　电子化物流

模块目标

1. 理解掌握物流与电子商务的关系。
2. 了解物流电子化信息沟通的相关技术。
3. 了解电子化物流信息系统的基本功能。

能力知识点1　物流与电子商务的关系

一、物流是电子商务的重要组成部分

电子商务的本质是商务，商务的核心内容是商品交易，而商品交易会涉及四方面，即商品所有权的转移，货币的支付，有关信息的获取与应用，商品本身的移交，从而形成商流、资金流、信息流和物流。在电子商务环境下，这四个部分都与传统情况有所不同。商流、资金流与信息流的处理都可以通过计算机和网络通信设备实现，而物流，作为四流中最特殊的一种，是指物的实体流动过程，是根据实际需要，对运输、存储、配送、装卸、搬运、包装、流通加工、配送和信息处理等基本功能实施有机结合的过程。对于少数商品和服务来说，可以直接通过网络传输的方式进行配送，如各种电子出版物和信息咨询服务等。而对于大多数商品和服务来说，物流仍须采用物理方式传输。如图 6-4 所示为电子商务组成关系图。

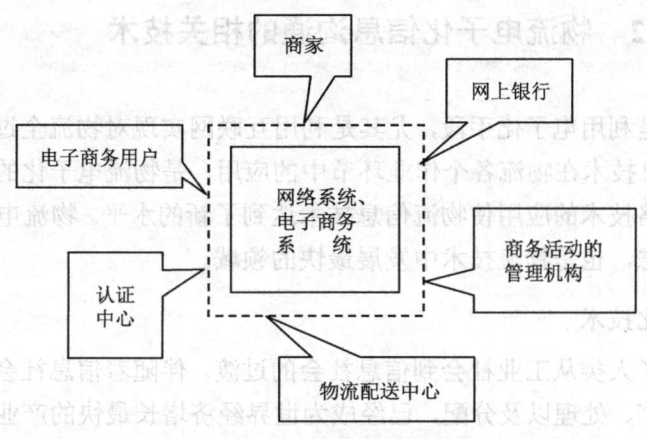

图 6-4　电子商务组成关系图

二、物流是实现电子商务的保证

物流是电子商务的重要组成部分，是实现电子商务活动的重要保证。由电子商务流程图可以知道，离开了现代物流，电子商务过程就不完善。

三、物流保证生产的顺利进行

无论是在传统的贸易方式下，还是在电子商务环境下，生产都是商品流通之本，而生产的顺利进行需要各类物流活动的支持。生产的全过程从原料的采购开始，便要求有相应的供应物流活动将所采购的材料供应到位，否则，生产就难以进行；在生产的各工艺流程之间，也需要有原材料、半成品的物料流动过程，从而形成生产物流；对部分余料和可以再利用的物资的回收形成了所谓的回收物流；对废弃物的处理形成了废弃物物流。可见，在整个生产过程中包含了系列化的物流活动。合理化、现代化的物流活动，是通过加强对物流环节的管理和控制，实现降低成本、优化库存结构、减少资金占压和缩短生产周期，确保现代化生产的高效运行。

四、物流服务于商流

在传统的商业活动中，商品所有权往往在购销合同签订的同时，便由供方转移到了需方，而商品实体并没有因此而到达需方。在电子商务环境下，顾客通过网络购物，完成了商品所有权的交割过程，但电子商务活动并未就此结束，只有商品和服务真正到达顾客手中，商务活动才告终结。在整个电子商务中，物流实际上是以商流的后续者和服务者的姿态出现的。没有现代化的物流，轻松的商务活动只会退化为一纸空文。

五、物流是实现以"顾客为中心"理念的根本保证

电子商务的出现,在最大程度上方便了最终消费者。物流是电子商务实现以顾客为中心理念的最终保证,缺少现代化物流技术与管理,电子商务给消费者带来的便捷等于零,消费者必然会转向他们认为更为可靠的传统购物的方式。

能力知识点 2 物流电子化信息沟通的相关技术

电子化物流就是利用电子化手段,尤其是利用互联网实现对物流全过程的协调、控制和管理。现代电子信息技术在物流各个作业环节中的应用,是物流电子化的重要标志之一,飞速发展的计算机网络技术的应用使物流信息技术达到了新的水平。物流电子化信息技术是物流现代化的重要标志,也是物流技术中发展最快的领域。

一、信息标准化技术

信息技术推动了人类从工业社会到信息社会的过渡。伴随着信息社会的到来,信息资源的开发和信息的生产、处理以及分配,已经成为世界经济增长最快的产业之一,而与信息产业不可分割的信息技术标准化,也越来越受到人们的重视。在物流信息系统建设中,通过标准化来实现系统间的数据交换与共享,促进物流活动的社会化、现代化和合理化已经成为必然趋势。

物流信息标准化的组成包括基础标准、业务标准和相关标准。物流标准化汇集与物流信息系统相关的现有国家标准,为物流信息系统设计人员提供参考和依据,为进一步采用国际标准和国外先进标准提供支撑。

二、信息编码技术

代码是以条码形式表现的,用来实现对相关项目及其数据进行标识的一组数据结构。对于一项贸易的所有信息,代码是访问数据库和明确标识及相关项目的关键因素。这些代码一方面以条码的形式来表现,另一方面也用于 EDI 报文之中,这就需要确定代码在全世界范围内的唯一性。

目前,国际上通用的是 EAN·UCC 系统,是一种全球统一的标识系统,由国际 ENA 和 UCC 共同管理。EAN·UCC 系统主要应用于贸易项目、物流单元(运输和/或仓储)、资产和位置这 3 个领域。相应地,该编码系统可以划分成 3 个部分:全球贸易项目标识代码(Global Trade Item Number,GTIN)、系列货运包装箱代码(Serial Shipping Container Code,SSCC)和全球位置码(Global Location Number,GLN)。

三、信息识别技术

标识是用来表示代码的形式,信息标识技术主要是借助于条码和电子标签来表示和实现标识功能。

四、信息识读技术

信息识读技术主要包括条码识别、射频识别、生物识别、语音识别、图像识别以及光学识别技术，其借助一定的专用技术和设备，将图形化的符号、声音、图像和文字等信息转换成计算机可识别的数字信息，并进行数据的分析和处理。

五、信息传输技术

信息传输技术是通信技术与计算机网络技术相结合的产物，是实现信息共享和信息交换的重要手段与方式。随着信息社会的来临和计算机技术的发展，特别是高速计算、大容量存储、分布式处理对信息传输技术提出了更高要求，极大地促进了网络与通信技术，特别是数字数据通信技术的发展，光纤通信、卫星通信、移动通信和 GSM 等技术纷纷涌现。

六、信息处理技术

信息处理技术是以计算机硬件和软件为基础，实现信息的活的、提取、标准化的重要手段，信息处理的内容包括数值运算、文字处理、图像以及声音等多媒体信息处理。随着企业信息化的要求，人们对信息的产生、传播和处理能力也日益提高，电子数据交换和可扩展的标识语言已经成为信息处理的重要方式。

七、信息跟踪技术

在物流活动的各个作业环节中，信息的实时跟踪、处理是各项活动顺利进行的有效手段和重要保障，是物流现代化的重要标志。信息跟踪技术的应用系统主要包括全球定位系统（GPS）和地理信息系统（GIS）。

八、信息集成技术

从系统的角度来分析，物流信息技术是多种信息技术集成的一体化现代物流管理体系。相关的技术包括信息的标准化技术、信息编码技术、信息标识技术、信息识读技术、信息传输技术、信息处理和信息跟踪技术等。通过信息集成、过程优化及资源优化，实现数据共享，信息识读、传递、处理和跟踪。

能力知识点 3　电子化物流信息系统的基本功能

电子化物流信息系统为物流业各界提供物流业务的操作平台，使得小型的物流服务提供商和企业之间的物流信息通过该系统进行信息交换，进行物流业务的企业可以通过该网络监控货物的流动，物流服务提供商则可以借助该网络提高和扩大自己的服务能力和范围，政府相关部门也可以通过该网络对物流活动进行宏观监控。可以说，物流信息系统可以实现对物流服务全过程的管理。具体而言，物流信息系统具备以下一些功能。

（1）集中控制功能：它主要是对物流全过程进行监控。其实现的功能控制有业务流程的集中管理、各环节的收费管理、各环节的责任管理、各环节的结算管理、各环节的成本管理以及运输环节的管理、仓储环节的管理和统计报表管理等。通过对各环节数据的统计与分析，得出指导企业运营的依据。

（2）运输流程管理功能：它主要是针对运输流程的四个环节而实施的接单管理、发运管理、到站管理、签收管理和运输过程的单证管理，如：路单管理、报关单管理、联运提单管理和海运提单管理等。

（3）车（船、飞机等）、货调度管理功能：该功能可以解决运输过程中的货物配载、车辆（船、飞机等）调度和车辆（船、飞机等）返空等问题。通过使用本系统能够更好地利用集装箱的运输空间，更合理地进行车辆的调度，并能圆满地解决大型运输集团中各分公司的车辆（船、飞机等）返空问题。

（4）仓储管理功能：这里针对货物的入库、出库、在库进行管理。其中，在库管理是指对库中作业的管理，包括对货物的包装、拆卸、库中调配和配货等典型的物流服务。通过对出入库货物数量的计算，可以得出准确的货物结存量。此外，还可以根据物流订单信息进行库存的预测管理。

（5）统计报表管理功能：这是物流信息系统中最主要的信息输出手段，是企业决策者和客户了解业务状况的依据。它既可以提供动态的统计报表功能，即决策支持系统，也可以提供多种特定的统计报表，如货物完整率报表、时间达标率报表、延期签收统计报表、业务量分析图以及财务结算统计表、物流企业年度经营情况总结报表等。

（6）财务管理功能：管理物流业务中和费用相关的各种数据，并建立物流系统和专业财务系统的数据接口。

（7）客户查询功能：为顾客提供灵活多样的查询条件，使得客户可以共享物流企业的信息资源，如货物的物流分配状况、货物的在途运输状况、货物的实时跟踪、货物的库存情况、货物的结存情况、货物的残损情况和货物的签收情况等。

（8）客户管理功能：物流服务是以顾客为中心的服务，是任何一个物流系统都必不可少的功能。它主要由以下 3 部分组成：托运人管理（包括货主、货运代理者、生产商等）、收货人管理（包括销售商等）和中间承运人管理（即经营主体对各经营人的管理，包括物流集团企业的下属各分公司、联运中的其他运输团体，如船舶公司、船运代理者和航空代理等）。

总之，现代物流的关键元素之一为信息流。物流企业必须充分利用目前信息网络时代里现代通信网络的便利，将信息流架构于以 Internet 为代表的信息网络平台上，实现物流、信息流的统一，从而为企业创造良好的经济效益。

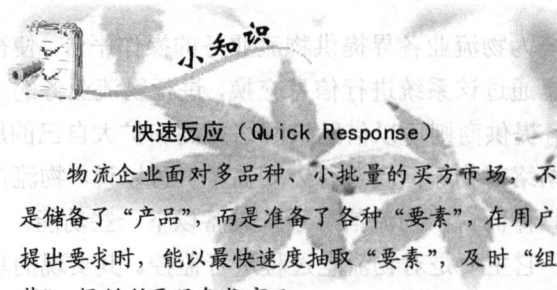

快速反应（Quick Response）

物流企业面对多品种、小批量的买方市场，不是储备了"产品"，而是准备了各种"要素"，在用户提出要求时，能以最快速度抽取"要素"，及时"组装"，提供所需服务或商品。

举一反三

一、填空题

1. 电子化物流就是用电子化的手段、尤其是利用_____来完成物流全过程的_____和_____。

2. 信息识读技术主要包括_____、_____、生物识别、语音识别、_____及光学识别技术,其借助一定的专用技术和设备,将_____化的符号、声音、图像、文字等信息转换成_____可识别的_____信息,并进行_____分析和处理。

3. 信息传输技术是通_____与_____相结合的产物,是实现_____和_____的重要手段与方式。

4. 物流信息系统应具备_____、_____、_____、_____、_____、_____和_____等基本功能。

二、简答题

1. 实现物流电子化信息沟通需要哪些相关技术?
2. 物流信息系统应具备哪些功能?

三、案例分析

谁支起电子商务的未来

阿基米德说:"给我一个支点,我可以撬起整个地球"。那么谁能成为电子商务的支点?企业?政府?还是网络英雄?

国务院办公厅《关于加快电子商务发展的若干意见》(以下简称《意见》)中指出,电子商务是国民经济和社会信息化的重要组成部分。发展电子商务是以信息化带动工业化,转变经济增长方式,提高国民经济运行质量和效率,走新型工业化道路的重大举措,对实现全面建设小康社会的宏伟目标具有十分重要的意义。与发达国家相比,我国电子商务仍处在起步阶段,还存在着应用范围不广、水平不高等问题,促进电子商务发展的政策环境急需完善。

《意见》中就加快我国电子商务发展的有关问题,指出加快电子商务发展的基本原则遵循政府推动与企业主导相结合。在不断完善管理体制,优化政策环境,加强基础设施建设,提高服务质量的同时,充分发挥企业在开展电子商务应用中的主体作用,建立政府与企业的良性互动机制,促进电子商务与电子政务协调发展。同时,将营造环境与推广应用相结合。加强政策法规、信用服务、安全认证、标准规范、在线支付、现代物流等支撑体系建设,营造电子商务发展的良好环境,推广电子商务在国民经济各个领域的应用,以环境建设促进应用发展,以应用带动环境建设。

你能想像未来居民的生活是什么样子吗?让我来描绘一下。

张大妈不会使用计算机,更不知道网络是什么,但是每天早晨,她出门锻炼身体的时候,都要顺道去社区服务站转一圈,告诉那里的工作人员她今天要买几斤菜、几斤米和什么生活用品。服务站的工作人员会把这些信息即时通过网络汇集到市级社区服务中心,再由市级服务中心统一协调、配送，最终把货物送到张大妈的家门口。这就是张大妈未来的幸福生活。

在新经济充斥着大量泡沫，电子商务在低谷中徘徊的时候，首都信息发展股份有限公司并没有放弃，而是逆流而上，积极参加到科技部"十五"项目"电子商务与现代物流关键技术研究、开发及示范工程"中，首信公司总裁汪旭博士说："电子商务的概念被恶性炒作毁掉了，它本身并不是不具有积极意义，在发展中的中国，特别是北京这种正在快速变化的大都市中，它是一种极具潜力的模式，我们需要再次认识'电子商务'的概念"。

汪旭认为目前国内的电子商务发展主要方向是专一化，即借助电子化手段的服务性公司。在专一化的趋势下，政府和大型企业的工作是整合和准入。所以汪旭把北京市电子商务与现代物流应用示范工程——"北京社区电子商务工程"视为"三个代表"的体现也是有一定道理的："该工程是一种高权威的整合，它比自愿加盟形式的整合力度更强，它既充分体现出了政府的权威性，又利用了高科技手段，是一个与百姓生活密切相关的项目"。

（节选自：伊佳，方世兴. 支点——谁支起电子商务的未来. 电子商务世界）

知识拓展　实用中重型货架的安全常识

1）防超载，货品存放的每层重量不得超过货架设计的最大承载。
2）防超高超宽，货架层高、层宽已受限制，卡板及货物的尺寸应略小于净空间100mm。
3）防撞击，叉车在运行过程中，应尽量轻拿轻放。
4）防头重脚轻，应做到高层放轻货，底层放重货的原则。
5）防止用不标准的地台板（卡板）在货架上使用，川字底最适合。
6）货架上方摆放有货物时，操作人员尽量不要直接进入货架底部。

学习评价

电子化物流的相关知识学习评价表

被考评人					
考评地点					
考评内容	电子化物流的相关知识				
考评标准	内　　容	分值/分	自我评价/分	小组评议/分	实际得分/分
	物流与电子商务的关系	30			
	物流电子化信息沟通的相关技术	30			
	电子化物流信息系统的基本功能	40			
	合　　计	100			

注：1. 实际得分=自我评价40%+小组评议60%。
　　2. 考评满分为100分，60~74分为及格；75~84分为良好；85分以上为优秀（包括85分）。

综合知识模块三

国际化物流

模块目标
1. 掌握国际物流的概念。
2. 理解掌握国际物流的总目标及国际物流的特点。
3. 了解掌握国际化物流系统及其技术构成。
4. 了解我国应对国际化物流采取的主要措施。

能力知识点 1　电子商务与国际物流

电子商务的推广，加快了世界经济的一体化，使国际物流在整个商务活动中占有举足轻重的地位。我国加入世界贸易组织后，国际贸易和跨国经营都面临着巨大商机和严峻挑战。为了使我国在世界贸易格局中占据有利的地位，提高我国跨国公司的竞争能力和成本优势，开展和加强国际物流的研究具有重要意义。

所谓国际物流，就是组织货物在国际间的合理流动，也就是发生在不同国家之间的物流。国际物流的实质是按国际分工协作的原则，依照国际惯例，利用国际化的物流网络、物流设施和物流技术，实现货物在国际间的流动与交换，以促进区域经济的发展和世界资源优化配置。

国际物流的总目标是为国际贸易和跨国经营服务，即选择最佳的方式与路径，以最低的费用和最小的风险，保质、保量、适时地将货物从某国的供方运到另一国的需方。国际物流是为跨国经营和对外贸易服务的，使各国物流系统相互"接轨"，因而与国内物流系统相比，具有国际性、复杂性和高风险性等特点。

能力知识点 2　国际化物流系统与技术构成

国际物流系统是由商品的包装、存储、运输、检验、流通加工和其前后的整理、再包装以及国际配送等子系统组成。运输和存储子系统是物流系统的主要组成部分。国际物流通过商品的存储和运输，实现其自身的时间和空间效益，满足国际贸易活动和跨国公司经营的要求。

一、运输子系统

运输的作用是将商品使用价值进行空间移动，物流系统依靠运输作业克服商品生产地和

需要地点的空间距离，创造了商品的空间效益。国际货物运输是国际物流系统的核心。商品通过国际货物运输作业由卖方转移给买方。国际货物运输具有路线长、环节多、涉及面广、手续繁杂、风险性大和时间性强等特点。运输费用在国际贸易商品价格中占有很大比重。国际运输主要包括运输方式的选择、运输单据的处理以及投保等有关方面。

二、仓储子系统

商品存储、保管使商品在其流通过程中处于一种或长或短的相对停滞状态，这种停滞是完全必要的。因为商品流通是一个由分散到集中，再由集中到分散的源源不断的流通过程。国际贸易和跨国经营中的商品从生产厂或供应部门被集中运送到装运港口，有时须临时存放一段时间，再装运出口，是一个集和散的过程。它主要是在各国的保税区和保税仓库进行的，主要涉及各国保税制度和保税仓库建设等方面。

从物流角度看，应尽量减少存储时间、存储数量，加速货物和资金周转，实现国际物流的高效率运转。

三、商品检验子系统

由于国际贸易和跨国经营具有投资大、风险高和周期长等特点，使得商品检验成为国际物流系统中重要的子系统。通过商品检验，确定交货品质、数量和包装条件是否符合合同规定。如发现问题，可分清责任，向有关方面索赔。在买卖合同中，一般都订有商品检验条款，其主要内容有检验时间与地点、检验机构与检验证明、检验标准与检验方法等。

四、商品包装子系统

杜邦定律（美国杜邦化学公司提出）认为：63%的消费者是根据商品的包装装潢进行购买的，国际市场和消费者是通过商品来认识企业的，而商品的商标和包装就是企业的面孔，它反映了一个国家的综合科技文化水平。

五、国际物流信息子系统

该系统的主要功能是采集、处理和传递国际物流和商流的信息情报。没有功能完善的信息系统，国际贸易和跨国经营将寸步难行。国际物流信息的主要内容包括进出口单证的作业过程、支付方式信息、客户资料信息、市场行情信息和供求信息等。

国际物流信息系统的特点是信息量大、交换频繁；传递量大、时间性强；环节多、点多、线长。所以要建立技术先进的国际化物流信息系统。国际贸易中 EDI 的发展是一个重要趋势。我国应该在国际物流中加强推广 EDI 的应用，建设国际贸易和跨国经营的高速公路。同时，上述主要系统还应该和配送系统、装搬系统以及流

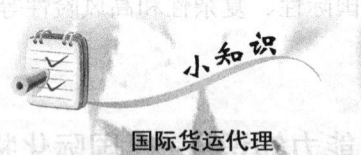

小知识

国际货运代理

国际货运代理（International Freight Forwarding Agent）接受进出口货物收货人、发货人委托，以委托人或自己的名义，为委托人办理国际货物运输及相关业务，并收取劳务报酬的经济活动。

通加工系统等有机联系起来，统筹考虑，全面规划，从而建立适应国际竞争要求的国际物流系统。

能力知识点3 我国应对国际化物流采取的措施

（1）加强物流基础设施建设：我国物流业要向国际化发展，必须首先做好物流现代化建设，不断加大对物流设施建设的投资。目前，海洋运输是我国对外运输的主要方式和途径，在进行重点建设投资时，要重视港口的集装箱化，同时还要考虑石油、煤、原材料、建设材料等大批量散装能源和物资进行装卸的需要，建设专用的码头货站和自动化立体仓库等，逐步实现包装的规范化、装卸的机械化和运输的集装箱化。建立高效的信息传递系统和全球性物流信息网络，在实现全国范围物流信息联网运行的基础上，逐步向国外发展，实现物流信息在世界范围内的迅速传递，为参与国际竞争、实现物流国际化创造一个良好的环境。

（2）建立和完善物流网络，促进国际物流的合理化：国际物流系统网络是指由多个收发货的"结点"和它们之间的连线所构成的物流抽象网络以及与之相伴随的信息流网络的有机整体。要建立我国的国际物流系统网络，首先，在规划网络内仓库的数量、地点及规模时，要围绕着商品交易需要和我国对国际贸易的总体规划；其次，要明确各级仓库的供应范围、分层关系以及供应或收购数量，注意各级仓库的有机衔接；最后，国际物流网点的规划要考虑现代物流技术的发展，留有余地，以备将来的扩建。

（3）加速培养开放型物流人才：要实现物流的国际化，必须拥有一支既有开放意识，又有专业知识和技能的高素质物流人才。对国际物流人才的培养，不仅要注重物流基本理论知识的传授，更要注重加强计算机、网络、国际贸易、通信和标准化等知识的完善和补充。

举一反三

一、填空题

1．所谓国际物流，就是_____在_____的合理流动，也就是发生在_____之间的物流。国际物流的实质是_____的原则，依照_____，利用国际化的_____、物流设施和物流技术，实现货物在国际间的_____，以促进区域经济的发展和世界资源优化配置。

2．国际物流系统是由商品的_____、_____、_____、检验、_____和其前后的整理、再包装以及_____送等子系统组成。_____和_____子系统是物流系统的主要组成部分。

3．国际物流信息系统的特点是_____、_____、_____、_____和_____。

二、简答题

1．国际化物流系统包括哪些子系统？

2．我国应对国际化物流应采取哪些措施？

三、案例分析

海尔物流——面向 21 世纪的企业物流集成管理系统

我们从海尔国际化战略出发，以企业资源管理理论为指导，论述国际化物流作为海尔的企业资源具有价值性、稀缺性和难于仿制性的特性，从而可以构成企业的核心能力，成为企业取得竞争优势的秘密武器。海尔的物流改革又一次走在了国内生产企业的前列。海尔在考虑如何将企业做"强"时，必须拥有核心竞争力，走国际化道路，物流改革迫在眉睫。海尔集团是在 1984 年引进德国利勃海尔电冰箱生产技术成立青岛电冰箱总厂的基础上发展起来的国家特大型企业。

短短 15 年来，海尔以"先难后易"的战略，坚持打海尔品牌出口，实现国际市场拓展。现在海尔已在海外发展了 62 个经销商，30 000 多个营销网点，产品批量出口到欧美、中东、东南亚等世界十大经济区域共 87 个国家和地区，1998 年，海尔品牌出口创汇 7 665 万美元。企业还在菲律宾、马来西亚、印尼、南斯拉夫等国家设厂，向国际化大企业的目标迈进。

集团领导在总结世界制造业的先进企业物流管理系统的基础上，将物流重组提到日程上来，突破了单纯降低成本的概念，将物流重组定位在增强企业竞争优势的战略高度上，希望通过物流重组，有力推动海尔的发展。实现物流管理的总目标，即以最低的物流成本向客户提供最优质的服务。

海尔"创立世界名牌"的国际化战略目标，要求海尔持续批量地生产出高质量的产品，而保持大批量生产条件下产品质量的一致性，又要求必须从原来分散在各事业部的局限于国内的采购活动，改变为整个集团集中的国际化采购。这种迅速走向国际化的作业，提高了物流成本，也增加了物流复杂性，海尔面临全球物流壁垒的挑战，即 4D 挑战（距离、需求、多样性、单证）。这种全球化的作业，使得海尔必须站在供应链管理的观点上去系统管理由大量的不同国家的供应商及经销商所组成的复杂供应链。

在海尔集团总体物流战略的指引下，集团制定了物流改革的实施计划，该计划突出了以点带线、以线带面、全面突破的方针，即选择空调的部件库为点建设现代化的立体高架库，以此推动向部件采购配送物流及车间的物料配送系统的物流改革，并以空调事业部为试点，向集团各事业部全面推进。

1. 以立体库为突破口，两翼推进

海尔集团经过多次论证，从制约生产发展的部件库开始进行物流改革。空调事业部首先开始建造海尔现代化物流中心库。海尔国际化物流中心库采用世界最先进的硬件及管理软件系统，由世界权威的物料搬运设备供应商林德集团提供窄通道三向高位堆垛车；重型货架由世界著名的货架供应精确公司提供商精确公司提供。软件系统由世界著名的企业 ERP 供应商 SAP 公司提供。该库共有 9 168 个库位，日进出托盘 1 600 个。

库存管理自动化是指通过采用先进的计算机管理系统，适时反映不同产品的库存量，以便于采购计划的制订、执行和生产计划的执行，为实行 JIT 生产模式奠定基础。

库存管理柔性化是指通过利用立体库所具备的灵活性和可扩展性，使其不仅在现阶段为海尔空调部门生产车间服务，更可以扩展到为海尔冰箱、海尔洗衣机等其他部门服务，降低整个物流成本。

2．物流容器标准化及搬运机械化

为配合 JIT 生产模式，海尔大力推行了一系列的物流容器标准化和搬运机械化措施。现在立体高架库内存放的空调、洗衣机、冰箱等事业部的零件已经做到使用标准化、单元化的容器，以便于堆垛和机械化搬运；多达四层堆垛，使现场更整洁，空间利用率更高，对物料的品质保证效果更好。冰箱、洗衣机的成品出库采用叉车和软包夹具，效率大大提高，并节省了人力。海尔还将继续在集团内各事业部推行标准化物流容器和机械化搬运的措施，预期在 2000 年末实现整个集团的物流容器的标准化和搬运机械化，为 JIT 生产方式的最终实现打下坚实的基础。

3．以空调事业部进行试点，带动集团全面突破

在考察物流先进企业的基础上，海尔聘请物流专家对目前车间的物流现状进行了诊断和系统的规划，从最基本的物流容器单元化、集装化、标准化、通用化到物料搬运机械化，到车间的物料配送的"看板"管理系统进行了全面规划，利用 3PL，实施"JIT"生产管理模式，分供方也积极地配合海尔的物流改革，呈现了良性的互动。

集团计划在尽可能短的时间内，摸索出一套海尔独有的物流管理模式，创立海尔物流体系，使海尔的物流能力成为海尔争取竞争优势的核心能力，为此，海尔正努力建设企业内部的物流事业部门，并在为集团服务的基础上，最终社会化，使海尔的企业物流最终成为海尔的物流企业。海尔物流企业事业部门将以崭新的物流管理系统，成为海尔新的增长点，也成为真正意义上的第三利润源泉，并有力地推动海尔的国际化战略的实现。

（节选自：郜振廷，等．海尔物流创新模式：一流三网．北京：中国时代经济出版社，2003）

知识拓展　集装箱上的常用英语

Full Container Load　整柜　　　　LCL Less Than Container Load　拼箱
High Cubic　高柜　　　　　　　　40' High Refrigerator 40 高冻柜
General Cargo　普通柜　　　　　Semi Hazardous　半危险品
Hazardous　危险品　　　　　　　Open Top　开顶柜
Flat rack　框架箱　　　　　　　　Refrigerator　冻柜
Container Yard　集装箱堆场　　　Container Freight Station　集装箱货运站

学习评价

国际化物流相关知识学习评价表

被考评人					
考评地点					
考评内容	国际化物流相关知识				
考评标准	内　容	分值/分	自我评价/分	小组评议/分	实际得分/分
	电子商务与国际物流	10			
	国际物流系统的构成	50			
	我国应对国际化物流所采取的措施	40			
	合　计	100			

注：1. 实际得分=自我评价 40%+小组评议 60%。
　　2. 考评满分为 100 分，60～74 分为及格；75～84 分为良好；85 分以上为优秀（包括85分）。

综合知识模块四

第四方物流

模块目标

1. 掌握第四方物流与第三方物流的区别与联系。
2. 理解掌握第四方物流的作用。
3. 了解第四方物流企业必备的条件。

能力知识点 1　第四方物流

第三方物流作为一种新兴的物流方式活跃在流通领域，它的节约物流成本、提高物流效率的功能已为众多企业认可。随着企业要求的提高，"第三方物流"在整合社会资源以解决物流瓶颈、达到最大效率方面开始显得力不从心，对此有人提出，必须密切客户和第三方物流的关系并进行规范化管理。于是"第四方物流"（Fourth Party Logistics，4PL）便应运而生。

第四方物流的概念首先是由著名的管理咨询公司埃森哲公司提出的，他们认为，"第四方物流供应商是一个供应链的集成商，它对公司内部和具有互补性的服务供应商拥有不同的资源、能力和技术进行整合和管理，提供一整套供应链解决方案"。它的主要作用是对制造企业或分销企业的供应链进行监控，在客户和其物流和信息供应商之间充当唯一"联系人"的角色。

小知识

自动化仓库

自动化仓库（Automatic Warehouse）是由电子计算机进行管理和控制的，不需要人工搬运作业，而实现收发作业的仓库。

能力知识点 2　第四方物流和第三方物流的区别和关系

第三方物流是指物流渠道中的专业化物流中间人，以签订契约的方式，在一定期间内，为其他公司提供所有的或某些方面的物流专业服务。"第三方物流供应商"为客户提供所有的或一部分供应链物流服务，以获取一定的利润。第三方物流公司提供的服务范围很广：它可以简单到只是帮助客户安排一批货物的运输，也可以复杂到设计、实施和运作一个公司的整个分销和物流系统。第三方物流的最大附加值是基于信息和知识，而不是靠提供最低价格的一般性的无差异的服务。

第四方物流和第三方物流的显著区别在于：第四方物流偏重于通过对整个供应链的优化和集成来降低企业的运行成本，而第三方物流则是偏重于通过对物流运作和物流资产的外部化来降低企业的投资和成本。

第四方物流是在第三方物流的基础上发展起来的，第四方物流具有很多的优势：①能给客户提供最接近要求的完美的服务。②能提供一个综合性的供应链解决方案。③能利用第四方的信息资源、管理资源和资本规模为企业打造一个低成本的信息应用平台。④能为企业提供低成本的信息技术。

第三方物流主要是为企业提供实质性的具体的物流运作服务。而主要的不足是本身的技术水平不高，能为客户提供的技术增值服务比较少。第三方物流公司缺乏对整个供应链进行运作的战略性专长和真正整合供应链流程的相关技术。而第四方物流刚好相反，其专长是物流供应链技术，它具有丰富的物流管理经验和供应链管理技术、信息技术等。它的不足在于自身不能提供实质的物流运输和仓储服务。第四方物流的思想必须依靠第三方物流的实际运作来实现并得到验证；第三方物流又迫切希望得到第四方物流在优化供应链流程与方案方面的指导。因此，只有二者结合起来，才能更好地、全面地提供完善的物流运作和服务。第三方物流与第四方物流联合成为一体以后，将第三方物流与第四方物流的外部协调转化为内部协调，使得两个相对独立的业务环节能够更和谐、更一致地运作，物流运作效率会得到明显的改善，进而增大物流成本降低的幅度，扩大物流服务供应商的获利空间。

能力知识点 3　第四方物流的作用

第四方物流综合了咨询管理和第三方物流的优点，能够从比较大的范畴去改善供应链的管理，对供应链的复杂要求做出高效率的反映。第四方物流对供应链的作用主要体现在以下几个方面。

一、对供应链流程再造或供应链过程的再设计

供应链过程中真正的显著改善可以通过各个环节计划和运作的协调一致来实现，也可以通过各个参与方的通力协作来实现。供应链再造改变了供应链管理的传统模式，整合和优化了供应链内部和与之交叉的供应链的运作，将商贸战略与供应链战略连成一线，创造性地重新设计了参与者之间的供应链，使之达到一体化标准。第四方物流服务供应商通过物流运作的流程再造，使整个物流系统的流程更合理、效率更高，从而将产生的利益在供应链的各个环节之间进行平衡，使每个环节的企业客户都可以受益。

二、实现供应链节点企业之间的功能转化

通过采用新的供应链管理技术可以加强并改善各个供应链的职能。第四方物流通过采用领先和高明的技术，加上战略思维、流程再造和卓越的组织变革管理，共同组成最佳方案，实现对供应链活动和流程进行整合和改善。

三、完成业务流程再造

流程一体化，系统集成和运作交接。一个第四方物流服务商帮助客户实施新的业务方案，包括业务流程优化，客户公司和服务供应商之间的系统集成，以及将业务运作转交给第四方物流的项目运作小组。项目实施过程的最大目标，是把一个设计得非常好的策略和流程实施得恰到好处，因而全面发挥方案的优势，达到项目的预期成果。

四、开展多功能多流程的供应链管理

第四方物流供应商可以承担多个供应链职能和流程的运作责任，工作范围远远超越了传统的第三方物流的运输管理和仓库管理的运作，还包括制造、采购、库存管理、供应链信息技术、需求预测、网络管理、客户服务管理和行政管理等。通常的第四方物流只是从事供应链功能和流程的一些关键技术部分。

第四方物流通过其对整个供应链产生影响的能力来增加价值，并且充分利用了一批服务提供商的能力，包括第三方物流，如信息技术供应商、合同物流供应商、呼叫中心和电信增值服务商等，再加上客户的能力和第四方物流自身的能力。总之，第四方物流通过提供一个全方位的供应链解决方案，这个方案关注供应链管理的各个方面，既提供持续更新和优化的技术方案，又能满足顾客的独特需求。

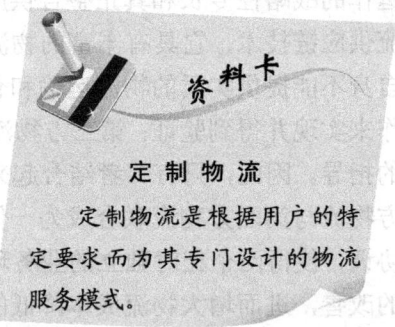

资料卡

定制物流

定制物流是根据用户的特定要求而为其专门设计的物流服务模式。

能力知识点4　第四方物流企业必备的条件

要实现整合整个物流资源，不是所有的物流企业都可以承担的。要想进入第四方物流领域，企业必须在某些方面已经具备很强的核心能力。

一、拥有技术过硬的供应链管理人员

要想在强手如云的物流领域站稳脚跟，必须要在业务流程管理和外包的实施方面拥有大

批的经验丰富的供应链管理的专业人员，员工必须要有丰富的现代管理技术和知识，能够从宏观、中观、微观等多角度进行物流运作分析和物流运作管理，从而为客户提供有效的供应链整体解决方案。

二、有良好的信息共享平台

为实现信息在供应链之间的共享，必须具有良好的信息平台，以保证信息流和资金流在供应链各节点企业畅通流通。物流运作中不断出现的大量信息能够有效的强化物流计划、物流作业和物流能力。信息技术的进步和由此形成的信息流能否更好的和物流保持同步，已成为检验物流服务水平的关键因素之一。要想成功的运作一个第四方物流，必须靠一个良好的信息平台来支撑，这样才能高效的利用整个供应链和各参与者的物流资源。

三、有足够的供应链管理能力

作为一个第四方物流企业，它肩负着整合整个供应链资源的重任，所以它必须拥有足够的供应链管理能力，具有良好的关系和组织能力，以便更好地管理和整合各个参与者的物流资源。它同时必须有集成的供应链技术、外包能力、多供应链管理能力和多客户管理能力。

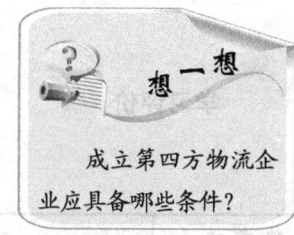

想一想

成立第四方物流企业应具备哪些条件？

四、拥有良好的全球化的地域覆盖能力和资源支持能力

第四方物流企业要想在高手如云的物流界有所作为，必须有很好的区域覆盖能力和支持能力，是该领域新技术的主要倡导者，在该领域具有一定的核心竞争力。

举一反三

一、填空题

1．第四方物流和第三方物流的显著区别在于：第四方物流偏重于_____和_____来降低企业的运行成本，而第三方物流则是偏重于通过对_____和_____的外部化来降低企业的投资和成本。

2．第四方物流具有很多的优势：能给客户提供最接近要求的完美的服务；能提供一个_____的_____解决方案；能利用第四方的_____、管理资源和_____为企业打造一个低成本的信息应用平台；能为企业提供低成本的信息技术。

3．第四方物流在供应链中的作用体现在_____、_____、_____和_____几个方面。

二、简答题

1．简述第四方物流和第三方物流的区别和关系。
2．简述第四方物流的作用。
3．简述第四方物流企业必备的条件。

知识拓展　物流服务的基本衡量指标

平均订货周期（average order cycle time）
订货周期的变化（variability of order cycle）
现货供应比率（fill rate）
发票的错误率（invoice error rate）
产品破损比率（damage rate）
缺货频率（stock-out frequency）
使用替代品频率（frequency of product substitutions）
运输延迟比率（shipment delays rate）
运输路线变动的比率（routing change rate）

学习评价

第四方物流的相关知识学习评价表

被考评人					
考评地点					
考评内容	第四方物流的相关知识				
考评标准	内　　容	分值/分	自我评价/分	小组评议/分	实际得分/分
	第四方物流与第三方物流的区别与联系	35			
	第四方物流的作用	35			
	第四方物流企业必备的条件	30			
	合　　计	100			

注：1. 实际得分=自我评价40%+小组评议60%。
　　2. 考评满分为100分，60～74分为及格；75～84分为良好；85分以上为优秀（包括85分）。

综合知识模块五　　绿色物流

 模块目标

1. 掌握绿色物流的概念。
2. 了解绿色物流的形成。
3. 了解绿色物流概念形成的理论基础。
4. 掌握绿色物流管理的主要措施。

能力知识点1　绿色物流的起因分析

所谓绿色物流，就是以降低环境污染、减少资源消耗为目标，利用先进的物流技术规划和实施运输、仓储、装卸搬运、流通加工、配送和包装等物流活动。

现代物流业的发展必须优先考虑在物流过程中减少环境污染，提高人类生存和发展的环境质量。可利用废弃物的回收已经列入许多发达国家可持续发展战略，减少对环境的污染且最大可能地再利用已经成为物流管理所需要考虑的问题。

一、现代物流业可持续发展的需要

绿色物流是现代物流可持续发展的必然。现代物流业依赖于社会化大生产的专业分工和经济的高速发展。现代物流业的发展，一定要与绿色生产、绿色营销和绿色消费等绿色经济活动紧密衔接。人类的经济活动不能因物流而过分地消耗资源、破坏环境，以至于造成重复污染。此外，绿色物流还是企业最大限度地降低经营成本的必由之路。一般认为，产品从投产到销出，制造加工时间仅占10%，而几乎90%的时间为仓储、运输、装卸、分装、流通加工和信息处理等物流过程。因此，物流专业化无疑为降低成本奠定了基础。当前我国的物流基本上还是高投入大物流、低投入小物流的运作模式，而绿色物流强调的是低投入大物流的方式。显而易见，绿色物流不仅是一般物流所追求的降低成本，更重要的是物流的绿色化和节能高效少污染，由此可以带来物流经营成本的大幅度下降。

二、经济全球化潮流的推动

随着经济全球化的发展，一些传统的关税和非关税壁垒逐渐淡化，环境壁垒逐渐兴起。为此，ISO 14000成为众多企业进入国际市场的通行证。ISO 14000的两个基本思想是预防污染和持续改进，它要求建立环境管理体系，使其经营活动、产品和服务的每一个环节对环境的影响最小化。ISO 14000不仅适用于第一、二产业，也适用于第三产业，更适用于物流业。物流企业要想在国际市场上占一席之地，发展绿色物流是其理性选择。尤其是在我国加入WTO后，将逐渐取消大部分外国股权限制，势必给国内物流业带来巨大冲击，也意味着未来的物流业会有一场激烈的竞争。我国物流业加紧发展绿色物流，是应对未来挑战和在竞争中占得先机的重要机遇。

资料卡

环保事业：是关系到人类生存与发展的伟大事业，国际组织为此做出了极大的努力并取得了显著成效。1992年，第27届联大决议通过把每年的6月5日作为世界环境日，每年的世界环境日都规定有专门的活动主题，以推动世界环境保护工作的发展。

三、各国政府和国际组织的倡导

绿色物流的发展与政府行为密切相关。凡是绿色物流发展较快的国家，都得益于政府的积极倡导。各国政府在推动绿色物流发展方面所起的作用主要表现在：①追加投入以促进环保事业的发展。②组织力量监督环保工作的开展。③制定专门政策和法令来引导企业的环保行为。联合国环境署、世贸组织环境委员会等国际组织召开了许多环保方面的国际会议，签订了许多环保方面的国际公约与协定，也在一定程度上为绿色物流发展铺平了道路。

四、人类环境保护意识的觉醒

随着世界经济的不断发展，人类的生存环境也在不断恶化。具体表现是：能源危机、资源枯竭、臭氧层空洞扩大、环境遭受污染以及生态系统失衡等。以环境污染为例，全球20多个特大城市的空气污染超过世界卫生组织规定的标准。20世纪60年代以来，人类的环境保护意识开始觉醒，绿色消费运动在世界各国兴起。消费者不仅关心自身的安全和健康，还关心地球环境的改善，拒绝接受不利于环境保护的产品、服务及相应的消费方式，进而促进绿色物流的发展。

能力知识点2　绿色物流的理论基础

一、可持续发展理论

可持续发展理论的内容包括以下方面。

（1）生态持续：生态持续要求改变单纯追求经济增长、忽视生态环境保护的传统发展方式，切实保持整个生命保障系统的完整性，保持生物多样化，保护人类赖以生存的大气、淡水、海洋、土地和森林等自然资源不受污染和肆意侵害，积极治理和恢复已遭到破坏和污染的环境。

（2）经济持续：经济持续要求通过产业结构调整和开发应用高新技术，转变经济增长方式，改善质量、优化配置、节约能源、降低消耗、增加效益、实行清洁生产和文明消费、减少有害废弃物的流出和排放，使经济和发展既能满足当代人需要，又不对后代人构成危害。

（3）社会持续：社会持续要求以提高人类生活质量为目的，积极促进社会向文明、公正、安全和健康的方向发展。为此，必须控制人口数量、提高人口质量；合理调节社会分配关系，消除贫富不均和两极分化；大力发展教育、文化与卫生事业，提高全体人民的科学文化素质和健康水平；建立和完善社会保障体系，保持社会政治稳定。

由此可见，可持续发展既不是单指经济发展或社会发展，也不是单指生态持续，而是生态-经济-社会三维复合系统的可持续，是以生态可持续为基础、经济可持续为主导、社会可持续为根本的可持续发展。

二、生态经济学理论

所谓生态经济学理论，是指研究再生产过程中，经济系统与生态系统之间的物流循环、能量循环和价值增值规律及其应用的科学。

物流是社会再生产过程中的重要一环，物流过程中不仅有物质循环利用、能源转化，而且有价值的实现。因此，物流涉及了经济与生态环境两大系统，理所当然地架起经济效益和生态环境效益之间彼此联系的桥梁。经济效益涉及目前和局部的更密切相关的利益，而环效益则关系更宏观和长远的利益。经济效益和环境效益是对立统一的。后者是前者的自然基础和物质源泉,而前者是后者的经济表现形式。

绿色物流以经济学的一般原理为指导,以生态学为基础,对物流中的经济行为、经济关系及规律与生态系统之间的相互关系进行研究,以谋求在生态平衡、经济合理和技术先进条件下的生态与经济的最佳结合以及协调发展。

三、生态伦理学理论

人类所面临的生态危机,迫使人们不得不反思自己的行为,不得不忍受人类对于生态环境的道德责任。这就促使了生态伦理学的产生和发展。

生态伦理学是从道德角度研究人与自然关系的交叉学科,它根据生态学提示的自然与人相互作用的规律性,以道德为手段,从整体上协调人与自然环境的关系。生态伦理迫使人们对物流中的环境问题进行深刻反思,从而产生了一种强烈的责任心和义务感。为了子孙后代的切身利益,为了人类更健康和安全地生存与发展,人类应当维护生态平衡。

小知识

物流单证

物流单证(Logistics Documents)是指物流过程中使用的所有单据、票据和凭证的总称。

能力知识点 3　绿色物流管理措施

一、绿色运输管理

1．开展共同配送

共同配送是指由多个企业联合组织实施的配送活动。几个中小型配送中心联合起来,分工合作对某一地区客户进行配送,它主要是指对某一地区的顾客所需要物品数量较少而使用车辆不满载、配送车辆利用率不高等情况。

从货主的角度来说,通过共同配送可以提高物流效率。从物流企业的角度来说,特别是一些中小物流企业,由于受资金、人才和管理等方面的制约,运量少、效率低、使用车辆多,物流合理化及高效化受到限制。如果这些中小型物流企业通过彼此合作,采用共同配送的方式,利用现代化信息网络,筹集大宗货物,就会大大提高车辆的使用率。因此,共同配送可以最大限度地提高人员、物资、资金和时间等资源的利用效率,取得最大化的经济效益。

2．采取复合一贯制运输方式

复合一贯制运输是指吸取铁路、汽车、船舶和飞机等基本运输方式的长处,把它们有机地结合起来,实行多环节、多区段、多运输工具相互衔接进行商品运输的一种方式。

这种运输方式要求装载工具及包装尺寸都要做到标准化,利用标准化的托盘、集装箱等作为连接各种工具的媒介,以促进复合直达运输的实现。由于可以全程采用集装箱等包装形式,从而能有效地减少包装支出,降低运输过程中的货损和货差现象的发生。

3．大力发展第三方物流

第三方物流是由供方与需方以外的物流企业提供物流服务的业务方式。由专门从事物流业务的企业为供方或需方提供物流服务，可以从更高、更广泛的层面考虑物流合理化问题，通过简化配送环节，进行合理化运输，有利于在更广泛的范围内对物流资源进行合理利用和配置，可以避免自有物流带来的资金占用、运输效率低、配送环节繁琐、企业负担加重和城市污染加剧等问题。

二、绿色包装管理

绿色包装是指采用节约资源、保护环境的包装。绿色包装的途径主要有：促进生产部门采用尽量简化的以及由可降解材料制成的包装；在流通过程中，应采取措施实现包装的合理化与现代化。

1．包装模数化

确定包装基础尺寸的标准，即包装模数化。包装模数标准确定以后，各种进入流通领域的产品便需要按模数规定的尺寸包装。模数化包装利于小包装的集合，利用集装箱及托盘装箱、装盘。包装模数如能和仓库设施、运输设施尺寸模数统一化，也利于运输和保管，从而实现物流系统的合理化。

2．包装的大型化和集装化

有利于物流系统在装卸、搬运、保管和运输等过程中的机械化，提高这些环节的作业速度，减少单位包装，节约包装材料和包装费用。

3．包装多次、反复使用和废弃包装的处理

采用通用包装，不用专门安排回返使用；采用周转包装，可多次反复使用，如饮料、啤酒瓶等；梯级利用，一次使用后的包装物，用毕转做它用或简单处理后转做它用；对废弃包装物经再生处理，转化为其他用途或制作新材料。

4．开发新的包装材料和包装器具

当前的发展趋势是包装物的高功能化，用较少的材料实现多种包装功能。

三、绿色流通加工

流通加工是指物品在从生产地到使用地的过程中，根据需要施加包装、分割、计量、分拣、组装、价格贴付、标签贴付和商品检验等简单作业的总称。绿色流通加工主要包括两个方面的措施。

1）专业集中加工，以规模作业方式提高资源利用效率，减少环境污染。例如，饮食服务业对食品进行集中加工，以减少家庭分散烹调所带来的能源和空气污染。

2）集中处理消费品加工中产生的边角废料，以减少消费者分散加工所造成的废弃物的污染，如流通部门对蔬菜进行集中加工，可减少居民分散加工造成的垃圾丢放问题。

四、废弃物物流的管理

从环境的角度看，今后大量生产、大量消费的结果必然导致大量废弃物的产生，尽管已经采取了许多措施加速废弃物的处理并控制废弃物物流，但从总体上看，大量废弃物的出现仍然对社会产生了严重的消极影响，导致废弃物处理的困难，而且会引发社会资源的枯竭以及自然资源的恶化。因此，21世纪的物流活动必须有利于有效利用资源和维护地球环境。

废弃物物流是指将经济活动中失去原有的使用价值的物品，根据实际需要进行收集、分类、加工、包装、搬运和存储，并分送到专门处理场所时形成的物品实体流动。

废弃物物流的作用是，无视对象物的价值或对象物没有再利用价值，仅从环境保护出发，将其进行焚化、化学处理或运到特定地点堆放、掩埋。降低废弃物物流，需要实现资源的再使用（回收处理后再使用）、再利用（处理后转化为新的原材料使用），为此应建立一个包括生产、流通和消费的废弃物回收利用系统。

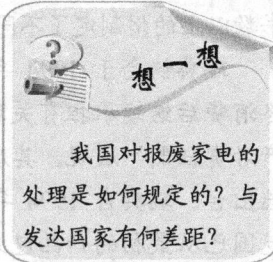

想一想

我国对报废家电的处理是如何规定的？与发达国家有何差距？

要达到上述目标，企业就不能只考虑自身的物流效率化，而是需要从整个产供销供应链的视野来组织物流，而且随着这种供应链管理的进一步发展还必须考虑废弃物的循环物流。即管理型物流追求与交易对手共同实现效益化；供应链型物流追求从生产到消费流通全体的效益化；循环型物流应追求从生产到废弃物全过程效率化，这是21世纪绿色物流管理亟待解决的重大课题。

举一反三

一、填空题

1. 所谓绿色物流，就是以降低_____污染、减少_____为目标，利用先进物流技术_____运输、仓储、装卸搬运、流通加工、配送、包装等物流活动。
2. 绿色物流的理论基础包括_____、_____和_____。
3. 所谓生态经济学理论，是指研究_____中，_____与_____之间的物流循环、_____和价值增值规律及其应用的科学。
4. 共同配送指由多个企业_____的配送活动。它主要是指对某一地区的顾客所需要物品_____而使用车辆_____、配送车辆_____不高等情况。
5. 绿色包装是指采用_____、_____的包装。绿色包装的途径主要有：_____以及由_____；在流通过程中，应采取措施实现_____。

二、案例分析

发达国家对废弃物处理的规定

日本是发达国家中循环经济立法最全面的国家。目前，日本已经颁布了《推进建立循环型社会基本法》、《有效利用资源促进法》等七项法律。日本在《推进建立循环型社会基本法》中明确了企业的责任，要求企业采取必要的措施，在产品使用后成为循环资源时，自觉进行循环利用，工业垃圾的处理和再利用均由企业自行负责。此外，日本经济产业省2003年5月还颁布了《环境立国宣言》，提出企业经营要促进环保，用环保技术扩大企业经营。在鼓励企业对废弃物再利用的同时，对不遵守清洁生产原则的行为依法制裁。日本《废弃物处理法》对"非法投放"等20多种行为制定了程度不一的惩罚标准。

美国1976年首次制定了《固体废弃物处置法》。1990年美国加州通过了《综合废弃物管理法令》，要求企业通过资源削减和再循环减少50%废弃物；由7个州组成的州际联盟规定40%～50%的新闻纸必须采用再生纸；威斯康星州规定塑料容器必须使用10%～25%的再生原料；已有半数以上的州制定了不同形式的要求企业履行"减量化、再利用、再循环"原则的法规。

瑞典议会于1994年确立了"生产者责任制"的原则方法，即生产者应对其产品在被最终消费后继续承担有关环境责任。同年，瑞典议会通过了关于产品包装、轮胎和废纸的"生产者责任制"法规。其后，汽车和电子电器的生产者责任制法规也都在《环境法》基础上相继出台。瑞典自1994年实施废弃物循环利用"生产者责任制"以来成绩显著，废弃物处理范围已从最初的产品包装扩大到废纸、废轮胎、报废汽车和废电子电器产品。办公用纸、农业塑料和废旧电池等的"生产者责任制"也推广到更广泛的废弃物回收利用领域。

在以法律约束的同时，为了提高企业的自觉性和积极性，推动企业发展循环经济，很多国家的政府还采取了多种有效手段。例如，通过提供补助金、低息贷款、免税等手段帮助企业建立循环经济生产系统；成立专门的服务公司，为没有能力建立完整的包装回收再利用体系的企业服务，帮助企业履行"生产者责任制"；协助企业开发利用循环资源的技术并帮助企业将之转化为经济效益。

 学习评价

绿色物流的相关知识学习评价表

被考评人					
考评地点					
考评内容	绿色物流的相关知识				
考评标准	内　　容	分值/分	自我评价/分	小组评议/分	实际得分/分
	绿色物流的起因分析	30			
	绿色物流的理论基础	30			
	绿色物流管理措施	40			
	合　　计	100			

注：1. 实际得分=自我评价40%+小组评议60%。
　　2. 考评满分为100分，60～74分为及格；75～84分为良好；85分以上为优秀（包括85分）。

附录 物流业调整和振兴规划

物流业是融合运输业、仓储业、货代业和信息业等的复合型服务产业，是国民经济的重要组成部分，涉及领域广，吸纳就业人数多，促进生产、拉动消费作用大，在促进产业结构调整、转变经济发展方式和增强国民经济竞争力等方面发挥着重要作用。

为应对国际金融危机的影响，落实党中央、国务院保增长、扩内需、调结构的总体要求，促进物流业平稳较快发展，培育新的经济增长点，特制定本规划，作为物流产业综合性应对措施的行动方案。规划期为2009～2011年。

一、发展现状与面临的形势

（一）发展现状

进入新世纪以来，我国物流业总体规模快速增长，服务水平显著提高，发展的环境和条件不断改善，为进一步加快发展奠定了坚实基础。

1. 物流业规模快速增长。2008年，全国社会物流总额达89.9万亿元，比2000年增长4.2倍，年均增长23%；物流业实现增加值2.0万亿元，比2000年增长1.9倍，年均增长14%。2008年，物流业增加值占全部服务业增加值的比重为16.5%，占GDP的比重为6.6%。

2. 物流业发展水平显著提高。一些制造企业、商贸企业开始采用现代物流管理理念、方法和技术，实施流程再造和服务外包；传统运输、仓储、货代企业实行功能整合和服务延伸，加快向现代物流企业转型；一批新型的物流企业迅速成长，形成了多种所有制、多种服务模式、多层次的物流企业群体。全社会物流总费用与GDP的比率，由2000年的19.4%下降到2008年的18.3%，物流费用成本呈下降趋势，促进了经济运行质量的提高。

3. 物流基础设施条件逐步完善。交通设施规模迅速扩大，为物流业发展提供了良好的设施条件。截至2008年底，全国铁路营业里程8.0万公里，高速公路通车里程6.03万公里，港口泊位3.64万个，其中沿海万吨级以上泊位1167个，拥有民用机场160个。物流园区建设开始起步，仓储、配送设施现代化水平不断提高，一批区域性物流中心正在形成。物流技术设备加快更新换代，物流信息化建设有了突破性进展。

4. 物流业发展环境明显好转。国家"十一五"规划纲要明确提出"大力发展现代物流业"，中央和地方政府相继建立了推进现代物流业发展的综合协调机制，出台了支持现代物流业发展的规划和政策。物流统计核算和标准化工作，以及人才培养和技术创新等行业基础性工作取得明显成效。

但是，我国物流业的总体水平仍然偏低，还存在一些突出问题。一是全社会物流运行效率偏低，社会物流总费用与GDP的比率高出发达国家1倍左右；二是社会化物流需求不足和专业化物流供给能力不足的问题同时存在,"大而全"、"小而全"的企业物流运作模式还相当普遍;三是物流基础设施能力不足,尚未建立布局合理、衔接顺畅、能力充分、高效便捷的综合交通运输体系,物流园区、物流技术装备等能力有待加强;四是地方封锁和行业垄断对资源整合和一体化运作形成障碍,物流市场还不够规范;五是物流技术、人才培养和物流标准还不能完全满足需要,物流服务的组织化和集约化程度不高。

2008年下半年以来,随着国际金融危机对我国实体经济的影响逐步加深,物流业作为重要的服务产业也受到了严重冲击。物流市场需求急剧萎缩,运输和仓储等收费价格及利润大幅度下跌,一大批中小物流企业经营出现困难,提供运输、仓储等单一服务的传统物流企业受到严重冲击。整体来看,国际金融危机不但造成物流产业自身发展的剧烈波动,而且对其他产业的物流服务供给也产生了不利影响。

(二)面临的形势

应该看到,实施物流业的调整和振兴,实现传统物流业向现代物流业的转变,不仅是物流业自身结构调整和产业升级的需要,也是整个国民经济发展的必然要求。

1. 调整和振兴物流业是应对国际金融危机的迫切需要。一是要解决当前物流企业面临的困难,需要加快企业重组步伐,做强做大,提高产业集中度和抗风险能力,保持产业的平稳发展;二是物流业自身需要转变发展模式,向以信息技术和供应链管理为核心的现代物流业发展,通过提供低成本、高效率、多样化、专业化的物流服务,适应复杂多变的市场环境,提高自身竞争力;三是物流业对其他产业的调整具有服务和支撑作用,发展第三方物流可以促进制造业和商贸业优化内部分工、专注核心业务、降低物流费用,提高这些产业的竞争力,增强其应对国际金融危机的能力。

2. 调整和振兴物流业是适应经济全球化趋势的客观要求。一是随着经济全球化的发展和我国融入世界经济的步伐加快,全球采购、全球生产和全球销售的发展模式要求加快发展现代物流业,优化资源配置,提高市场响应速度和产品供给时效,降低企业物流成本,增强国民经济的竞争力。二是为了适应国际产业分工的变化,要求加快发展现代物流业,完善物流服务体系,改善投资环境,抓住国际产业向我国转移的机遇,吸引国际投资,促进我国制造业和高技术产业的发展。三是随着全球服务贸易的迅猛发展,要求加快发展现代物流业,培育国内现代物流服务企业,提高物流服务能力,应对日益激烈的全球物流企业竞争。

3. 调整和振兴物流业是国民经济持续快速发展的必要保证。根据全面建设小康社会的新要求,我国经济规模将进一步扩大,居民消费水平将进一步提高,货物运输量、社会商品零售额、对外贸易额等将大幅度增长,农产品、工业品、能源、原材料和进出口商品的流通规模将显著增加,对全社会物流服务能力和物流效率提出了更高的要求。同时,中西部地区要求改善物流条件,缩小与东部地区的物流成本差距,承接东部沿海地区产业梯度转移,促进区域间协调和可持续发展。

4. 调整和振兴物流业是贯彻落实科学发展观和构建社会主义和谐社会的重要举措。调整和振兴物流业,有利于加快商品流通和资金周转,降低社会物流成本,优化资源配置,提高国民经济的运行质量;有利于提高服务业比重,优化产业结构,促进经济发展方式的转变;

有利于增加城乡就业岗位,扩大社会就业;有利于提高运输效率,降低能源消耗和废气排放,缓解交通拥堵,实现经济和社会的协调发展;有利于促进国内外、城乡和地区间商品流通,满足人民群众对多样化、高质量的物流服务需求,扩大居民消费;有利于国家救灾应急、处理突发性事件,保障经济稳定和社会安全。

二、指导思想、原则和目标

(一)指导思想

以邓小平理论和"三个代表"重要思想为指导,深入贯彻落实科学发展观,按照保增长、扩内需、调结构的总体部署,以应对国际金融危机对我国经济的影响为切入点,以改革开放为动力,以先进技术为支撑,以物流一体化和信息化为主线,积极营造有利于物流业发展的政策环境,加快发展现代物流业,建立现代物流服务体系,以物流服务促进其他产业发展,为全面建设小康社会提供坚实的物流体系保障。

(二)基本原则

1. 立足应对危机,着眼长远发展。既要应对国际金融危机,解决当前物流业发展面临的突出问题,保先进生产力,保重点骨干企业,促进企业平稳发展;又要从产业长远发展的角度出发,解决制约物流产业振兴的体制、政策和设施瓶颈,促进产业升级,提高产业竞争力。

2. 市场配置资源,政府营造环境。充分发挥市场配置资源的作用,调动企业的积极性,从满足物流需求的实际出发,注重投资的经济效益。政府要为物流业的发展营造良好的政策环境,扶持重要的物流基础设施项目建设。

3. 加强规划指导,注重协调联动。统筹国内与国际、全国与区域、城市与农村物流协调发展,做好地区之间、行业之间和部门之间物流基础设施建设与发展的协调和衔接,走市场化、专业化、社会化的发展道路,合理布局重大项目。各地区要从本地区经济发展的实际出发,因地制宜,统筹规划,科学引导物流业的发展,防止盲目攀比和重复建设。

4. 打破分割封锁,整合现有资源。改革现行物流业相关行业管理体制,打破部门间和地区间的分割和封锁,创造公平的竞争环境,促进物流服务的社会化和资源利用的市场化,优先整合和利用现有物流资源,提高物流设施的利用率。

5. 建立技术标准,推进一体化运作。按照现代物流理念,加快技术标准体系建设,综合集成仓储、运输、货代、包装、装卸、搬运、流通加工、配送、信息处理等多种功能,推进物流一体化运作,提高物流效率。

6. 创新服务方式,坚持科学发展。以满足生产者和消费者不断增长的物流需求为出发点,不断创新物流服务方式,提升服务水平。积极推进物流服务的信息化、现代化、合理化和企业社会责任建设,坚持最严格的节约用地制度,注重节约能源,保护环境,减少废气污染和交通拥堵,保证交通安全,实现经济和社会可持续协调发展。

(三)规划目标

力争在2009年改善物流企业经营困难的状况,保持产业的稳定发展。到2011年,培育

一批具有国际竞争力的大型综合物流企业集团,初步建立起布局合理、技术先进、节能环保、便捷高效、安全有序并具有一定国际竞争力的现代物流服务体系,物流服务能力进一步增强;物流的社会化、专业化水平明显提高,第三方物流的比重有所增加,物流业规模进一步扩大,物流业增加值年均递增 10%以上;物流整体运行效率显著提高,全社会物流总费用与 GDP 的比率比目前的水平有所下降。

三、主要任务

(一)积极扩大物流市场需求

进一步推广现代物流管理,努力扩大物流市场需求。运用供应链管理与现代物流理念、技术与方法,实施采购、生产、销售和物品回收物流的一体化运作。鼓励生产企业改造物流流程,提高对市场的响应速度,降低库存,加速周转。合理布局城乡商业设施,完善流通网络,积极发展连锁经营、物流配送和电子商务等现代流通方式,促进流通企业的现代化。在农村广泛应用现代物流管理技术,发展农产品从产地到销地的直销和配送,以及农资和农村日用消费品的统一配送。

(二)大力推进物流服务的社会化和专业化

鼓励生产和商贸企业按照分工协作的原则,剥离或外包物流功能,整合物流资源,促进企业内部物流社会化。推动物流企业与生产、商贸企业互动发展,促进供应链各环节有机结合。鼓励现有运输、仓储、货代、联运、快递企业的功能整合和服务延伸,加快向现代物流企业转型。积极发展多式联运、集装箱、特种货物、厢式货车运输以及重点物资的散装运输等现代运输方式,加强各种运输方式运输企业的相互协调,建立高效、安全、低成本的运输系统。加强运输与物流服务的融合,为物流一体化运作与管理提供条件。鼓励邮政企业深化改革,做大做强快递物流业务。大力发展第三方物流,提高企业的竞争力。

(三)加快物流企业兼并重组

鼓励中小物流企业加强信息沟通,创新物流服务模式,加强资源整合,满足多样性的物流需要。加大国家对物流企业兼并重组的政策支持力度,缓解当前物流企业面临的困难,鼓励物流企业通过参股、控股、兼并、联合、合资、合作等多种形式进行资产重组,培育一批服务水平高、国际竞争力强的大型现代物流企业。

(四)推动重点领域物流发展

加强石油、煤炭、重要矿产品及相关产品物流设施建设,建立石油、煤炭、重要矿产品物流体系。加快发展粮食、棉花现代物流,推广散粮运输和棉花大包运输。加强农产品质量标准体系建设,发展农产品冷链物流。完善农资和农村日用消费品连锁经营网络,建立农村物流体系。发展城市统一配送,提高食品、食盐、烟草和出版物等的物流配送效率。实行医药集中采购和统一配送,推动医药物流发展。加强对化学危险品物流的跟踪与监控,规范化学危险品物流的安全管理。推动汽车和零配件物流发展,建立科学合理的汽车综合物流服务体系。鼓励企业加快发展产品与包装物回收物流和废弃物物流,促进资源节约与循环利用。

鼓励和支持物流业节能减排，发展绿色物流。发挥邮政现有的网络优势，大力发展邮政物流，加快建立快递物流体系，方便生产生活。加强应急物流体系建设，提高应对战争、灾害、重大疫情等突发性事件的能力。

（五）加快国际物流和保税物流发展

加强主要港口、国际海运陆运集装箱中转站、多功能国际货运站、国际机场等物流节点的多式联运物流设施建设，加快发展铁海联运，提高国际货物的中转能力，加快发展适应国际中转、国际采购、国际配送、国际转口贸易业务要求的国际物流，逐步建成一批适应国际贸易发展需要的大型国际物流港，并不断增强其配套功能。在有效监管的前提下，各有关部门要简化审批手续，优化口岸通关作业流程，实行申办手续电子化和"一站式"服务，提高通关效率。充分发挥口岸联络协调机制的作用，加快"电子口岸"建设，积极推进大通关信息资源整合。统筹规划、合理布局，积极推进海关特殊监管区域整合发展和保税监管场所建设，建立既适应跨国公司全球化运作又适应加工制造业多元化发展需求的新型保税物流监管体系。积极促进口岸物流向内地物流节点城市顺畅延伸，促进内地现代物流业的发展。

（六）优化物流业发展的区域布局

根据市场需求、产业布局、商品流向、资源环境、交通条件、区域规划等因素，重点发展九大物流区域，建设十大物流通道和一批物流节点城市，优化物流业的区域布局。

九大物流区域分布为：以北京、天津为中心的华北物流区域，以沈阳、大连为中心的东北物流区域，以青岛为中心的山东半岛物流区域，以上海、南京、宁波为中心的长江三角洲物流区域，以厦门为中心的东南沿海物流区域，以广州、深圳为中心的珠江三角洲物流区域，以武汉、郑州为中心的中部物流区域，以西安、兰州、乌鲁木齐为中心的西北物流区域，以重庆、成都、南宁为中心的西南物流区域。十大物流通道为：东北地区与关内地区物流通道，东部地区南北物流通道，中部地区南北物流通道，东部沿海与西北地区物流通道，东部沿海与西南地区物流通道，西北与西南地区物流通道，西南地区出海物流通道，长江与运河物流通道，煤炭物流通道，进出口物流通道。

要打破行政区划的界限，按照经济区划和物流业发展的客观规律，促进物流区域发展。积极推进和加深不同地区之间物流领域的合作，引导物流资源的跨区域整合，逐步形成区域一体化的物流服务格局。长江三角洲、珠江三角洲物流区域和华北、山东半岛、东北、东南沿海物流区域，要加强技术自主创新，加快发展制造业物流、国际物流和商贸物流，培育一批具有国际竞争力的现代物流企业，在全国率先做强。中部物流区域要充分发挥中部地区承东启西、贯通南北的区位优势，加快培育第三方物流企业，提升物流产业发展水平，形成与东部物流区域的有机衔接。西北、西南物流区域要加快改革步伐，进一步推广现代物流管理理念和技术，按照本区域承接产业转移和发挥资源优势的需要，加快物流基础设施建设，改善区域物流环境，缩小与东中部地区差距。

物流节点城市分为全国性物流节点城市、区域性物流节点城市和地区性物流节点城市。全国性和区域性物流节点城市由国家确定，地区性物流节点城市由地方确定。全国性物流节点城市包括：北京、天津、沈阳、大连、青岛、济南、上海、南京、宁波、杭州、厦门、广州、深圳、郑州、武汉、重庆、成都、南宁、西安、兰州、乌鲁木齐共 21 个城市。区域性物流节点城市包括：哈尔滨、长春、包头、呼和浩特、石家庄、唐山、太原、合肥、福州、南昌、长沙、昆明、贵阳、海口、西宁、银川、拉萨共 17 个城市。物流节点城市要根据本地的产业特点、发展水平、设施状况、市场需求、功能定位等，完善城市物流设施，加强物流园区规划布局，有针对性地建设货运服务型、生产服务型、商业服务型、国际贸易服务型和综合服务型的物流园区，优化城市交通、生态环境，促进产业集聚，努力提高城市的物流服务水平，带动周边所辐射区域物流业的发展，形成全国性、区域性和地区性物流中心和三级物流节点城市网络，促进大中小城市物流业的协调发展。

（七）加强物流基础设施建设的衔接与协调

按照全国货物的主要流向及物流发展的需要，依据《综合交通网中长期发展规划》、《中长期铁路网规划》、《国家高速公路网规划》、《全国沿海港口布局规划》、《全国内河航道与港口布局规划》及《全国民用机场布局规划》，加强交通运输设施建设，完善综合运输网络布局，促进各种运输方式的衔接和配套，提高资源使用效率和物流运行效率。发展多式联运，加强集疏运体系建设，使铁路、港口码头、机场及公路实现"无缝对接"，着力提高物流设施的系统性、兼容性。充分发挥市场机制的作用，整合现有运输、仓储等物流基础设施，加快盘活存量资产，通过资源的整合、功能的拓展和服务的提升，满足物流组织与管理服务的需要。加强新建铁路、港口、公路和机场转运设施的统一规划和建设，合理布局物流园区，完善中转联运设施，防止产生新的分割和不衔接。加强仓储设施建设，在大中城市周边和制造业基地附近合理规划、改造和建设一批现代化的配送中心。

（八）提高物流信息化水平

积极推进企业物流管理信息化，促进信息技术的广泛应用。尽快制订物流信息技术标准和信息资源标准，建立物流信息采集、处理和服务的交换共享机制。加快行业物流公共信息平台建设，建立全国性公路运输信息网络和航空货运公共信息系统，以及其他运输与服务方式的信息网络。推动区域物流信息平台建设，鼓励城市间物流平台的信息共享。加快构建商务、金融、税务、海关、邮政、检验检疫、交通运输、铁路运输、航空运输和工商管理等政府部门的物流管理与服务公共信息平台，扶持一批物流信息服务企业成长。

（九）完善物流标准化体系

根据物流标准编制规划，加快制订、修订物流通用基础类、物流技术类、物流信息类、物流管理类、物流服务类等标准，完善物流标准化体系。密切关注国际发展趋势，加强重大基础标准研究。要对标准制订实施改革，加强物流标准工作的协调配合，充分发挥企业在制订物流标准中的主体作用。加快物流管理、技术和服务标准的推广，鼓励企业和有关方面采用标准化的物流计量、货物分类、物品标识、物流装备设施、工具器具、信息系统和作业流程等，提高物流的标准化程度。

（十）加强物流新技术的开发和应用

大力推广集装技术和单元化装载技术，推行托盘化单元装载运输方式，大力发展大吨位厢式货车和甩挂运输组织方式，推广网络化运输。完善并推广物品编码体系，广泛应用条形码、智能标签、无线射频识别（RFID）等自动识别、标识技术以及电子数据交换（EDI）技术，发展可视化技术、货物跟踪技术和货物快速分拣技术，加大对 RFID 和移动物流信息服务技术、标准的研发和应用的投入。积极开发和利用全球定位系统（GNSS）、地理信息系统（GIS）、道路交通信息通信系统（VICS）、不停车自动交费系统（ETC）、智能交通系统（ITS）等运输领域新技术，加强物流信息系统安全体系研究。加强物流技术装备的研发与生产，鼓励企业采用仓储运输、装卸搬运、分拣包装、条码印刷等专用物流技术装备。

四、重点工程

（一）多式联运、转运设施工程

依托已有的港口、铁路和公路货站、机场等交通运输设施，选择重点地区和综合交通枢纽，建设一批集装箱多式联运中转设施和连接两种以上运输方式的转运设施，提高铁路集装箱运输能力，重点解决港口与铁路、铁路与公路、民用航空与地面交通等枢纽不衔接以及各种交通枢纽相互分离带来的货物在运输过程中多次搬倒、拆装等问题，促进物流基础设施协调配套运行，实现多种运输方式"无缝衔接"，提高运输效率。

（二）物流园区工程

在重要物流节点城市、制造业基地和综合交通枢纽，在土地利用总体规划、城市总体规划确定的城镇建设用地范围内，按照符合城市发展规划、城乡规划的要求，充分利用已有运输场站、仓储基地等基础设施，统筹规划建设一批以布局集中、用地节约、产业集聚、功能集成、经营集约为特征的物流园区，完善专业化物流组织服务，实现长途运输与短途运输的合理衔接，优化城市配送，提高物流运作的规模效益，节约土地占用，缓解城市交通压力。物流园区建设要严格按规划进行，充分发挥铁路运输优势，综合利用已有、规划和在建的物流基础设施，完善配套设施，防止盲目投资和重复建设。

（三）城市配送工程

鼓励企业应用现代物流管理技术，适应电子商务和连锁经营发展的需要，在大中城市发展面向流通企业和消费者的社会化共同配送，促进流通的现代化，扩大居民消费。加快建设城市物流配送项目，鼓励专业运输企业开展城市配送，提高城市配送的专业化水平，解决城市快递、配送车辆进城通行、停靠和装卸作业问题，完善城市物流配送网络。

（四）大宗商品和农村物流工程

加快煤炭物流通道建设，以山西、内蒙古、陕西煤炭外运为重点，形成若干个煤电路港一体化工程，完善煤炭物流系统。加强油气码头和运输管网建设，提高油气物流能力。加强重要矿产品港口物流设施建设，改善大型装备物流设施条件。加快粮食现代物流设施建设，建设跨省粮食物流通道和重要物流节点。加大投资力度，加快建设"北粮南运"和"西煤东运"工程。加强城乡统筹，推进农村物流工程。进一步加强农副产品批发市场建设，完善鲜活农产品储藏、加工、运输和配送等冷链物流设施，提高鲜活农产品冷藏运输比例，支持发

展农资和农村消费品物流配送中心。

（五）制造业与物流业联动发展工程

加强对制造业物流分离外包的指导和促进，支持制造企业改造现有业务流程，促进物流业务分离外包，提高核心竞争力。培育一批适应现代制造业物流需求的第三方物流企业，提升物流业为制造业服务的能力和水平。制定鼓励制造业与物流业联动发展的相关政策，组织实施一批制造业与物流业联动发展的示范工程和重点项目，促进现代制造业与物流业有机融合、联动发展。

（六）物流标准和技术推广工程

加快对现有仓储、转运设施和运输工具的标准化改造，鼓励企业采用标准化的物流设施和设备，实现物流设施、设备的标准化。推广实施托盘系列国家标准，鼓励企业采用标准化托盘，支持专业化企业在全国建设托盘共用系统，开展托盘的租赁回收业务，实现托盘标准化、社会化运作。鼓励企业采用集装单元、射频识别、货物跟踪、自动分拣、立体仓库、配送中心信息系统、冷链等物流新技术，提高物流运作管理水平。实施物流标准化服务示范工程，选择大型物流企业、物流园区开展物流标准化试点工作并逐步推广。

（七）物流公共信息平台工程

加快建设有利于信息资源共享的行业和区域物流公共信息平台项目，重点建设电子口岸、综合运输信息平台、物流资源交易平台和大宗商品交易平台。鼓励企业开展信息发布和信息系统外包等服务业务，建设面向中小企业的物流信息服务平台。

（八）物流科技攻关工程

加强物流新技术的自主研发，重点支持货物跟踪定位、智能交通、物流管理软件、移动物流信息服务等关键技术攻关，提高物流技术的自主创新能力。适应物流业与互联网融合发展的趋势，启动物联网的前瞻性研究工作。加快先进物流设备的研制，提高物流装备的现代化水平。

（九）应急物流工程

建立应急生产、流通、运输和物流企业信息系统，以便在突发事件发生时能够紧急调用。建立多层次的政府应急物资储备体系，保证应急调控的需要。加强应急物流设施设备建设，提高应急反应能力。选择和培育一批具有应急能力的物流企业，建立应急物流体系。

五、政策措施

（一）加强组织和协调

现代物流业是新型服务业，涉及面广。要加强对现代物流业发展的组织和协调，在相关部门各司其职、各负其责的基础上，发挥由发展改革委牵头、有关部门参加的全国现代物流工作部际联席会议的作用，研究协调现代物流业发展的有关重大问题和政策。各省、自治区、直辖市政府也要建立相应的协调机制，加强对地方现代物流业发展有关问题的研究和协调。

（二）改革物流管理体制

继续深化铁路、公路、水运、民航、邮政、货代等领域的体制改革，按照精简、统一、高效的原则和决策、执行、监督相协调的要求，建立政企分开、决策科学、权责对等、分工合理、执行顺畅、监督有力的物流综合管理体系，完善政府的公共服务职能，进一步规范运输、货代等行业的管理，促进物流服务的规范化、市场化和国际化。改革仓储企业经营体制，推进仓储设施和业务的社会化。打破行业垄断，消除地区封锁，依法制止和查处滥用行政权力阻碍或限制跨地区、跨行业物流服务的行为，逐步建立统一开放、竞争有序的全国物流服务市场，促进物流资源的规范、公平、有序和高效流动。加强监管，规范物流市场秩序，强化物流环节质量安全管理。进一步完善对物流企业的交通安全监管机制，督促企业定期对车辆技术状况、驾驶人资质进行检查，从源头上消除安全隐患，落实企业的安全生产主体责任。

（三）完善物流政策法规体系

在贯彻落实好现有推动现代物流业发展有关政策的基础上，进一步研究制定促进现代物流业发展的有关政策。加大政策支持力度，抓紧解决影响当前物流业发展的土地、税收、收费、融资和交通管理等方面的问题。引导和鼓励物流企业加强管理创新，完善公司治理结构，实施兼并重组，尽快做强做大。针对当前产业发展中出现的新情况和新问题，研究制定系统的物流产业政策。清理有关物流的行政法规，加强对物流领域的立法研究，完善物流的法律法规体系，促进物流业健康发展。

（四）制订落实专项规划

有关部门要制订专项规划，积极引导和推动重点领域和区域物流业的发展。发展改革委会同有关部门制订煤炭、粮食、农产品冷链、物流园区、应急物流等专项规划，商务部会同供销总社等有关部门制订商贸物流专项规划，国家标准委会同有关部门制订物流标准专项规划。物流业发展的重点地区，各级地方政府也要制订本地区物流业规划，指导本地区物流业的发展。

（五）多渠道增加对物流业的投入

物流业的发展，主要依靠企业自身的投入。要加快发展民营物流企业，扩大对外开放步伐，多渠道增加对物流业的投入。对列入国家和地方规划的物流基础设施建设项目，鼓励其通过银行贷款、股票上市、发行债券、增资扩股、企业兼并、中外合资等途径筹集建设资金。银行业金融机构要积极给予信贷支持。对涉及全国性、区域性重大物流基础设施项目，中央和地方政府可根据项目情况和财力状况适当安排中央和地方预算内建设投资，以投资补助、资本金注入或贷款贴息等方式给予支持，由企业进行市场化运作。

（六）完善物流统计指标体系

进一步完善物流业统计调查制度和信息管理制度，建立科学的物流业统计调查方法和指标体系。加强物流统计基础工作，开展物流统计理论和方法研究。认真贯彻实施社会物流统计核算与报表制度。积极推动地方物流统计工作，充分发挥行业组织的作用和力量，促进物

流业统计信息交流，建立健全共享机制，提高统计数据的准确性和及时性。

（七）继续推进物流业对外开放和国际合作

充分利用世界贸易组织、自由贸易区和区域经济合作机制等平台，与有关国家和地区相互进一步开放与物流相关的分销、运输、仓储、货代等领域，特别是加强与日韩、东盟和中亚国家的双边和区域物流合作，开展物流方面的政策协调和技术合作，推动物流业"引进来"和"走出去"。加强国内物流企业同国际先进物流企业的合资、合作与交流，引进和吸收国外促进现代物流发展的先进经验和管理方法，提高物流业的全球化与区域化程度。加强国际物流"软环境"建设，包括鼓励运用国际惯例、推动与国际贸易规则及货代物流规则接轨、统一单证、加强风险控制和风险转移体系建设等。建立产业安全保障机制，完善物流业外资并购安全审查制度。

（八）加快物流人才培养

要采取多种形式，加快物流人才的培养。加强物流人才需求预测和调查，制订科学的培养目标和规划，发展多层次教育体系和在职人员培训体系。利用社会资源，鼓励企业与大学、科研机构合作，编写精品教材，提高实际操作能力，强化职业技能教育，开展物流领域的职业资质培训与认证工作。加强与国外物流教育与培训机构的联合与合作。

（九）发挥行业社团组织的作用

物流业社团组织应履行行业服务、自律、协调的职能，发挥在物流规划制订、政策建议、规范市场行为、统计与信息、技术合作、人才培训、咨询服务等方面的中介作用，成为政府与企业联系的桥梁和纽带。

六、规划实施

国务院各有关部门要按照《规划》的工作分工，加强沟通协商，密切配合，尽快制定和完善各项配套政策措施，明确政策措施的实施范围和进度，并加强指导和监督，确保实现物流业调整和振兴目标。有关部门要适时开展《规划》的后评价工作，及时提出评价意见。

各地区要按照《规划》确定的目标、任务和政策措施，结合当地实际抓紧制订具体工作方案，细化落实，确保取得实效。各省、自治区、直辖市要将具体工作方案和实施过程中出现的新情况、新问题及时报送发展改革委和交通运输、商务等有关部门。

参 考 文 献

[1] 陈文安，胡焕绩. 新编物流管理[M]. 上海：立信会计出版社，2003.
[2] 王丰，姜大立，杨西龙. 现代物流概论[M]. 北京：人民交通出版社，2002.
[3] 李苏剑，游战清，胡波. 企业物流管理理论与案例[M]. 北京：机械工业出版社，2003.
[4] 靳伟. 最新物流讲座[M]. 北京：中国物资出版社，2003.
[5] 张毅. 现代物流管理[M]. 上海：上海人民出版社，2002.
[6] 汝宜红. 物流学导论[M]. 北京：清华大学出版社，北京交通大学出版社，2004.
[7] 何倩茵. 物流案例与实训[M]. 北京：机械工业出版社，2004.
[8] 杨长春，顾永才. 国际物流[M]. 北京：首都经济贸易大学出版社，2003.
[9] 薛威，孙鸿. 物流企业管理[M]. 北京：机械工业出版社，2005.
[10] 桂寿平. 物流学基础理论[M]. 广州：华南理工大学出版社，2004.
[11] 现代物流管理课题组. 物流信息管理[M]. 广州：广东经济出版社，2002.
[12] 曾剑，王景锋，邹敏. 物流管理基础[M]. 北京：机械工业出版社，2004.
[13] 张铎，柯新生. 现代物流信息系统建设[M]. 北京：首都经济贸易大学出版社，2004.
[14] 孙明贵，潘留栓. 物流管理学[M]. 北京：北京大学出版社，2002.
[15] 王槐林，刘明菲. 物流管理学[M]. 武汉：武汉大学出版社，2002.
[16] 王长琼. 绿色物流[M]. 北京：化学工业出版社，2004.
[17] 曾剑. 现代物流学基础[M]. 北京：电子工业出版社，2004.
[18] 刘伟. 物流管理概论[M]. 北京：电子工业出版社，2004.
[19] 李建成. 现代物流概论[M]. 北京：中国财政经济出版社，2002.
[20] 方美琪. 电子商务概论[M]. 北京：清华大学出版社，1999.
[21] 张铎，林自葵. 电子商务与现代物流[M]. 北京：北京大学出版社，2003.
[22] 郜振廷，等. 海尔物流创新模式：一流三网[M]. 北京：中国时代经济出版社，2003.
[23] 上海现代物流人才培训中心. 现代物流管理[M]. 上海：上海人民出版社，2002.
[24] 翁心刚. 物流管理基础[M]. 北京：中国物资出版社，2002.
[25] 朱金玉. 现代物流基础[M]. 北京：中国物资出版社，2003.
[26] 李吟龙. 物流基础[M]. 北京：人民交通出版社，2003.
[27] 韦红革. 物流管理概论[M]. 北京：机械工业出版社，2005.
[28] 傅桂林. 物流成本管理[M]. 北京：中国物资出版社，2004.
[29] 王斌义. 国际物流人员业务操作指引[M]. 北京：对外经济贸易大学出版社，2003.
[30] 孙秋菊. 现代物流概论[M]. 北京：高等教育出版社，2006.